EDITION
Directeurs de collection et auteurs : Dominique AUZIAS et Jean-Paul LABOURDETTE
Responsable d'édition : Régis BRUGERE
Auteurs : Anthony SEREX, Grégoire MEYER, Sophie GARNIER NICOT, Catherine BIGAUT MAGNIN, Jean-Paul LABOURDETTE, Dominique AUZIAS et alter
Directeur Editorial : Stéphan SZEREMETA
Rédaction France : Briséis TEMPLE-BOYER, Audrey VEDOVOTTO, Marie VIGNERON, Nicolas WODARCZAK, Mélanie PEILLET
Rédaction Monde : Laure CHATAIGNON, Morgane VESLIN, Pierre-Yves SOUCHET, Natalia COLLIER, Julie BEZ

FABRICATION
Maquette et Montage : Romain AUDREN, Julie BORDES, Delphine PAGANO
Iconographie et Cartographie : Anne DIOT, Julien DOUCET

WEB ET NUMERIQUE
Directeur Web : Louis GENEAU DE LAMARLIERE
Technical Project Manager : Hervé MARION
Développeurs : Guillaume BARBET, Adeline CAUX
Intégrateur Web : Mickael LATTES, Antoine DION
Webdesigner : Caroline LAFFAITEUR
Community Traffic Manager : Alice BARBIER, Noémie LE SAUX
Content Manager : Aliénor de PERIER

DIRECTION COMMERCIALE
Directeur commercial : Guillaume VORBURGER
Coordinatrice des Régies commerciales : Manon GUERIN
Account Manager Marketplace : Leila ROUGEOT
Responsable Régies locales : Michel GRANSEIGNE
Responsables Développement régie inter : Jean-Marc FARAGUET et Guillaume LABOUREUR et Camille ESMIEU
Assistante commerciale Régie internationale : Leila ANTRI-BOUZAR
Chefs de Publicité Régie nationale : Caroline AUBRY, François BRIANCON-MARJOLLET, Perrine DE CARNE MARCEIN et Jonathan TOUTOUX

DIFFUSION ET PROMOTION
Directrice des Ventes : Bénédicte MOULET assistée d'Aissatou DIOP
Responsable des ventes : Jean-Pierre GHEZ assisté de Nelly BRION
Relations Presse-Partenariats : Jean-Mary MARCHAL

ADMINISTRATION
Président : Jean-Paul LABOURDETTE
Directrice des Ressources Humaines : Dina BOURDEAU assistée de Sandra DOS REIS et Eva BAELEN
Directrice Administrative et Financière : Valérie DECOTTIGNIES
Comptabilité : Guillaume PETIT, Aminata BAGAYOKO, Jeannine DEMIRDJIAN, Adama DIABY
Recouvrement : Fabien BONNAN assisté de Sandra BRIJLALL
Responsable informatique : Elie NZUZI-LEBA

PETIT FUTÉ ANNECY
LES NOUVELLES EDITIONS DE L'UNIVERSITE
18, rue des Volontaires - 75015 Paris.
✆ 01 53 69 70 00 - Fax 01 42 73 15 24
Internet : www.petitfute.com
SAS au capital de 1 000 000 € - RC PARIS B 309 769 966
Couverture : © Ron Dale - stock.adobe.com / © Oleg Kapustin - stock.adobe.com / © mkos83 - stock.adobe.com / © master1305 - stock.adobe.com / © Javier brosch - stock.adobe.com / © Corona Borealis - stock.adobe.com / © amenic181 - stock.adobe.com / © svetazi - stock.adobe.com / © Minerva Studio - stock.adobe.com / © Lustre - stock.adobe.com / © Prostock-Studio - iStockPhoto.com / © Stramyk Igor - stock.adobe / Le Palais de l'Île, Annecy © Armando Oliveira - Shutterstock.com
Impression : IMPRIMERIE CHIRAT - 42540 Saint-Just-la-Pendue
Achevé d'imprimer : juin 2023
Dépôt légal : 24/07/2023
ISBN : 9782305085135
Pour nous contacter par email, indiquez le nom de famille en minuscule suivi de @petitfute.com
Pour le courrier des lecteurs : info@petitfute.com

ANNECY
EN TRANSITION

Annecy, connue depuis longtemps sous l'appellation de « petit Venise des Alpes », considérée par certains comme une ville-musée, mériterait bien d'autres titres comme celui de « petite capitale du renouveau de la gastronomie française ». Avec une nouvelle étoile qui porte à 12 celles qui brillent sur le territoire, le Grand Annecy doit être après Paris la ville la plus étoilée de France ! Et ce n'est pas terminé, car de jeunes chefs – souvent issus des grandes maisons locales – continuent de s'installer dans une ville où il fait bon manger, notamment autour du faubourg Sainte-Claire ou de la place des Cordeliers. Bien manger et bien vivre dans une ville soucieuse de son environnement. Annecy poursuit sa transition écologique pour préserver un environnement naturel exceptionnel avec des actions fortes, comme la gratuité des transports en commun en saison estivale, quand les visiteurs affluent entre deux secteurs souvent saturés : la vieille ville et les bords du lac. C'est d'ailleurs en raison de la qualité dégradée de son air – et de son eau aussi… – qu'Annecy est passé de la 1re à la 7e place du classement des villes où il fait bon vivre… Il y a donc urgence à utiliser les transports en commun toute l'année, à utiliser son vélo électrique et/ou ceux en location longue et courte durée de Vélonecy, à marcher sur de courts trajets pour défendre une qualité de vie qui participe pleinement à la réputation de notre ville. Pour vous, les équipes du Petit Futé ont de nouveau arpenté les rues, sillonné les chemins à la découverte de nouvelles adresses, sans oublier de (re) tester toutes celles qui font la richesse d'une ville innovante, d'un territoire attractif où les entrepreneurs aiment s'installer. Nouveaux arrivants, visiteurs, Annéciennes et Annéciens, vous trouverez dans ce guide, également disponible en version numérique, toutes les adresses pour bien vivre Annecy.

PEFC
10-31-1895
Certifié PEFC
Ce produit est issu de forêts gérées durablement et de sources contrôlées.
pefc-france.org

SOMMAIRE

© V PETROD

Boucherie du Treige.

© BIERONOMY

Bieronomy.

© YANNICK PERRIN

E-Reel.

SOMMAIRE

Aristide.

Matière & Couleur.

Ono Vino.

LA VILLE EN MOUVEMENT...

© UP PICTURE

LE CHANTIER DE L'HÔTEL DE VILLE

Chaque année, le Petit Futé fait un point en partant de cet événement marquant pour toute la ville et son agglomération, l'incendie de l'hôtel de ville en 2019. Bientôt 4 ans et le chantier du bâtiment semble avancer bien plus lentement que celui de Notre-Dame... Problèmes de financement, environ 15 millions d'euros, pour une reconstruction confiée au grand architecte français Pierre-Louis Faloci.

NOUVELLES GALERIES

C'est l'un des grands chantiers de rénovation de ces dernières années qui prend fin (même si tout n'est pas encore terminé...). Inauguration en juin 2022 de ces Nouvelles Galeries

© ANTHONY SEREX

nouvelles versions avec une « rotonde » revue, extension du bâtiment construit en 1969, avec différents pôles d'activité (sports, galerie d'art, alimentation bio, commerces, restaurants) pour ce lieu des plus agréables à vivre.

© FC ANNECY

LA SENSATION FC ANNECY

Difficile de ne pas évoquer parmi les moments forts de l'année écoulée, les matchs à rebondissements du FC Annecy qui s'est qualifié, aux dépens de l'OM aux tirs au but, pour la demi-finale de Coupe de France. Evoluant en Ligue 2 depuis juin 2022 (et l'on ne connaît pas encore l'issue de la saison à l'heure où nous écrivons ces lignes...), le club joue souvent à guichet fermé au Parc des Sports.

TRANSPORTS GRATUITS L'ÉTÉ

© E. SPASSOFF

Pour la deuxième année consécutive, les transports en commun du Grand Annecy – Sibra – seront totalement gratuits, sans aucune condition, en juillet et août ! Aucune excuse donc pour ne pas laisser sa voiture au garage – ou dans un parking relais – et se déplacer dans des bus confortables et respectueux de l'environnement. Des bus qui vous transporteront partout en ville, mais aussi sur les rives du lac.

© E. SPASSOFF

VÉLO EN LIBERTÉ

Faire du vélo en ville, c'est une évidence. Et pour vous faciliter la vie, Vélonecy met à votre disposition, en plus du service de location longue durée, des vélos en location courte durée 7 j/7, 24 h/24. Et pour retirer son vélo dans une station de proximité, rien de plus simple puisque tout se passe dans l'appli Vélonecy. Il vous suffit de scanner le QR-code pour déverrouiller le cadenas connecté.

NOUVEL ACTE AU CLOS DES SENS

C'est en 1992 que Laurent Petit ouvre le Clos des Sens à Annecy-le-Vieux. Une adresse que le chef, véritable artiste/artisan, et son épouse Martine ne vont cesser de faire évoluer pour atteindre le Graal, la troisième étoile Michelin en 2019. Trois étoiles et des valeurs fortes que Laurent Petit transmet à Franck Derouet et Thomas Lorival qui vont continuer d'écrire la belle histoire du Clos des Sens.

© MATTHIEU CELLARD

LE BUS PLUS FACILE POUR TOUS

© E. SPASSOFF

Pour se déplacer, rien de plus facile que de prendre le bus. La Sibra nous simplifie la vie avec des innovations permanentes sur un réseau dense et performant. Dernière nouveauté, l'achat de son titre de transport en envoyant par SMS le mot BUS au 93 740. Des bus toujours plus propres avec l'arrivée prochaine de bus électriques. Plus économique, plus écologique, plus simple, laissez-vous transporter.

www.sibra.fr

TERRITOIRE 12 ÉTOILES

Le ciel d'Annecy ne cesse de s'étoffer de nouvelles étoiles (et ce n'est pas près de s'arrêter à notre avis…). Cette année, pas de nouveau restaurant étoilé - au sens où aucun restaurant n'a eu sa première étoile -, mais un restaurant qui a obtenu une étoile supplémentaire, sa deuxième, ainsi qu'une nouvelle étoile verte - nouvelle référence recherchée pour le guide gastronomique - à l'Auberge de Montmin.

© FRANCK JUERY

TOURISME D'AFFAIRES

Si l'on connaît l'importance du tourisme pour le territoire du Grand Annecy, il est une autre forme de tourisme tout aussi importante, et sûrement sous-

© LAC ANNECY TOURISME

exploitée jusqu'à présent, pour le bassin annécien : le tourisme d'affaires. Situé dans le complexe de l'Impérial, le Centre des Congrès est désormais, et pour les 10 prochaines années, géré directement par l'office de tourisme avec Lac Annecy Congrès.

https://lac-annecy-congres.com

LE GRAND BLEU AU LAC D'ANNECY

© VINCENT ROUX PHOTOGRAPHE

Parce que le film de Luc Besson a donné envie à toute une génération de pratiquer l'apnée, de plonger vers les profondeurs et que d'autres ont continué l'aventure, aujourd'hui le *Petit Futé* vous propose de découvrir l'apnée avec Reda Guehria qui a créé Apnea & Swim en 2018. Pour vivre des sensations magiques, intimes et apaisantes, laissez-vous guider sous les eaux d'un bleu infini du lac d'Annecy.

VOLER AVEC LES OIES

© DELTA EVASION

Voler est un vieux rêve que l'humanité a su réaliser. Mais voler avec des animaux sauvages dans un décor exceptionnel va au-delà de vos rêves les plus fous ! Un rêve merveilleux qui peut devenir réalité avec Delta Evasion qui vous propose une activité unique : voler avec les oies sauvages au-dessus du lac d'Annecy. Des instants suspendus, un vol en harmonie avec la nature et les oiseaux. Juste sublime.

www.deltaevasion.com

LES HALLES DE SAINT-MARTIN-BELLEVUE

Petite escapade gourmande sur le territoire de Fillière, aux portes du Grand Annecy, pour saluer l'ouverture d'une Halle à l'architecture contemporaine qui défend les meilleures valeurs, celles des produits locaux mis en exergue par des commerçants artisans de qualité. Une bonne dizaine d'artisans (fromager, primeur, boulanger, chocolatier, caviste, poissonnier…) pour se régaler des produits d'ici.

© LE STUDIOZ

LES RENDEZ-VOUS

INCONTOURNABLES DE L'ANNÉE

JANVIER

GLAGLA RACE
(TALLOIRES-MONTMIN)
La plus grande course hivernale de stand-up paddle se déroule sur le lac d'Annecy en plein mois de janvier dans une eau glacée !

FÉVRIER

CARNAVAL VÉNITIEN
(ANNECY)

© ELENA DUVERNAY - ISTOCKPHOTO

Une atmosphère mystérieuse, envoûtante et bien sympathique qui séduit tout le monde, participants, spectateurs, petits et grands !

FESTIVAL HORS PISTES
(ANNECY)
Un festival propulsé par l'équipe du Brise-Glace, consacré aux musiques amplifiées. Du bon son pour une belle aventure musicale.

MARS

FESTIVAL IMAGES HISPANO-AMERICAINES
(ANNECY)
Un festival autour de l'image, dont Annecy est la meilleure ambassadrice, qui nous emmène sur les terres hispano-américaines.

JUILLET

LES ESTIVALES
(ANNECY)
Pour s'émerveiller au pied de la basilique de la Visitation avec le spectacle des Étincelles, compagnie de ballet théâtre.

AOÛT

IMPÉRIAL ANNECY FESTIVAL
(ANNECY)
Un festival qui mêle jazz, musique classique et humour dans le cadre enchanteur de l'Impérial Palace d'Annecy et des bords du lac.

FÊTE DU LAC
(ANNECY)

© AIMERIC - SHUTTERSTOCK.COM

Un des plus grands spectacles pyrotechniques d'Europe avec pour cadre le majestueux lac d'Annecy. Fabuleuse soirée à partager.

SEPTEMBRE

ANNECY CINÉMA ITALIEN
(ANNECY)
Le cinéma italien est à l'honneur pendant toute une semaine ! Avec projections en VO, hommages, rétrospectives et expositions…

Quelle que soit la saison, l'agenda d'Annecy est d'une incroyable richesse. Et c'est ce qui fait le charme d'une ville où l'on ne vient pas uniquement admirer les paysages, mais aussi participer à de beaux événements. À commencer par les nombreux festivals qui ont largement contribué à la notoriété d'Annecy, du Festival du Film d'animation, réputé dans le monde entier, à Annecy Cinéma italien. Des événements culturels tournés vers les cinémas et les musiques, des rendez-vous traditionnels (Retour des alpages, Fête de la pomme et du miel), des temps forts pour les sportifs autour et sur le lac d'Annecy et dans les montagnes alentour, des rendez-vous incontournables comme le Carnaval vénitien ou la Fête du Lac, spectacle pyrotechnique fantastique. Annecy se vit plus fort à chaque saison.

AVRIL

MARATHON DU LAC D'ANNECY

(ANNECY)

© ANNECY HAUTE-SAVOIE ATHLÉTISME

Un événement à ne pas manquer, aussi bien en tant que participant ou juste pour se balader et encourager les valeureux !

MAI

MAXI-RACE

(ANNECY)

Un rendez-vous sportif unique en France, des trails sportifs extrêmes pour faire le tour du lac en passant par les montagnes.

JUIN

FESTIVAL DU FILM D'ANIMATION D'ANNECY

(ANNECY)

Annecy, une des plus belles villes des Alpes, est une ville de festivals. Le plus incontournable est consacré au film d'animation.

TOURNOI DE PENTECÔTE D'ANNECY VOLLEY-BALL

(ANNECY)

Chaque année à la Pentecôte, plus de 2 000 personnes se retrouvent en même temps sur le Pâquier pour jouer au volley sur gazon.

OCTOBRE

RETOUR DES ALPAGES

(ANNECY)

Annecy voit ses rues envahies par les troupeaux pour le plus grand bonheur des visiteurs. Une fête authentique et conviviale.

NOVEMBRE

FÊTE DE LA POMME ET DU MIEL

(ANNECY)

C'est pour célébrer le terroir que l'on fête à Novel, autrefois occupé par des champs et des vergers, la pomme et le miel.

DÉCEMBRE

NOËL DES ALPES

(ANNECY)

Magie de Noël dans une ville féerique qui revisite son traditionnel marché de Noël en proposant un marché typique et ses chalets.

FOIRE DE LA SAINT-ANDRÉ

(ANNECY)

Parmi les plus anciennes foires de France, celle de la Saint André existe depuis plus de 5 siècles. Près de 1 100 commerçants.

LES ÉCO-RESPONSABLES

Être écoresponsable, c'est le choix que je fais de plus en plus souvent parce que j'en comprends l'intérêt pour le vivant. Parce que de plus en plus de restaurants dans toutes les catégories, de commerces, nous invitent à l'être au quotidien. Nous avons sélectionné 10 adresses qui prennent leur part de responsabilité à Annecy. Des restaurants engagés vers le bio et l'insertion, mais aussi vers le zéro gaspi. Dans la mode ou la déco, le recyclage prend toute son importance pour préserver les ressources. Pour les loisirs, les bateaux naviguent à l'électrique. Au quotidien, je prends conscience de tout ce que je peux faire comme actions citoyennes écoresponsables en suivant les conseils donnés par le Grand Annecy qui a fait de l'environnement sa priorité. L'écoresponsabilité, c'est mon choix.

AUBERGE DE MONTMIN

HARMONIE NATURELLE

Bien sûr, la « maison de cuisine » de Sandrine et Florian Favario, auréolée d'une deuxième étoile, aurait pu se classer dans notre Top des meilleurs restaurants. Mais c'est bien l'Étoile Verte, récompensant un engagement pour une gastronomie durable, que nous mettons en avant pour une cuisine qui respecte les saisons et promeut les meilleurs produits locaux. Une Auberge en harmonie avec la nature.

▶▶ Page 52

© WWW.API-AND-YOU.COM

© LE DECK

LE DECK DE VEYRIER

NAVIGATION RESPONSABLE

Le Deck de Veyrier, nouvellement ouvert plage de la Brune, c'est une base nautique respectueuse de l'environnement puisqu'elle ne propose que des locations sans émissions – paddle, pedal boat, bateaux sans permis à motorisation électrique – et un autre bateau électrique avec pilote pour des croisières et transferts privés. De quoi s'amuser tout en préservant l'environnement exceptionnel du lac d'Annecy.

▶▶ Page 174

© HYSTERIKO

HYSTERIKO

MODE DURABLE ET RESPONSABLE

Loin de la fast fashion qui pille les ressources de notre planète et exploite l'humain, Priscille Portigliatti propose une autre vision de la mode. Dans sa boutique-atelier d'Annecy, cette créatrice talentueuse imagine des vêtements durables qui s'intègrent, pièce par pièce, à un vestiaire global que l'on peut qualifier sans peine d'écoresponsable. Une mode belle et douce conçue et fabriquée en France. ▶▶ Page 158

© COMPAGNIE DES BATEAUX

COMPAGNIE DES BATEAUX

FLOTTE ÉLECTRIQUE

La flotte de la Compagnie des bateaux du lac d'Annecy passe aussi à l'électrique ! Si l'on imaginait que ce soit possible pour des « petits » bateaux, on se doutait moins que cette conversion fût réalisable pour le plus grand bateau à naviguer sur le lac, le *Libellule*. Déjeuner et dîner croisière avec le spectacle d'une nature respectée. ▶▶ Page 68

© STUDIO PREZZO

LA CABANE

POUR L'ENVIRONNEMENT, CONTRE LES INÉGALITÉS

À La Cabane, être « responsable » peut avoir une dimension locale en utilisant des produits du terroir issus de producteurs respectueux de l'environnement. Mais aussi une dimension internationale et altruiste en s'engageant pour lutter contre les inégalités. Avec l'association Eau de Coco, une part de carrot cake à La Cabane permet d'offrir 20 repas à des enfants malgaches victimes de malnutrition. ▶▶ Page 71

© YANNICK PERRIN

GRANNY SMITH

ÉCORESPONSABLE PAR NATURE

Si l'on peut soupçonner certaines adresses de faire du *green washing*, ce n'est certainement pas le cas de Granny Smith, restaurant écoresponsable depuis toujours. Et même si le restaurant a changé de main, sa philosophie reste la même. Cuisine 100 % végétale, valorisation des producteurs locaux, initiatives antigaspi et démarche zéro déchet. Engagement sincère pour la planète et le bien-être. ▶▶ Page 110

© JEAN MARC FAVRE

GRAND ANNECY

MOI AUSSI J'AGIS

Dans ce guide, nous mettons en avant les acteurs qui agissent pour l'environnement. Et si nous étions les premiers concernés, les premiers à agir ? Avec le Grand Annecy, découvrez de quelle manière vous pouvez agir concrètement pour préserver notre environnement. En valorisant nos déchets, en nous déplaçant autrement, en choisissant une alimentation saine et durable... Des actions à mener ensemble. ▶▶ *Page 28*

© VALÉRIE PÉTROD

ATELIER DU FLEURISTE

FLEURS DE CULTURE DURABLE

Saviez-vous que près de 80 % des fleurs vendues en France sont importées, parfois de pays très lointains ? Bilan carbone catastrophique et l'on ne parle pas des conditions de travail pour les ouvriers... À l'Atelier du Fleuriste, labellisé Fair Flowers and Fair Plants, on sait d'où viennent les plantes, d'horticulteurs respectueux des cycles de la nature et attentifs à la préservation des sols. ▶▶ *Page 193*

© WOODSTOCKCREATION

WOOD STOCK CRÉATION

RECYCLAGE CRÉATIF

Être écoresponsable, c'est savoir que les ressources de notre planète ne sont pas illimitées. Le bois est un matériau omniprésent dans notre région. Wood Stock Création récupère le « déchet » bois pour donner une seconde vie à la matière à travers des créations artisanales : aménagement d'intérieur, mobilier, signalétique bois... ▶▶ *Page 181*

© SAOLA SHOES

SAOLA SHOES

CHAUSSURES ÉCOLOGIQUES

L'industrie de la mode est l'une des plus polluantes, sans compter l'impact des cultures sur le milieu naturel et la biodiversité. Alors quand on a la chance d'abriter à Annecy une marque de chaussures 100 % écoresponsable, fabriquées à partir de matériaux recyclés, que ces chaussures sont hyper confortables, légères et super jolies, on se dit qu'on va vite découvrir Saola Shoes pour partir du bon pied. ▶▶ *Page 156*

En mangeant au restaurant La Cabane d'Annecy, vous offrez des repas aux élèves de l'école des Saphirs à Madagascar

Il y a quelques années, l'association EAU DE COCO a répondu à une demande locale de scolarisation d'enfants travaillant dans les mines de saphirs, en construisant, grâce à l'aide de partenaires, une école primaire dans le village d'Antsoamadiro - Sakaraha (Sud-ouest de Madagascar).

Aujourd'hui, plus de 500 élèves y apprennent à lire, à écrire, à compter et ont quitté les mines.

Les parents contribuent au fonctionnement de l'école en complément d'appui de parrainages (dont nous vous invitons à devenir) et de soutien de commerces locaux tels que le restaurant La Cabane d'Annecy.

Un partenariat

EAU DE COCO

www.eaudecoco.org

LA CABANE
RESTAURANT

lacabaneannecy.fr

LES RESTAURANTS

Alors que, chaque année dans de nombreuses villes, le Petit Futé a bien des difficultés à renouveler sa sélection des 10 restaurants mis à l'honneur, ce n'est vraiment pas le cas à Annecy ! Territoire 12 étoiles, le Grand Annecy sait aussi varier les offres, allant de la bistronomie à la street-food. Tous les ans, un restaurant passé par les Graines de Vainqueur fait son apparition parmi nos Tops, comme Racines qui s'installe parmi nos adresses préférées. À Annecy, où les restaurants sont parfois pris d'assaut, le bien manger se marie avec le bien vivre quand on s'attable Chez Ingall's ou à L'Authentic. Et comme on sait que vous aimez bien les escapades gourmandes dans les charmants village de Haute-Savoie, nous avons aussi sélectionné des auberges où l'on aime partager de bons moments.

LES PETITS PLATS

PETITS PLATS, GRAND BONHEUR

Tout près d'Annecy, il faut aller par Monts et par Vaulx (c'est bien le nom du village) pour se régaler de « Petits Plats » préparés par un duo de cuisiniers Séverine et Eric Durand. Quel bonheur de s'installer sur la terrasse ombragée dans un cadre champêtre pour savourer des assiettes gourmandes et généreuses réalisées à partir de bons produits ! Petits et grands événements à célébrer sur place.

▶▶ Page 114

© LES PETITS PLATS

© FLORENT MAITREPIERRE

AUBERGE DU PELLOUX

ESCAPADE NATURE GOURMANDE

Une belle maison au cœur d'un charmant village entouré de nature. Le cadre est ravissant, la cuisine excellente. Entre Annecy et Genève, Florent Maitrepierre partage sa passion pour la cuisine faite à partir des meilleurs produits de saison, son professionnalisme et sa créativité dans ce lieu atypique à la fois restaurant, traiteur et boutique gourmande de terroir. L'auberge gourmande par excellence.

▶▶ Page 112

© FOUDIMAGES

CHEZ INGALLS

DES ESPACES POUR TOUTES LES ENVIES

Si l'on ne peut pas courir dans la prairie (vous avez la réf ?), Chez Ingalls est notre jardin secret au cœur d'Annecy. Plus qu'un restaurant ouvert depuis bientôt 20 ans, des espaces pour se régaler selon l'envie du moment, du salon Caroline au Jardin d'hiver, du Black Bar à la Cave de Charles, sans oublier la Petite Maison pour les groupes. Cuisine maison de qualité et carte de cocktails.

▶▶ Page 79

© FLOARTPHOTOGRAPHY

L'AUTHENTIC

LA VEILLE VILLE SOUS SON MEILLEUR JOUR

Dans une ville parfois en surchauffe, faites le choix de la fraîcheur et de l'Authentic. A l'intérieur, tout ce que l'on aime avec une joyeuse équipe emmenée par Laurent et Élodie, une cuisine maison de qualité avec des producteurs locaux clairement affichés, de bons vins de propriétaires et bières artisanales, sans oublier la vue sur le canal du Thiou depuis la véranda. Choix authentiquement futé.

▶▶ Page 89

© V. PETROD

AUBERGE DE BAJOLE

LE BONHEUR EST DANS LES PRÉS

Loin de l'agitation et de la pollution, une auberge de campagne installée dans la ferme familiale. A Bajole, Caroline en salle et Lesly en cuisine cultivent l'amour des bonnes choses. Bonheurs simples à partager et plaisirs gourmands raffinés au rythme des saisons. Bien-être et bonheur à déguster sans modération : terroir, campagne, authenticité, beaux produits, cuisine de saveurs, on adore !

▶▶ Page 112

© ALEXANDRE GENDRON

L'AUBERGE DU PONT

RENAISSANCE

Il y a des lieux que l'on croyait perdus, comme cet hôtel-restaurant aux portes du pont de l'Abîme, qui renaissent grâce à la volonté et au talent de jeunes chefs de retour au pays. Merci à Maxime Ardin, passé par de belles tables étoilées, de redonner vie à cette auberge. Au bord des gorges du Chéran, un cadre exceptionnel pour une cuisine inspirée par la nature et les produits locaux. Une pépite.

▶▶ Page 113

© VALÉRIE PÉTROD

CAFÉ BICHETTE

FAITES-VOUS BICHONNER

Le Café Bichette possède bien des qualités qui le classe parmi nos tops. Multiple champion de France de BBQ, Ghislain Gresse fait un travail remarquable sur des plats faciles à manger – bowls, burgers, tartines, viandes et poissons servis avec des frites maison – en utilisant les produits d'artisans locaux. Même le vin Les Poulettes est maison, puisque le Café Bichette est propriétaire récoltant.

▶▶ *Page 91*

© VALÉRIE PÉTROD

BAMBOO

BAMBOO A TOUT BON !

Nous étions déjà fans de Bamboo version dim sum et bao à Argonay. Une cuisine asiatique maison de grande qualité réalisée à partir de produits frais. Nouvelle adresse à Cran-Gevrier en version udon, des nouilles traditionnelles japonaises servies en bouillon ou en salades avec d'autres ingrédients, le tout à savourer sur place ou en drive. En plus, Bamboo est écoresponsable. Bamboo a vraiment tout bon !

▶▶ *Page 104*

© E. SPASSOFF

RACINES

DE CE RACINES NE FLEURISSENT QUE DE BONNES CHOSES

Que des racines s'étendent, c'est normal. Et Racines s'est agrandi pour mieux nous accueillir en salle comme sur la terrasse. Que l'on retrouve Racines parmi nos Top restaurants deux années de suite, c'est aussi normal quand on connaît le plaisir d'être reçu par Eva et de savourer la cuisine bistronomique, habile mélange de tradition et de créativité, de John. Des Racines qui font de belles fleurs.

▶▶ *Page 66*

© VALÉRIE PÉTROD

L'OSTERIA

VOYAGE EN ITALIE

Les liens entre Annecy et l'Italie ne passent pas que par les montagnes, les canaux et un carnaval. À L'Osteria, ils passent par deux passionnés de la cuisine italienne, David et Agathe. Une cuisine populaire pleine de saveurs incomparables avec des plats au goût unique dont il faut se régaler dans une salle magnifique ou sur une terrasse aux airs de *dolce vita*. Les vraies saveurs de l'Italie.

▶▶ *Page 101*

Marre de passer des heures sur internet pour trouver des bons plans ?
mypetitfute
M'A FAIT GAGNER UN TEMPS FOU AVEC SES RECOMMANDATIONS D'ITINÉRAIRES ET SES BONS PLANS TESTÉS PAR DES RÉDACTEURS LOCAUX
VOTRE GUIDE NUMÉRIQUE SUR MESURE EN MOINS DE 5 MINUTES POUR 2,99 €
mypetitfute.fr
© VIKTOR GL - ISTOCKPHOTO.COM

LES ACTEURS DU BIEN-ÊTRE

Le Top bien-être, c'est une nouveauté dans le Petit Futé qui vous indique ses meilleurs plans pour se sentir bien dans son corps et dans son esprit. Avec son lac et son environnement exceptionnel, le Grand Annecy a toutes les vertus pour nous mettre dans un état d'apaisement et de relaxation absolue. La nature pourrait se suffire à elle-même, mais elle peut être aidée par des spas, souvent intégrés dans des hôtels luxueux où le confort invite également au bien-être. Prendre soin de soi, c'est aussi ce que propose La Superbe, maison de beauté. Mais si les soins, massages de bien-être et autres bains bouillonnants sont des portes d'accès à la félicité, notre bien-être au quotidien passe aussi par de bonnes nuits et donc une bonne literie à choisir chez Literie Chavanne. Offrez-vous du bonheur.

© RIVAGESPANUXE

RIVAGE SPA NUXE

DÉTENTE XXL

Oubliez tous vos problèmes pour une parenthèse de bonheur au Rivage Hôtel & Spa avec son espace Spa by Nuxe. Tout à côté du lac, un véritable temple du bien-être sur plus de 1 000 m² (plus grand spa d'Annecy) offrant de nombreuses installations haut de gamme avec ses espaces de relaxation, ses soins sur mesure, massages Nuxe, ses cours de yoga ou sa salle de repos avec son étonnant mur de sel. ▶▶ Page 167

© LITERIE CHAVANNE

LITERIE CHAVANNE

BIEN-ÊTRE JOUR ET NUIT

Parce qu'une bonne journée commence par une bonne nuit, la literie est un élément essentiel de notre bien-être au quotidien. Avec plus de 60 ans d'expérience, 3e génération d'artisans de votre sommeil, la Literie Chavanne vous propose une sélection des meilleurs fabricants français pour une literie adaptée à vos besoins, sans oublier les oreillers, draps et accessoires pour dormir en toute sérénité. ▶▶ Page 185

© LUDOVIC DI ORIO / LA SUPERBE

LA SUPERBE

BEAUTÉ ET BIEN-ÊTRE

En disant beauté, on pense parfois superficiel. Mais la beauté, ce n'est pas que du maquillage, surtout quand on découvre, un peu cachée, La Superbe. Au cœur d'Annecy, une « maison de beauté » au décor insolite où l'on se sent déjà loin du stress quotidien. Un plaisir qui se prolonge et s'amplifie grâce aux nombreux soins et massages de bien-être prodigués par des expertes passionnées. Havre de bonheur. ▶▶ Page 160

© MATTHIEU CELLARD

CRISTAL SPA

UN JOYAU DE BIEN-ÊTRE

Lové au sein de l'hôtel Impérial Palace sur les bords du lac d'Annecy, Cristal Spa Annecy offre des prestations haut de gamme. Dans ce cocon, un espace bien-être avec une piscine de détente au bassin de verre avec sa cascade, des bains à bulle, sauna, hammam... Voyage sensoriel avec la « douche expérience ». Magnifiques salles de soins et massages avec, au plafond, des reproductions de tableaux. ▶▶ Page 166

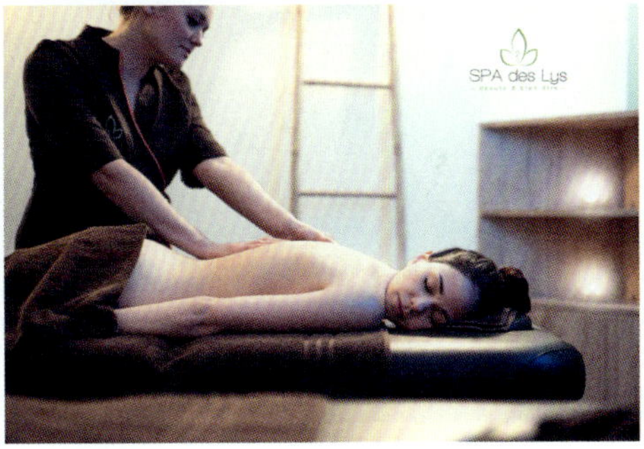

© SPA DES LYS

SPA DES LYS

BIEN-ÊTRE À PARTAGER

Il n'y a pas qu'au bord du lac que l'on peut se détendre et penser à son bien-être. Au Spa des Lys, du côté d'Argonay (institut à Annecy également), l'accès au spa se fait de manière privative pour profiter pleinement d'un moment de détente. En groupe d'amis pour un événement, à deux en version romantique. Soins et massages individuels, à faire également en duo et, pourquoi pas, avec les enfants. ▶▶ Page 166

LES PERSONNALITÉS

Mettre 5 personnalités en avant dans le Petit Futé, ce n'est surtout pas oublier toutes celles qui font l'actualité, la vie associative, toutes les personnes qui œuvrent au quotidien pour notre bien-être. Pas de sportif – même si toute l'équipe et le staff du FC Annecy auraient pu rentrer dans la catégorie – ou d'artiste, mais une scientifique originaire d'Annecy. La glaciologue Heïdi Sevestre qui nous alerte sur le réchauffement climatique et ses conséquences cataclysmiques pour nous mettre devant nos responsabilités et agir davantage. Une passionnée comme le sont les 4 autres personnes mises en avant : Agathe Morales, la parurière ; Jessica Bigoni, le bien-être au naturel ; Louis Villaret, le primeur ; Stéphanie et Vincent Genuyt, les décorateurs. Faire que nos vies soient plus belles.

HEÏDI SEVESTRE

SENTINELLE DU CLIMAT

Le réchauffement climatique n'est pas une opinion, c'est un fait scientifique qui menace notre avenir. Originaire d'Annecy, le Docteur Heïdi Sevestre est une scientifique, glaciologue, exploratrice des régions polaires qui, à travers ses ouvrages et ses interventions, avertit sur la fonte des glaciers et sensibilise au besoin urgent d'une action climatique plus ambitieuse. À lire, *Sentinelle du climat*.

© JESSICA BIGONI

JESSICA BIGONI

BIEN-ÊTRE ET SANTÉ EN ÉQUILIBRE

Prendre soin de soi, des siens, des autres, pour Jessica Bigoni santé et bien-être, corps et esprit, forment un tout indissociable. Infirmière de formation, ancienne expatriée des USA, la fondatrice de Pure Breath a su créer un espace qui lui ressemble afin de proposer une expérience unique avec des méthodes naturelles et efficaces faisant le lien entre médecine traditionnelle et complémentaire.

▶▶ *Page 165*

© AGATHE MORALES

AGATHE MORALÈS

CHERCHEUSE DE MERVEILLES

Native d'Annecy, Agathe Morales exerce un métier singulier : parurière. Son prénom, homonyme de l'agate, a-t-il été la cause de sa passion pour les pierres qu'elle va chercher dans le monde entier ? Garante de la provenance des pierres et des minéraux qu'elle vend, elle les façonne et assemble pour créer dans sa boutique/atelier, installée depuis 14 ans, des bijoux et parures uniques et originales.

▶▶ *Page 163*

© ST. GENUYT

STÉPHANIE ET VINCENT GENUYT

UNE GRANDE FAMILLE

Leurs chemins se sont croisés à Paris, mais c'est à Annecy qu'ils ont choisi de vivre et d'ouvrir leur première boutique il y a 28 ans. Ses amoureux de la montagne ont découvert un territoire en même temps que l'univers de l'ameublement et de la décoration où ils se sont épanouis. Avec l'équipe de Matière et Couleur, ils forment une grande famille.

▶▶ *Page 186*

© VALÉRIE PÉTROD

LOUIS VILLARET

P'TIT PRIMEUR, GRANDE PERSONNALITÉ

Soucieux de proposer des produits de qualité, Louis Villaret a ouvert le P'tit Primeur en 1981. Amoureux de la vie et des gens qui le remercient d'un sourire pour ses conseils, il continue de sélectionner les meilleurs produits dans cette maison à l'ambiance familiale. Créateur des préparations maison, salades toutes prêtes, soupes, légumes cuits... Louis n'est pas près d'arrêter en si bon chemin.

▶▶ *Page 122*

LES GRAINES DE VAINQUEUR

Chez le Petit Futé, les Graines de Vainqueurs sont cultivées avec amour. Chaque année, au moins l'une d'entre elles passe dans une autre catégorie de Top. Preuve que notre sélection constitue une véritable pépinière de champions ! La plupart des restaurants retenus cette année dans la catégorie Graines de Vainqueurs mériteraient d'ailleurs d'être classés parmi les meilleurs du guide : Saba, Bourgeon, L'Arborescence, Bistro Sauvage... Une autre adresse aurait pu se classer dans une autre catégorie, celle des « responsables ». Atout Cœur est le premier restaurant handiresponsable d'Annecy en employant des personnes porteuses de handicap mental. Mais ce n'est pas la seule raison de sa présence dans cette rubrique, car c'est aussi un excellent restaurant ! Des graines positives pleines d'énergie.

SABA

LA GASTRONOMIE AUTREMENT

Clément Torres fait partie de cette génération de chefs qui osent ouvrir leur restaurant pour exprimer pleinement leurs envies, leur personnalité, sans s'embarrasser du « poids » de la gastronomie classique. Maîtrisant les techniques, innovant à tour de bras, bousculant les codes, prenant énormément de plaisir, le chef nous invite chez Saba à découvrir son univers influencé par ses voyages en Asie. ▶▶ *Page 58*

© SABA

© FOUDIMAGES

BISTROT VINCENT

GOURMANDISE DE HAUT NIVEAU

La cuisine bistronomique n'est jamais meilleure que lorsqu'elle est imaginée par un chef étoilé qui prend le pari de la proximité et de la convivialité. C'est le cas de l'excellent Vincent Favre-Félix, chef étoilé à l'Abbaye d'Annecy-le-Vieux, qui vient d'ouvrir le Bistrot Vincent dans l'écrin rénové des Nouvelles Galeries. Cuisine ouverte, plats de tradition revisités avec audace, plaisir garanti. ▶▶ *Page 64*

© DOMINIQUE PICONE

CHORAL

SUR MESURE

À l'unisson de la nature et des produits de saison, le chef Alban Chanteloup et le sommelier Aymeric Velluz ont ouvert Choral dans le quartier des Romains. Une adresse où convivialité et gastronomie se marient pour le plus grand plaisir des gourmands. Particularité de Choral, un dîner sur mesure composé selon ce que vous aimez. Émotions gustatives personnalisées et vraies découvertes à partager. ▶▶ *Page 63*

© JUSTINE LOPIN

BOURGEON

BALADE GOURMANDE

Bourgeon, c'est le pari osé d'Adrien Lavorel et Enzo Duchesne de rénover un ancien restaurant de village à Alby-sur-Chéran. Redonner vie aux arcades de pierre, faire éclore un nouveau Bourgeon, c'est déjà monter l'intérêt que l'on a pour la nature et le vivant. Intérêt confirmé dans des assiettes inspirées par le végétal et les produits de saison. Une escapade gourmande qui tient ses promesses. ▶▶ *Page 113*

© ELSA THOMASSON

L'ARBORESCENCE

PASSIONS PARTAGÉES

Quand deux trentenaires passionnés par leur métier se croisent chez Laurent Petit, ça donne quelques années plus tard l'ouverture d'un nouveau restaurant gastronomique dans un charmant village de Haute-Savoie. Jennifer et Loïc Deletraz nous invitent dans leur maison pour partager leur amour de la nature et des bons produits du terroir local. Une Arborescence gourmande à découvrir et à partager. ▶▶ *Page 114*

© CÉCILE ROLLAND

BISTRO SAUVAGE

RETOUR À LA NATURE

Plus qu'un bistro de quartier, Bistro Sauvage, c'est la maison de ville d'Aurore et Olivier qui nous font partager leur amour pour la nature sauvage. Engagés dans une démarche écoresponsable sincère, ils nous proposent une adresse aussi vivante que la cuisine d'un chef qui privilégie les circuits courts. Lieu de vie du petit déjeuner aux soirées avec des plats de « plartage » et des vins en biodynamie. ▶▶ *Page 88*

COUPS DE CŒUR TOP 10

© ANTHONY SEREX

ATOUT CŒUR

RESTAURANT HANDIRESPONSABLE

Disons d'abord qu'Atout Cœur est un excellent restaurant de cuisine bistronomique et que c'est pour cette première raison qu'il figure dans cette rubrique. Ajoutons aussi que c'est un lieu unique à Annecy, un restaurant handiresponsable qui emploie, en salle comme en cuisine, des personnes porteuses d'un handicap mental. Un restaurant où le regard sur le handicap se nourrit de belles rencontres. ▶▶ Page 63

© ANTHONY SEREX

LAITERIE URBAINE

CULTURE FROMAGÈRE

Si les vaches sont encore dans les alpages, voici une laiterie qui a poussé en plein cœur d'Annecy. Roxanne Georges, originaire d'Annecy, et François Marion, Breton formé à fabriqué du fromage dans les Aravis, ont décidé d'installer leur Laiterie Urbaine pour transformer à la vue des gourmands le lait en yaourts et faisselles nature et aromatisés, fromages frais. Fromages fermiers pour compléter. ▶▶ Page 120

© VALÉRIE PÉTROD

JIMINY

LA BONNE ÉTOILE GOURMANDE

Jiminy, comme le criquet de Walt Disney, c'est la joie de vivre. A Annecy, dans une salle très agréable à partager, Jiminy incarne aussi le bien manger. Atmosphère italienne pour savourer une cuisine gourmande de petits plats pas vus ailleurs, comme ces paninis au pain pinsa garnis de bons produits. Larges horaires pour un bon café, un verre de vins et/ou des cocktails. Événements festifs le soir. ▶▶ Page 109

© LE BOUILLON

LE BOUILLON

UNE GRAINE QUI CONTINUE DE POUSSER

Le Bouillon n'est pas vraiment une nouveauté (ouverture en décembre 2015), mais s'il est présent dans cette rubrique des Graines de Vainqueur, c'est qu'il continue de bien pousser ! La meilleure preuve, son agrandissement qui donne une autre dimension (depuis mars 2023) pour un Bouillon aux tons actuels. Ce qui ne change pas, et c'est heureux, c'est la cuisine de Mathieu Chauvin. Très belle cave. ▶▶ Page 71

petit futé
WWW.PETITFUTE.COM
2023/2024
ANNECY

JE VISITE MA VILLE

Annecy ne s'est pas faite en un jour et il en faudra plus d'un pour visiter le territoire du Grand Annecy qui ne se limite pas à la vieille ville. Quant aux Annéciens qui prétendent connaître leur ville sans savoir ce qui se cache derrière telle façade ou tel bâtiment, ils feraient bien de (re) faire une visite guidée qui leur apprendra beaucoup de choses sur une ville riche en histoire. Annecy, c'est un patrimoine architectural, du château au Palais de l'Isle, en passant par des constructions plus récentes avec ses superbes villas des années 1930 à 1950, mais c'est aussi un patrimoine naturel à redécouvrir à travers le parcs d'installations artistiques du parcours pérenne d'Annecy Paysages, 20 installations artistiques et paysagères dans la ville. Je visite ma ville, mais je viens aussi à Annecy pour y séjourner, profiter de cette fameuse *dolce vita* qui donne des airs de Riviera au lac. Dans ce *Petit Futé*, vous trouverez forcement l'hébergement qui vous correspond : camping ou hôtel de luxe, auberge de jeunesse ou villa de standing à louer, tous les moyens sont bons pour découvrir Annecy.

VOTRE GUIDE DEVIENT

INTERACTIF

TAPEZ **PETITFUTE.APP**
DANS LE NAVIGATEUR DE VOTRE SMARTPHONE.

PRENEZ UNE PHOTO DE LA PAGE DÈS QU'ELLE A CE PICTO !

CARNAVAL

CARNAVAL VÉNITIEN

www.aria74.fr
Second week-end après Mardi gras. Fin février, début mars.

Annecy ressemblant plus à Venise qu'à Rio, pas de sambadrome mais un carnaval vénitien. Et c'est tant mieux pour les personnes costumées qui seront bien vêtues pour affronter les rigueurs de l'hiver local, puisque ce carnaval, créé il y a 27 ans, se déroule sur 3 jours (il y a même une semaine vénitienne avec conférences, films...), le temps d'un grand week-end (nocturne le vendredi) de février ou mars (le deuxième week-end suivant la date du Mardi gras, selon le calendrier chrétien). Superbes masques et costumes d'époque. Pas de défilé mais une déambulation de 500 masques dans une ambiance plus ou moins festive. Annecy, « Petite Venise des Alpes », fait alors totalement illusion.

CULTURE

ANNECY PAYSAGES

www.annecy-paysages.com
De juillet à septembre 2023.

Chaque été, les paysages d'Annecy s'enrichissent de nouvelles œuvres artistiques faisant le lien entre les éléments du patrimoine local, à commencer par la nature et l'architecture. Année après année, été après été, un parcours pérenne d'installations artistiques et paysagères s'est constitué dans l'agglomération. Ce sont une vingtaine d'œuvres qu'il faut découvrir en parcourant la ville avec un regard poétique. Un festival « durable » qui se renouvelle chaque saison pour faire changer notre perception de notre environnement, donnant envie à tous les passants de le préserver, de l'améliorer. Un conseil : préparez votre parcours (à vélo c'est mieux) ou laissez-vous surprendre !

CINÉMA

ANNECY CINÉMA ITALIEN

1, rue Jean-Jaurès
✆ 04 50 33 44 00
www.annecycinemaitalien.com
Fin septembre.

Pendant toute une semaine, le meilleur de la production cinématographique italienne contemporaine sélectionné pour un festival exceptionnel ! Des films, inédits en France, projetés en version originale sous-titrées pour ne pas gâcher notre plaisir. Depuis 41 ans, Annecy accueille chaque automne le Festival du cinéma italien, une des plus grandes manifestations européennes en l'honneur de ce pays frontalier dont la culture cinématographique est riche d'œuvres et de personnalités hors du commun. De la compétition avec plusieurs catégories, dont le prix Sergio Leone, rencontres et débats avec les équipes des films, master class, et programme en direction des plus jeunes...

FÊTE

NOËL DES ALPES

www.noeldesalpes.annecy.fr
En décembre.

Magie de Noël dans une ville au décor féerique qui revisite son traditionnel Marché de Noël en proposant un marché typique et ses chalets enguirlandés. Fin novembre et tout le mois de décembre, Annecy offre à ses visiteurs sa parure de fêtes : illuminations, animations pour petits et grands, concerts, crèches, marchés de Noël, ateliers de décoration… sans oublier la présence du père Noël. Au total, plus d'une centaine d'exposants et artisans pour trouver des cadeaux originaux et produits de terroir. Tout est mis en œuvre pour faire de décembre un mois chaleureux et festif. Une bonne occasion de redécouvrir Annecy avec la magnifique perspective du lac et des montagnes enneigées.

CINÉMA

FESTIVAL DU FILM D'ANIMATION D'ANNECY

18, avenue du Trésum
✆ 04 50 10 09 00
www.annecyfestival.com
En juin.

Que la Force soit toujours avec le plus grand Festival organisé à Annecy depuis plus de 60 ans, le plus grand événement mondial dédié à l'animation. Que la fête soit belle avec une programmation riche en événements, de la soirée d'ouverture et ses surprises à la remise des nombreux prix qui viendront célébrer cette 61e édition d'un festival où le Mexique sera à l'honneur. Cinéphiles et professionnels, réservez vos places pour ne rien manquer. En parallèle se tient le Mifa pour les professionnels et les étudiants intéressés par ce secteur de l'animation.

FÊTE

RETOUR DES ALPAGES

http://annecytraditions.free.fr
Le 14 octobre 2023.

Une belle tradition que l'on retrouve dans différentes villes des Alpes. À la fin de l'été, les troupeaux redescendent de l'estive où ils ont passé les beaux jours pour rester au chaud dans la vallée. C'est ce retour automnal que l'on fête depuis le Moyen Âge. Le 2e samedi du mois d'octobre, les rues d'Annecy sont envahies par des troupeaux. Artisans, vieux métiers, groupes folkloriques, chanteurs, producteurs de la région permettent de découvrir l'artisanat et les traditions savoyardes. C'est aussi un rendez-vous incontournable pour les habitants de la région qui fêtent à leur manière l'arrivée des saisons froides. En cela la fête reste complètement authentique et conviviale !

GOURMAND

FÊTE DE LA POMME ET DU MIEL

Premier samedi de novembre.

Annecy aime fêter son passé et les traditions d'une ruralité pas si éloignée. C'est dans les années 1950 que le quartier de Novel a connu une véritable urbanisation. Jusqu'à cette époque, l'espace était occupé par des champs et des vergers. Annecy était toujours « à la campagne », entretenue par quelques agriculteurs. C'est pour se remémorer ce temps et célébrer le terroir que l'on fête dans le quartier de Novel la pomme et le miel. De jolies pommes savoyardes et du miel de nos régions. Marché local de créateurs et d'artisans, animations musicales et folkloriques.

SPECTACLE

FÊTE DU LAC

www.lac-annecy.com

Premier samedi du mois d'août.

C'est la date à ne pas manquer pour s'émerveiller devant l'un des plus beaux et des plus impressionnants feux d'artifice - on parle plutôt de « spectacle pyrotechnique » - d'Europe, donné dans le cadre féerique de la baie d'Albigny, au-dessus des eaux du lac d'Annecy. Depuis 1860 et la venue de Napoléon III dans la ville, Annecy accueille chaque premier samedi du mois d'août ce spectacle exceptionnel. Installés dans les tribunes ou sur les pelouses (places payantes) et ailleurs autour du lac (gratuit), 200 000 spectateurs profitent d'un moment unique mis en lumière et en musique. Plus d'une heure de spectacle non-stop selon un thème revu tous les ans par un artificier mondialement réputé.

MUSIQUE

IMPÉRIAL ANNECY FESTIVAL

Allée de l'Impérial
✆ 04 50 09 30 00
www.imperial-annecy-festival.fr

En août.

La saison des festivals ne se termine jamais et bat son plein pendant la deuxième quinzaine d'août à l'Impérial Annecy Festival. Un festival génial qui mêle jazz, musique classique et humour ! Si l'on ne connaît pas encore les invités de l'édition 2023, l'affiche sera forcément de qualité. Dans un cadre enchanteur, celui de l'Impérial Palace d'Annecy et des bords du lac, le public profite autant du cadre que des spectacles. Des prix tout doux pour découvrir tous les styles avec une trentaine de spectacles, dont de nombreux concerts gratuits pour se faire plaisir à l'Impérial. Un rendez-vous estival incontournable. A découvrir : l'Imperial Christmas Festival fin décembre.

MUSIQUE

FESTIVAL HORS PISTES

www.le-brise-glace.com

En février.

Parmi les événements présentés dans cette rubrique, voici le festival qui fait bouger vos pieds, votre tête et vibrer vos oreilles. Propulsé par l'équipe du Brise-Glace à Annecy, le festival Hors Pistes n'est pas consacré au ski, mais bel et bien aux musiques amplifiées. Du bon son pour une véritable « aventure musicale » qui se déroule au Brise-Glace, Scène de Musiques Actuelles que l'on peut visiter pendant le festival, mais aussi hors les murs, notamment dans le cadre étonnant de la chapelle des Forges. Une programmation pointue et variée qui va de l'électro-disco-pop au rock garage en passant par bien d'autres styles. Laissez-vous tenter par l'aventure, ce n'est pas si souvent !

FOIRE

FOIRE DE LA SAINT-ANDRÉ

www.annecy.fr

Premier mardi de décembre.

Parmi les plus anciennes foires de France, celle de la Saint-André existe à Annecy depuis plus de cinq siècles. À son sujet, il est donc naturel de parler de tradition ancestrale. Mais si cette foire a perduré et connaît toujours le même succès chaque premier mardi de décembre (pas évident d'attirer autant de monde un mardi, et pourtant ce sont plusieurs dizaines de milliers de visiteurs qui viennent à chaque édition !), c'est qu'elle a su mêler tradition et une certaine modernité, en organisant par exemple « La soupe des chefs », un temps gourmand de solidarité au profit d'une association locale. Au total, près de 1 100 commerçants sur 5,5 km d'étalages et de nombreuses animations.

SPECTACLE

LES ESTIVALES

✆ 06 33 17 41 46
www.lesetincellesballettheatre.com

De fin juillet à début août.

Après une vingtaine d'années de son et lumière au château de Menthon, changement de lieu l'an passé pour Les Étincelles, compagnie de ballet théâtre qui s'est installée sur le parvis de la basilique de la Visitation, de l'autre côté du lac. Toujours un paysage à couper le souffle et un patrimoine culturel extraordinaire pour une performance féerique, sur 3 jours entre fin juillet et début août, autour de la *Belle au Bois Dormant* pour la toute première fois l'an passé. Un événement qui réunit de jeunes artistes formés par les chorégraphes et metteurs en scène des Étincelles, école basée à Poisy, qui font perdurer la tradition de ces spectacles de plein air. A suivre.

OFFICE DE TOURISME

ANNECY MOUNTAINS

www.annecymountains.com

Annecy Mountains, c'est la marque qui révèle les trésors cachés d'un territoire qui s'étend des rives du lac d'Annecy aux sommets des Aravis. Un environnement inimitable et préservé pour vivre des expériences inédites selon ses envies. Aventurier, explorateur, contemplatif ou gourmand, trouvez les meilleures idées loisirs – randonnée et cyclo notamment –, des idées sorties – patrimoine et culture – ou des idées week-end pour vivre des moments magiques dans des lieux insolites ou aller à la rencontre des artisans du pays. Laissez-vous guider sur le site Internet et les réseaux sociaux d'Annecy Mountains pour vivre des instants inoubliables et partager les plus belles expériences.

OFFICE DE TOURISME

OFFICE DE TOURISME DU LAC D'ANNECY

1, rue Jean-Jaurès ✆ 04 50 45 00 33
www.lac-annecy.com
Été : du lundi au samedi de 9h à 18h30 ; le dimanche de 9h à 12h30 et de 13h45 à 18h.

Avec l'office de tourisme du lac d'Annecy, vous allez adorer la ville et tout un territoire qui s'étend des rives du lac aux montagnes toutes proches. Parce qu'Annecy, c'est non seulement la visite de la vieille ville à faire en compagnie d'un guide, mais ce sont aussi de nombreuses activités outdoor. Glisser sur les eaux du lac ou rouler tout autour, voler en parapente, visiter un château : votre horizon s'élargit et votre cœur bat plus fort. Tous les renseignements sont donnés par une équipe de professionnels souriants et ultra compétents pour un séjour réussi à Annecy.

MAIRIE - COLLECTIVITÉ LOCALE

GRAND ANNECY

46, avenue des Iles
✆ 04 50 63 48 48
www.grandannecy.fr

Annecy est une grande agglomération. Comme pour la plupart des villes françaises, celle d'Annecy s'est considérablement agrandie depuis le 29 juillet 2016, date à laquelle le préfet de la Haute-Savoie a acté la naissance d'une nouvelle agglomération appelée Grand Annecy. 34 communes réunies issues de l'ancienne agglomération d'Annecy, du pays d'Alby, du pays de Fillière, de la rive gauche du lac d'Annecy et de la Tournette. 34 communes pour un territoire peuplé de plus de 200 000 habitants et qui ne cesse de croître. Agglomération aux compétences élargies pour ce Grand Annecy en charge du développement économique, de la mobilité, de l'environnement et de l'aménagement du territoire.

OFFICE DE TOURISME

SAVOIE MONT-BLANC TOURISME

20, avenue du Parmelan ✆ 0 820 00 73 74
www.savoie-mont-blanc.com
Ouvert du lundi au jeudi de 9h à 12h30 et de 13h30 à 17h30 ; le vendredi de 9h à 12h30 et de 13h30 à 17h.

Annecy est au cœur de la Haute-Savoie, destination mondialement réputée pour ses stations de ski, mais aussi pour ses lacs et sa douceur de vivre : Savoie Mont-Blanc. Les départements de la Haute-Savoie et de la Savoie œuvrent ensemble pour faire découvrir toutes les richesses de ce territoire alpin. Cette association emmène les visiteurs vers les plus beaux sites de la région. Sur le site Internet, outils pratiques pour préparer son séjour, des propositions d'hébergement aux activités toutes saisons. Idées week-ends et séjours si vous êtes à court d'idées.

ASSOCIATION CULTURELLE

AVF [ACCUEIL DES VILLES FRANCAISES]

3, place du Château ✆ 04 50 51 87 14
http://avf.asso.fr/fr/annecy
Permanence 7 quai des Clarisses. Mardi de 9h30 à 12h, jeudi de 14h à 16h30 et premier samedi du mois de 9h30 à 12h.

Annecy est une ville naturellement accueillante, mais c'est un bonheur d'y être accueilli par cette association - active depuis plus de 50 ans - dédiée aux nouveaux arrivants. Accueil chaleureux et de nombreuses activités : visites et excursions dans la région, ateliers, repas, soirées... Des bons moments à partager pour nouer des liens avec des « locaux » ou des personnes installées depuis longtemps. La permanence ne se fait pas au siège de l'association, mais dans des locaux à l'une des entrées de la vieille ville (parking Sainte-Claire). Votre première relation à Annecy.

SITE DE DÉCOUVERTE

PARC NATUREL RÉGIONAL DU MASSIF DES BAUGES

Avenue Denis Therme - **LE CHÂTELARD** ✆ 04 79 54 84 28
www.parcdesbauges.com
Ouvert du 15 avril au 15 septembre. Se renseigner pour les horaires.

Le Parc du Massif des Bauges est à cheval sur Savoie et Haute-Savoie. Un territoire cerné de montagnes, à la géologie remarquable au point d'avoir été déclaré Geopark par l'UNESCO. Un territoire protégé qui obéit à une réglementation spécifique, notamment en matière de randonnée et de cueillette. La richesse de ce territoire ne se limite pas à son patrimoine naturel merveilleux. Son fromage AOP, tome des Bauges, ses activités économiques et agricoles participent à son identité forte. Randonnée, VTT, cyclotourisme, activités en eaux vives... pour se ressourcer.

EDIFICE RELIGIEUX

BASILIQUE DE LA VISITATION

20, avenue de la Visitation
✆ 04 50 45 22 76
https://visitationannecy.org
Ouvert tous les jours de 7h à 12h et de 14h à 18h. Gratuit. Label Tourisme & Handicap. Messe le dimanche à 10h.

Sur les hauteurs d'Annecy, cette basilique moderne bâtie au XXe siècle veille sur la ville. De style inclassable, son élément le plus représentatif est la flèche du clocher-porche surélevé, atteignant 72 m. L'apparente austérité extérieure des lieux contraste avec un intérieur richement décoré. Cette basilique est le lieu où repose saint François de Sales. Celui qui a fait ses classes à Annecy chargera en 1610 sa plus grande pénitente, Jeanne de Chantal, de fonder avec lui l'ordre de la Visitation, afin de donner assistance aux pauvres. Il fut canonisé en 1665.

EDIFICE RELIGIEUX

CATHÉDRALE SAINT-PIERRE

8, rue Jean-Jacques-Rousseau
✆ 04 50 33 45 05
http://musees.annecy.fr
Ouverte toute l'année.

Au cœur d'Annecy, en partie bâtie sur des canaux, la cathédrale Saint-Pierre devait à son origine, remontant au XVIe siècle, servir à l'ordre des franciscains avec une façade de style Renaissance surmontée d'une rosace, des frontons triangulaires et des pilastres. C'est en 1822 que cette église devient la cathédrale du diocèse. La façade est remarquable. L'intérieur s'apparente au dernier style gothique avec un chevet orné d'une œuvre de Mazzola (XVIIIe siècle), ainsi qu'une autre attribuée au Caravage. Parmi les pièces « sonnantes » de cette cathédrale, on peut entendre deux cloches de la fonderie Paccard. Le grand orgue est également classé aux Monuments historiques.

EDIFICE RELIGIEUX

ÉGLISE NOTRE-DAME-DE-LIESSE

Place Notre-Dame
http://musees.annecy.fr/Patrimoines
Ouvert toute l'année. Tous les jours.

Au cœur de la vieille ville, cette église Notre-Dame-de-Liesse faisait partie d'une collégiale fondée en 1360 par les comtes de Genève. En 1566, l'église a conservé le célèbre Saint-Suaire (aujourd'hui dans la cathédrale de Turin). Détruit sous la Révolution française, l'édifice actuel fut reconstruit au milieu du XIXe siècle, représentant le style néoclassique sarde. Le bourdon la Salésienne, qui pèse plus de 5 tonnes, a été créé par la fonderie Paccard. La grande place devant l'église est ornée d'une jolie fontaine décorée de lions et de tortues.

EDIFICE RELIGIEUX

ÉGLISE SAINT-FRANCOIS-DE-SALES

Rue Saint-Maurice
✆ 04 60 38 88 88
http://musees.annecy.fr/Patrimoines
Ouvert toute l'année. Tous les jours.

Datant du XVIIe siècle, cette église située au cœur de la ville abritait jadis les sépultures de saint François de Sales et de sainte Jeanne de Chantal, les deux fondateurs de l'ordre de la Visitation. Devenue lieu de pèlerinage, l'église Saint-François reçoit les hommages des souverains européens, mais la Révolution française va mettre fin aux processions en la transformant en manufacture ! Après avoir subi les vicissitudes de l'histoire, l'église fut rachetée par la ville en 1968. Restaurée, elle abrite un Mémorial Saint-François-de-Sales, en hommage au saint homme.

EDIFICE RELIGIEUX

ÉGLISE SAINT-LAURENT

1, pace Gabriel Fauré
✆ 04 50 23 00 93
http://musees.annecy.fr
Ouvert toute l'année. Gratuit. Visite guidée.

Sans doute partiellement reconstruite au XVe siècle à l'initiative du chanoine de Saint-Pierre de Genève, cardinal de Brogny natif d'Annecy-le-Vieux, l'église originelle mentionnée en 1320 fut détruite à la Révolution. Reconstruite sans clocher dans un style néoclassique sarde en 1849 selon les plans de l'architecte Ignace Monnet, l'église ne manque pas de charme. La forme de sa façade rappelle celle d'un arc de triomphe antique et à l'intérieur, des peintures baroques d'artistes valdôtains. Accolé au bâtiment de l'ancienne mairie : le clocher roman du XIIe siècle, appartenant à une première église dédiée à Notre-Dame. Les églises auraient partagé le même clocher pendant la révolution.

EDIFICE RELIGIEUX

ÉGLISE SAINT-MAURICE

Place Saint-Maurice
✆ 04 50 45 08 56
http://musees.annecy.fr
Ouvert toute l'année. Gratuit.

Au cœur de la ville, cet édifice d'architecture gothique, trapu, ancienne chapelle du couvent des dominicains construite au XVe siècle, possède une façade austère et triste - mais qui l'est moins depuis une belle rénovation extérieure -, à la différence de son intérieur impressionnant, particulièrement son chevet. Le chœur est orné de sculptures aux formes d'angelots portant les attributs du cardinal de Brogny datant de 1422, père de cette église et des dominicains. L'église abrite un important patrimoine artistique avec l'exceptionnelle peinture funéraire (datant du milieu du XVe siècle) du tombeau de Philibert de Monthoux, conseiller des ducs de Savoie et de Bourgogne.

MUSÉE

LE CONSERVATOIRE D'ART ET D'HISTOIRE

18, avenue de Trésum
✆ 04 50 33 23 50
www.musees.annecy.fr
Ouvert toute l'année. Du lundi au samedi. Gratuit.

Le bâtiment de l'ancien Grand Séminaire, construit entre 1684 et 1688 et remanié dans les siècles qui suivent, a été acquis en 1973 par le Conseil général pour accueillir les Archives départementales et différentes collections artistiques. Inscrit à l'Inventaire supplémentaire des monuments historiques en 1974, il devient Conservatoire d'Art et d'Histoire. Il rassemble une bibliothèque, les collections départementales, les services culturels de la Haute-Savoie, la CITIA (Cité de l'image en mouvement) et un espace d'exposition consacré au cinéma d'animation.

MUSÉE

MUSÉE DU FILM D'ANIMATION

18, avenue du Trésum ✆ 04 50 33 87 30
www.musees.annecy.fr
Ouverture tous les jours sauf le mardi. Été 10h30-18h, hiver 10h-12h et 14h-17h (fermé le dimanche). Gratuit.

Annecy, son lac, sa vieille ville et ses belles fleurs, mais aussi son cinéma d'animation ! Eh oui, Annecy aime le mouvement, la créativité et nous propose une magnifique exposition dans l'ancienne chapelle du Conservatoire d'Art et d'Histoire – où l'on découvre les prémices et le développement de cet art à part : le cinéma d'animation. Une exposition internationale qui va nous faire découvrir les processus de création de l'image animée à travers les outils, mais aussi avec des créations originales d'auteurs qui nous rendent notre regard d'enfant.

ST'ART

Véritable artothèque participative du street art, St'art invite à chasser les œuvres murales de sa ville et les partager avec les autres utilisateurs. La carte se remplit de points à observer et constitue un itinéraire tout trouvé pour découvrir de manière originale sa prochaine destination. Petit plus : on met enfin un nom sur les artistes souvent méconnus de ces œuvres qui habillent nos rues.

MUSÉE

LE PALAIS DE L'ÎLE

3, passage de l'Isle ✆ 04 56 49 40 37
http://musees.annecy.fr
Octobre-mai, mercredi-dimanche, 10h-12h/14h-17h. Juin-septembre, 10h30-18h. Tarifs 3,90 €, 2 €. Fermé les jours fériés.

L'emblème de la ville. Avec le lac, ce Palais aussi appelé « Vieilles prisons » est l'image d'Annecy. Un bâtiment qui fend de son étrave de pierre les eaux du canal du Thiou. Construite sur une île rocheuse naturelle, cette maison forte fut tour à tour prison – un jeu d'énigmes pour les enfants lui rend aujourd'hui cette fonction –, atelier monétaire, palais de justice et asile de vieillards. Le Palais de l'Île est classé aux Monuments historiques en 1900 et abrite le Centre d'Interprétation de l'Architecture et du Patrimoine, ainsi qu'un parcours muséographique pour découvrir l'histoire de ce lieu unique. Le Palais de l'Île abrite régulièrement des expositions temporaires remarquables.

MUSÉE

ÉCOMUSÉE DU LAC D'ANNECY

Route de l'Église - **SÉVRIER** ✆ 04 50 52 41 05
www.ecomusee-lacannecy.com
Ouvert toute l'année. Se renseigner pour les ouvertures selon saisons. Adulte 6,50 €. Enfant 4,50 €.

Le préfixe « éco » se rapporte souvent à l'écologie dès que l'on parle d'un musée. Mais n'oublions pas que ce préfixe grec désigne « l'habitat », plus largement ce qui lie l'homme à son environnement. Dans ce musée au bord du lac d'Annecy, voyagez dans le temps à la rencontre des hommes et des femmes vivant dans les Alpes savoyardes au XIXe siècle. A travers des scènes de la vie quotidienne, des objets, une impressionnante collection de costumes, les visiteurs découvrent une autre facette du patrimoine régional. Des animations et des visites animées sont régulièrement proposées pour s'initier à la cuisine des rissoles, à la dentelle aux fuseaux, aux motifs traditionnels des Alpes...

CHÂTEAU

MUSÉE-CHÂTEAU D'ANNECY

Place du Château ✆ 04 50 33 87 30
http://musees.annecy.fr
Ouvert tous les jours, sauf le mardi, de 10h à 12h et de 14h à 17h. Adultes 5,60 €. Enfant 3 €. Gratuit -12 ans.

Il veille sur la vieille ville avec puissance et bienveillance. Ancienne résidence des comtes de Genève, c'est au XIIIe siècle que débute sa construction. La forteresse médiévale va peu à peu laisser la place à l'élégance de la Renaissance avec la construction du logis Nemours au XVIe siècle. Après l'incendie de 1952, le château fut menacé de destruction, mais sauvé grâce à la Société des Amis du Vieil Annecy. Aujourd'hui, un musée présente en permanence des collections très variées (art, archéologie, nature), tandis que la tour Perrière est dédiée aux lacs alpins. Sur demande, diverses visites guidées peuvent être organisées pour les groupes. Superbes expositions temporaires.

© YANNICK PERRIN

© YANNICK PERRIN

MUSÉE

MUSÉE PACCARD

215, route de Piron - **SÉVRIER**
✆ 04 50 52 47 11
www.musee-paccard.com

Ouvert du lundi au samedi de 10h à 12h30 et de 13h30 à 18h, dimanche après-midi, sauf 25/12 et 01/01. Adulte 8,50 €.

La passion ne cesse de grandir au musée Paccard, une maison d'exception née en 1796, dont le nom résonne dans les clochers du monde entier et qui n'en finit pas de nous étonner. La maison Paccard, qui détient quelques records avec des cloches aux gabarits hors normes, a fait construire un véritable clocher de plain-pied – charpente réalisée par les Compagnons du Tour de France – à visiter pour mieux comprendre le métier de campaniste. Petits et grands pourront même sonner les cloches ! Autre découverte magique avec Ars Sonora® avec les concerts chant et carillon. Visites guidées du musée et de la fonderie, coulée des cloches, visites pédagogiques, séminaires… Pause au Paccard Gourmand.

© YANNICK PERRIN

© YANNICK PERRIN

© YANNICK PERRIN

VISITE GUIDÉE

ANNECY CITY TOUR

Quai de Vicenza ✆ 07 83 77 93 51
www.annecycitytour.fr

Du 1/05 au 30/09, tous les jours à 11h15, 14h, 15h15 et 16h30. Autre période, se renseigner. Adulte 15 €, enfant 9 €.

Avec Annecy City Tour, embarquez à bord d'un bus cabriolet rouge confortable et largement ouvert pour une visite d'une heure à la découverte des merveilles d'Annecy et du lac. Une visite d'1h commentée en 9 langues pour mieux connaître l'histoire de la ville, des sites et des monuments ou des grands hommes. Après avoir longé les bords du lac, le circuit vous fait prendre de la hauteur pour une vue panoramique depuis la basilique de la Visitation, avant de repartir pour la vieille ville, le haras méconnu des visiteurs ou l'Impérial Palace. Tous les mercredis et le dimanche matin (+ mardis en août), un circuit vous emmène vers les gorges du Fier et le château de Montrottier. Bus privatisable.

VISITE GUIDÉE

CROISIÈRES SUR LE LAC D'ANNECY

2, place au Bois ✆ 04 50 51 08 40
www.bateaux-annecy.com

Bateau croisière toute l'année, à partir de 18 €. Bateau-restaurant d'avril à octobre. Navibus 21 €.

Avec la Compagnie des Bateaux du lac d'Annecy, faites le tour du lac à votre rythme. Parmi une flotte composée de 6 bateaux, dont le bateau hybride écologique *Amiral*, vous allez choisir entre les croisières découvertes d'une ou deux heures, faire une escapade gourmande à bord du seul bateau-restaurant du lac d'Annecy, le *Libellule* rénové ou bien partir à l'aventure autour du lac (9 escales) avec la navette *Navibus* tout en téléchargeant sur votre téléphone l'application gratuite « Lac d'Annecy » pour des croisières commentées. Tout est plus beau sur les eaux du lac.

VISITE GUIDÉE

LES DEUCHES DU LAC

Les Teppes Vertes - **CHAPEIRY**
✆ 06 81 60 73 16
www.lesdeuchesdulac.fr

Une autre façon, amusante et bien d'chez nous, de découvrir les environs d'Annecy et les paysages superbes de la Haute-Savoie. Adoptez la « slow attitude » sur les routes dans une mythique 2CV, accompagné d'un chauffeur qui vous emmène en balade. Du « classique » Tour du lac bouclé en un peu plus de 3h à la Dépaysante qui vous fait visiter 3 sites d'exception de la région (Gorges du Fier, Château de Montrottier, Jardins Secrets de Vaux), les itinéraires se composent selon vos envies : œnologiques, gourmandes, nocturnes, romantiques... Golf ou montgolfière ! Activité découverte idéale pour un événement entre amis ou une équipe d'entreprise, un EVJF/EVG, sans oublier les mariages. Magique.

VISITE GUIDÉE

MOBILBOARD SEGWAY ANNECY

8, place aux Bois ✆ 04 56 20 40 47
www.mobilboard.com

Ouvert toute l'année. Réservation obligatoire. Découvertes 34 €. Escape game 48 €.

Ce qui est formidable avec une balade en gyropode, c'est ce mélange entre activité de loisirs - la découverte de nouvelles sensations sur un engin qu'il faut apprendre à conduire - et tourisme dans l'une des plus belles villes du monde (oui, on est un peu chauvins...). S'adaptant aussi bien aux pavés de la vieille ville qu'au bitume des trottoirs, le gyropode offre à tous les publics (à partir de 12 ans) la liberté de se balader en s'amusant. Mobilboard Annecy offre de nombreuses idées pour sortir en famille, en couple, entre amis pour un EVJF/G. Possibilité d'explorer la ville grâce à un escape game. Team building sur mesure. Cartes cadeaux pour offrir une expérience insolite.

VISITE GUIDÉE

MYSTÈRES DU LAC

23, rue Sommeiller
✆ 04 50 32 86 15
www.mysteresdulac.com

Avec les Mystères du Lac, visiter Annecy devient un jeu grandeur nature ! Partez à la découverte des secrets de la cité médiévale grâce aux City Games inventés par une équipe de passionnés. En équipe de 2 à 10 personnes, devenez les acteurs d'une activité outdoor originale à travers 4 aventures : *Le Grand Tour*, jeu de piste pour découvrir Annecy, *Le Secret des Allobroges*, une mission ésotérique avec ses énigmes, *Bienvenue à Troll Dom*, pour les enfants qui veulent rentrer à l'Ecole de Magie d'Annecy, *Dérobe-moi si tu peux*, une véritable enquête à travers la ville et Le Gourmet pour en savoir plus sur le patrimoine culinaire local. Découvrir la ville en s'amusant et en s'émerveillant.

VISITE GUIDÉE

VISITES GUIDEES

www.guidesannecy.com

Visiter Annecy, c'est encore plus passionnant en compagnie d'un guide conférencier. Parcourir la ville, notamment les ruelles de la vieille ville, et découvrir tous ses secrets, ça vous dirait ? Mais il n'y a pas que le Vieil Annecy pour s'émerveiller, il y a aussi l'architecture plus contemporaine, l'industrie à Cran-Gevrier... Conduites par une vingtaine de guides professionnels, ces visites ouvertes à tous - particuliers et groupes - ont en commun de nous raconter un territoire riche de son patrimoine. Visites guidées programmées ou à la carte à Annecy, mais aussi dans toute la région d'Yvoire sur les rives du Léman à l'abbaye d'Hautecombe sur les rives du lac du Bourget.

© LANSARD

© LANSARD

SITE DE DÉCOUVERTE

LES GORGES DU FIER

30, le Pont des Liasses - **LOVAGNY**
✆ 04 50 46 23 07
www.gorgesdufier.com

Fermé du 15/10 au 15/03. Haute saison, ouvert tous les jours. Adulte 6 €. Enfant +6 ans 3 €. Animaux non admis.

Quand les forces de la nature nous dépassent et nous émerveillent ! Les gorges du Fier offrent un spectacle saisissant, un véritable enchantement. Un canyon étroit et rugissant, un site naturel magique et effrayant à parcourir en marchant sur une passerelle fixée dans le rocher à plus de 25 mètres de hauteur au-dessus des eaux tumultueuses. Sensations garanties sur un site ouvert au public depuis 155 ans. Enora Poizat, 3e génération d'exploitant et de gardien des Gorges, nous invite à la découverte de cet incroyable spectacle naturel et des curiosités géologiques des rochers sculptés par l'érosion. Boutique souvenir et restauration sur place. Une expérience insolite à partager en famille.

© LANSARD

© LANSARD

© LANSARD

PARC / JARDIN

ANNECY VILLE FLEURIE

Mairie d'Annecy
✆ 04 50 33 89 45

Se balader dans Annecy, c'est marcher dans un jardin. Annecy fait partie du cercle très fermé des villes ayant obtenu la prestigieuse « Fleur d'Or », affichant depuis 1967 (plus de 50 ans, un record) le label « Quatre fleurs » des Villes et Villages Fleuris. Un label qui récompense non seulement la qualité du fleurissement de la ville, mais aussi une véritable démarche environnementale dans une ville n'utilisant aucun produit phytosanitaire depuis longtemps. De plus, Annecy s'est vu décerner le label Ecojardin pour 3 de ses jardins, dont 2 sont des « jardins partagés », des espaces naturels devenus des potagers citoyens. Ville verte, Annecy dévoile ses charmes lors de balades fleuries.

PARC / JARDIN

LES JARDINS SECRETS

1561, route de Lagnat - **VAULX** ✆ 04 50 60 53 18
www.jardins-secrets.com
Ouvert tous les jours d'avril à octobre. Tarif 9,50 €. Qualité Tourisme. Jardin Remarquable. Horaires variables.

Alain et Nicole façonnent les Jardins Secrets depuis plus de 40 ans. L'œuvre d'une vie de passionnés qu'ils partagent depuis plus de 25 ans avec tous les visiteurs, petits et grands, émerveillés par cette mosaïque de jardins, salons, patios, allées, galeries... Au total, plus de 7 000 m² d'un décor mêlant nature et ouvrages audacieux. De la fantaisie, de la poésie, des senteurs, des couleurs qui changent au gré des floraisons, des matières originales détournées de leur fonction habituelle : bois, galets, mortier de chaux, cuivre, eau, fleurs et plantes… Un lieu magnifique pour une balade surprenante à faire en famille dans cette nature métissée. Une visite sensationnelle.

PARC / JARDIN

PAQUIER ET JARDINS DE L'EUROPE

✆ 04 50 45 00 33
www.annecy.fr
Ouvert toute l'année. Gratuit.

Face au lac, le Pâquier d'un côté et les Jardins de l'Europe de l'autre sont reliés par le célèbre Pont des Amours. Deux lieux incontournables pour faire une pause entre ville et lac, dans l'immensité de 10 000 m² de pelouse avec vue dégagée sur les montagnes et des jardins remarquables plantés d'environ 250 arbres tous plus impressionnants les uns que les autres : séquoias géants, tulipiers de Virginie, ginkgo biloba... Deux lieux uniques où il fait bon jouer, se détendre, flâner,. Quant au Pont des Amours, il reste le lieu de balade romantique par excellence.

PARC / JARDIN

LE THIOU ET SES CANAUX

✆ 04 50 33 87 30
http://musees.annecy.fr

Voilà une balade originale qui sort des sentiers battus de la vieille ville et des bords du lac un peu trop chargés en saison estivale. Là, vous croiserez sûrement moins de monde, mais vous ferez de belles découvertes tout en profitant de la fraîcheur du Thiou. Le « grand Thiou », autrefois moteur de l'artisanat et de l'industrie à Annecy, est devenu un lieu de promenade le long d'un parcours entre ville et nature de 3,5 km. En longeant la rivière, le randonneur passe des pavés d'une vieille ville encombrée de monde à un décor naturel où l'on croise beaucoup moins de monde. Une agréable promenade facile à faire en famille pour changer votre point de vue sur cette rivière « canalisée ».

SITE NATUREL

FORET DOMANIALE DU SEMNOZ

Le Semnoz ✆ 04 50 45 00 33
www.lac-annecy.com
A 15 min du centre d'Annecy en voiture ou en bus Sibra, le Semnoz est accessible été comme hiver.

Entre 500 et 1 660 m d'altitude, les forêts du Semnoz comptent parmi les poumons verts d'Annecy. Espace naturel, cette forêt intégrée dans le Parc naturel régional des Bauges s'ouvre à tous : promeneurs, randonneurs, vététistes, skieurs et grimpeurs. L'été, les alpages ravissent les randonneurs. L'hiver, c'est le rendez-vous des randonneurs en raquettes, mais aussi des skieurs nordiques et alpins grâce à la station du Semnoz. Visite possible avec un garde forestier de l'ONF. Différents circuits sont proposés dans cette forêt magnifique chargée de senteurs et de couleurs.

SITE DE DÉCOUVERTE

FONDERIE PACCARD

40, route des Saintiers - **SÉVRIER** ✆ 04 50 52 44 98
www.paccard.com
Haute saison : le mercredi et du vendredi au dimanche de 14h30 à 17h30. Visite guidée.

La saga de la Fonderie Paccard débute en 1796 à Quintal. L'église du village n'a plus de cloche et se voit dans l'obligation d'en fondre une nouvelle. Faisant appel à un maître-fondeur, Jean-Baptiste Pitton, celui-ci a besoin d'un apprenti. Antoine Paccard de Quintal se propose. A la suite, il crée sa propre Fonderie à Quintal qui sera ensuite déplacée à Annecy en 1854. Avec Georges Paccard, elle acquiert à la fin du XIXe une réputation mondiale, grâce à la « Savoyarde » du Sacré-Cœur de Montmartre à Paris. La Fonderie Paccard est un des fleurons de l'industrie française de la cloche monumentale et la fierté des Hauts-Savoyards. Nouveauté 2023, le clocher pédagogique.

© SANDRA MARINO - FOTOLIA

© ROBIN

SITE NATUREL

GROTTE ET CASCADE DE SEYTHENEX

576, route des Grottes - **FAVERGES-SEYTHENEX**
✆ 04 50 44 55 97
www.grotte-cascade-seythenex.com
Du 01/05 au 30/09. HS tous les jours 9h30-17h30. Reste de l'année se renseigner. Grotte 9 €. Double tyrolienne 15 €.

Emotions et sensations à partager dans un site 100% naturel. La grotte et la cascade de Seythenex, c'est un site unique en Haute-Savoie. Seule grotte ouverte au public dans le département, classée Géosite, c'est un lieu magique et spectaculaire mis en valeur par Christophe. Pénétrez dans les entrailles de la Terre, découvrez les eaux du Saint-Ruph chutant de 45 m, formant des marmites de géant. Un spectacle prodigieux dont les visiteurs profiteront lors d'un survol suspendu à l'une des deux tyroliennes ! Équipe fantastique. Un enchantement pour toute la famille.

REGIS BRUGERE

© CASCADEDESEYTHENEX

© CASCADEDESEYTHENEX

SITE NATUREL

RÉSERVE NATURELLE DU ROC DE CHÈRE

Roc de Chère - **TALLOIRES-MONTMIN** ✆ 04 50 66 47 51
Depuis Annecy, longer le lac par la rive Est. Après Menthon-Saint-Bernard au lieu-dit Echarvines, tournez à droite en direction du golf et s'arrêter sur le parking. - www.cen-haute-savoie.org
Ouvert toute l'année. Toute l'année, des visites guidées sont proposées aux groupes et aux particuliers.

Se balader sur les rives du lac d'Annecy. A pied, à vélo, il faut aller jusqu'à Echarvines et s'arrêter à la découverte d'un des joyaux du lac : la Réserve naturelle du Roc de Chère. Attention à bien respecter la réglementation pour protéger ce milieu unique, sanctuaire naturel offrant les criques les plus sauvages du lac. Le Roc de Chère, c'est un petit massif montagneux forestier abritant une faune et flore exceptionnelles liées à la diversité de micro-reliefs et de microclimats, entre falaises abruptes et vallon marécageux. La nature à l'état sauvage.

SITE URBAIN

ANNECY INSOLITE

Pour visiter Annecy, vous pouvez partir à l'assaut de la vieille ville en suivant votre instinct, mais ce n'est pas la meilleure solution quand on veut découvrir tous les charmes d'une ville. Suivez plutôt le chemin qui vous mène à l'office de tourisme où vous trouverez une carte intitulée Promenades en ville, 4 itinéraires de découverte (à télécharger également sur le site). Et parmi ces 4 promenades, Annecy Insolite. Une promenade à travers la vieille ville qui vous fera monter jusqu'au château avant de découvrir un étonnant petit jardin public, parenthèse verte au milieu des habitations serrées. Une autre balade vous emmène vers les rivages du lac pour varier les bonheurs d'être à Annecy.

JOOKS

Lauréate du Prix RunningTech en 2021, Jooks embarque vocalement ses utilisateurs pour des découvertes touristiques sur nos sorties sportives. Du tourisme sportif loin d'être barbant, qui invite à se cultiver tout en marchant, courant, pédalant. Parmi les 1 300 parcours proposés dans 300 villes du monde, certains sont spécialement conçus pour les fauteuils roulants. Inclusive et drôlement décalée.

SITE URBAIN

VIEILLE VILLE D'ANNECY

C'est la signature de la ville, la visite incontournable. Des petites rues pavées et sinueuses, au maillage irrégulier hérité du Moyen Age, de vieilles maisons aux fenêtres à meneaux géminées, des arcades où se tenaient jadis les commerces ou des portes en bois surmontées d'un arc en accolade. Et des portes d'accès monumentales subsistent encore comme la porte Sainte-Claire. Au Moyen Age, la rue formait l'axe principal de la ville, alors très étroite et bordée d'échoppes diverses où les artisans étaient regroupés par métiers. Mais il ne faut pas s'y tromper : les acheteurs potentiels n'entraient pas toujours à l'intérieur des boutiques. Les marchands ouvraient leurs volets et y posaient une partie de leurs biens : les clients triaient alors les marchandises sur le volet, d'où l'expression « trier sur le volet » ! Plus globalement, il faut savoir que la décrépitude et les taudis menaçaient l'ensemble du site après la Seconde Guerre mondiale. Ce sont au moins trois décennies d'efforts conjoints des élus, des commerçants et d'une minorité active d'habitants qui ont réellement sauvé ce que l'on appelle aujourd'hui la Vieille Ville. On a alors dû traiter à la fois tous les canaux, l'ensemble du mobilier urbain et toujours davantage de façades. La voirie s'adaptait en même temps au « sans voiture » et un excellent fleurissement a mis la cerise sur le gâteau, au moins pendant toute la saison estivale qui se prolonge désormais par des animations en hiver. Le surnom de « petite Venise » n'est pas usurpé et des centaines de milliers de visiteurs l'ont peu à peu plébiscité. A tel point que votre guide n'a guère à chercher son conseil de base : si vous tenez à éviter les grandes foules, choisissez pour votre visite un jour hors saison ou une journée chaude et de grand beau temps. La forte concurrence des plages lacustres vous permettra alors de déambuler sans trop de bousculades dans les ruelles ombragées et leurs enseignes qui essayent de retenir l'attention des touristes de passage. Parmi les nombreuses boutiques présentes, il y en a pour toutes les envies. Si les boutiques de souvenirs ne sont pas toujours du meilleur goût, que les glaciers s'enchaînent pour le meilleur et pour le pire, reconnaissons que le niveau général s'améliore d'année en année devant des visiteurs exigeants et tous les restaurants ne sont pas des attrape-touristes, bien au contraire, surtout dans la partie des faubourgs au début et à la fin de la Vieille Ville. Les faubourgs sont l'une des particularités de cette vieille ville. Côté lac, le Faubourg des Annonciades - du nom d'une communauté religieuse - se tourne vers l'artisanat d'art local. A l'autre extrémité de la vieille ville, une fois que l'on a franchi une porte surmontée d'une horloge, on rentre dans le Faubourg Sainte-Claire, qui doit son nom à un ancien couvent de Clarisses. Cette partie de la vieille ville est davantage consacrée à la restauration avec de nombreuses adresses recommandées par votre guide. Entre les deux faubourgs, il faut musarder sous les arcades et dans les ruelles parallèles qui débouchent sur les canaux. Source inépuisable d'émerveillement.

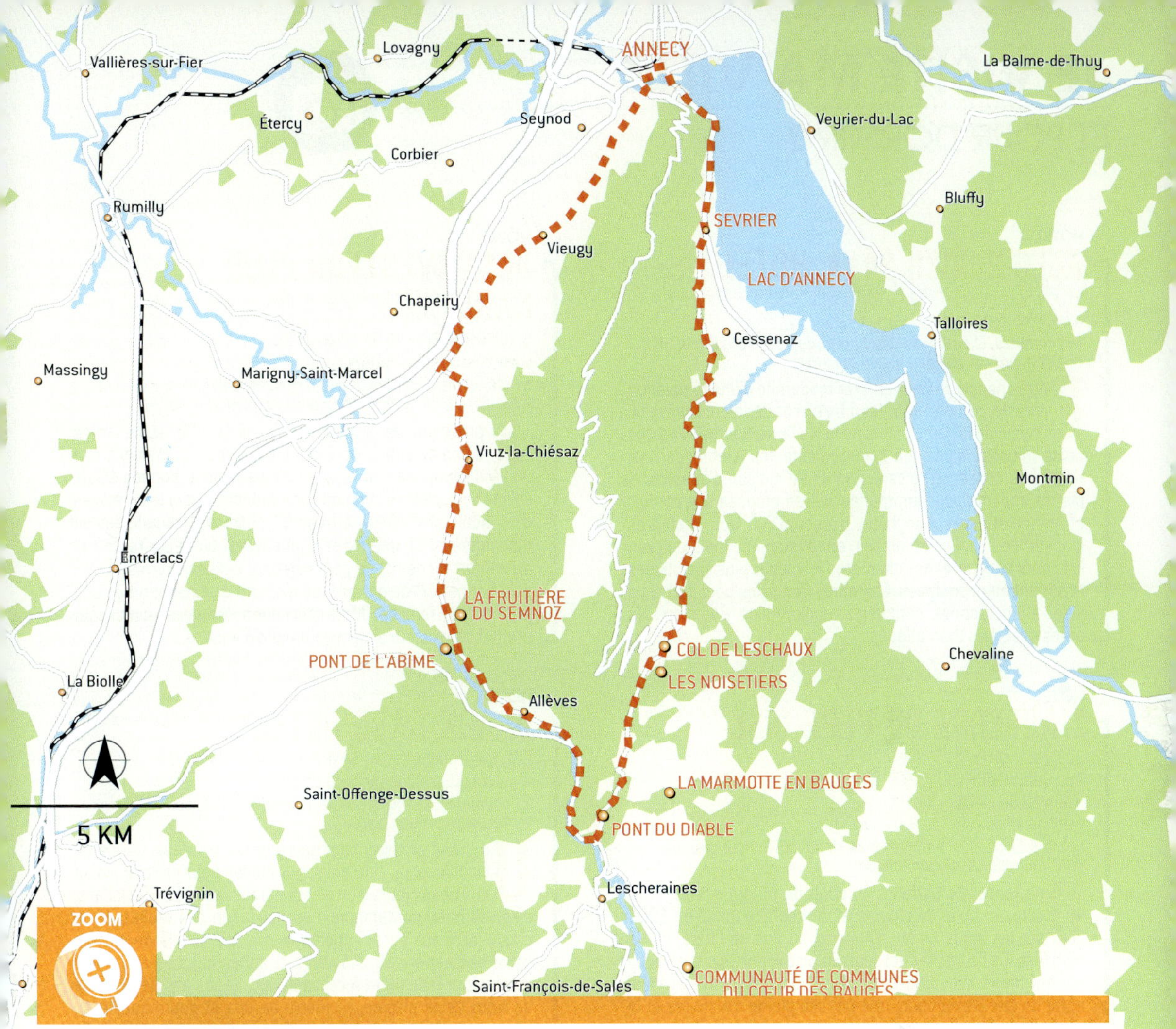

BALADE EN VAE AUTOUR DU SEMNOZ

Le vélo musculaire, c'est idéal pour se balader en ville. Mais pour monter dans le Semnoz, et même en faire le tour, rien ne vaut un VAE : Vélo à Assistance Électrique. Si vous n'avez pas de VAE, il est possible d'en louer dans de nombreuses boutiques autour du lac. Doté d'une batterie bien chargée, vous voilà parti pour un périple de 55km, avec un dénivelé positif de 650m à grimper assez facilement. Attention, le parcours se fait dans le sens des aiguilles d'une montre et les petites routes n'offrent pas d'aménagement pour les cyclistes. Casque obligatoire et prudence recommandée. Cette balade, labellisée Vélo & Fromages, est ponctuée de pauses gourmandes. Bonne balade !

Pour se mettre en jambe, la balade commence par suivre les bords du lac d'Annecy (1) sur la belle piste cyclable jusqu'à Sevrier (2). Forte fréquentation en été et paysages de rêve. À hauteur du port de Sevrier, rejoindre la route d'Albertville jusqu'au rond-point où commence la montée vers le col de Leschaux (897m) et les Bauges. Sur la route, première pause aux Noisetiers (3) pour déguster l'Abondance fermier. Dans un cadre montagnard bucolique, avec quelques points de vue panoramique, la balade se poursuit en direction de Lescheraines, situé en Savoie. À Bellecombe, possibilité de faire une halte pour découvrir le Pont du Diable (4) au-dessus d'un canyon. Avant de repartir vers le Nord, deux nouvelles pauses gourmandes à faire à La Marmotte en Bauges (5), pour déguster la Tome des Bauges fermières, et à la Coopérative fruitière Cœur des Bauges (6) pour découvrir les meilleures productions locales. Et c'est reparti sur le flanc Ouest du massif, suivant la vallée du Chéran. Les cyclistes aux batteries bien chargées et aux nerfs d'acier ne manqueront pas de faire un (petit) détour par une route étroite jusqu'au pont de l'Abîme (7) qui surplombe le Chéran. Heureusement, pas bien loin, se trouve la Fruitière du Semnoz (8) pour reprendre des forces en savourant un morceau d'Abondance et de Tome des Bauges. Le retour en direction d'Annecy (9) se fait en pente douce sur des petites routes campagnardes avant de retrouver la ville et de traverser le paisible Thiou. Nombreuses fromageries, crèmeries pour compléter son panier gourmand !

ET POUR DORMIR ?

HÔTEL

ALLOBROGES PARK HÔTEL***

11, rue Sommeiller ✆ 04 50 45 03 11
www.allobroges.com

49 chambres. Chambre double à partir de 92 €. Petit déjeuner 12 €. Wifi gratuit. Possibilité parking privé.

Entre charme de l'ancien et la modernité d'une rénovation réussie, cet hôtel 3 étoiles offre un lieu de séjour charmant. Proche de la gare comme de la vieille ville, situé dans une petite impasse d'une rue commerçante, les Allobroges Park Hôtel a su conserver le caractère d'une maison d'autrefois – pierres apparentes, cour intérieure – en proposant le confort et les prestations d'un hôtel d'aujourd'hui. Des chambres mansardées, mais climatisées, en version économique pour les petits budgets et des chambres Privilèges plus spacieuses et parfaitement équipées. Chambres familiales pour les tribus jusqu'à 5 personnes. Petit déjeuner de qualité. Bon plan : les offres spéciales thématiques.

HÔTEL

L'AUBERGE DU PÈRE BISE*****

303, route du Port
TALLOIRES-MONTMIN
✆ 04 50 60 72 01
www.perebise.com

Relais & Châteaux. Chambres à partir de 285 €. Petit déjeuner 40 €. Restaurant gastronomique.

Une rencontre parfaite, un coup de foudre assuré. D'un côté, un hôtel de charme et de tradition fondé en 1903 sur les bords du lac d'Annecy, au Roc de Chère, par le père Bise. De l'autre, le chef Jean Sulpice et son épouse Magali qui ont repris avec brio cette illustre maison. Mariage idéal entre un site d'exception, une bâtisse pleine d'histoires et la modernité d'une rénovation apportant confort et bien-être. Ambiance chaleureuse et raffinée, chambres spacieuses et matières nobles, plage privée, grand parc arboré, vaste terrasse. Instants uniques à l'Auberge du Père Bise.

HÔTEL

HÔTEL BELLEVUE**

90, avenue de Genève ✆ 0450571437
www.hotel-bellevue-annecy.com

20 chambres. Chambre double à partir de 77 €. Petit déjeuner 10 €. Soirée étape 95 €. Restauration.

Dans un petit immeuble de l'avenue de Genève, quartier paisible et arboré, le Bellevue est un hôtel familial, ce qu'il faut à l'écart de l'agitation. Les chambres sont insonorisées, bien entretenues et équipées comme il faut. Les salles de bains sont très correctes. L'accueil est sympathique et personnalisé par des hôteliers de métier qui tiennent cet établissement depuis deux générations. Le plus non négligeable en ville : un jardin ombragé s'ajoute pour la détente, surtout lors des soirées d'été, alors qu'une piscine municipale se trouve à proximité. Restauration traditionnelle. Réservation conseillée, car cet hôtel de bon rapport qualité-prix connaît un certain succès.

HÔTEL

BEST WESTERN PLUS CARLTON****

5, rue des Glières ✆ 04 50 10 09 09
www.bestwestern-carlton.com

57 chambres. Chambre double à partir de 117 €. Petit déjeuner 22 €. Possibilité parking. Animaux acceptés. Wifi gratuit.

A proximité de la gare, de la vieille ville et des rues commerçantes, le Carlton d'Annecy ne manque pas d'allure avec sa façade rose saumonée années 1930. À l'intérieur, c'est décoration contemporaine pour les 7 étages d'un hôtel prestigieux offrant 57 chambres climatisées et insonorisées. Chambres personnalisées, au décor raffiné et au confort moderne. Le petit déjeuner est servi au restaurant et le bar permet de partager un moment de détente après une journée bien remplie. Offres spéciales à réserver en direct pour profiter d'un séjour actif et gourmand à Annecy.

HÔTEL

BLACK BASS HOTEL*****

921, route d'Albertville - **SÉVRIER** ✆ 04 87 25 85 71
www.blackbasshotel-annecy.com

25 chambres. Chambre double à partir de 290 €, petit déjeuner inclus. Restauration. Spa.

Un grand poisson pour naviguer sur les eaux claires du lac d'Annecy. Une maison 5 étoiles pour se faire plaisir aux beaux jours d'un séjour paradisiaque. Le Black Bass, c'est un hôtel contemporain au maximum des étoiles, où la convivialité est aussi importante que les détails de service et de décoration. 25 chambres et suites uniques aux notes douces qui répondent à celles du lac. Repos assuré, détente au bord de la piscine, bien-être au spa et gourmandise au restaurant bistronomique profitant d'une terrasse avec vue sur le lac et d'une cuisine créative de qualité à base de produits locaux. Possibilité d'organiser des événements privés dans un lieu d'exception. Bonne pêche, bonne pioche.

HÔTEL

LE CLOS DES SENS*****

13, rue Jean-Mermoz ✆ 04 50 23 07 90
www.closdessens.com

Relais & Châteaux. Chambre double de 240 à 580 €. Petit déjeuner 38 €. Restauration 3 étoiles.

A l'image du restaurant imaginé par Laurent Petit et aujourd'hui repris par Thomas Lorival et Franck Derouet, le Clos des Sens offre un lieu unique pour séjourner en toute quiétude. Installés dans l'ancienne école du village, 11 chambres au caractère bien trempé pour une hospitalité totale. La promesse toujours tenue d'un art de vivre aux valeurs fortes où le bien-être se marie à la gourmandise. Une expérience singulière au milieu des matières nobles et vivantes, service parfait et prestations haut de gamme avec bain balnéo au pied du lit, cheminée, terrasse ou balcon, sans oublier le couloir de nage extérieur. Sous les toits, les chambres « Signature » montent au 7e ciel. Un rêve réalisé.

HÔTEL

HÔTEL DES MARQUISATS***

6, chemin de Colmyr ✆ 04 50 51 52 34
www.marquisats.com
Chambre double à partir de 101 €. Petit déjeuner 12 €. Parking gratuit. Wifi gratuit. Espace détente.

En lisière de la forêt du Semnoz, une grande maison rose, une invitation à séjourner au calme à une petite vingtaine de minutes à pied du centre d'Annecy. Une maison que l'on dirait taillée dans la roche, d'ailleurs un mur du salon confirme cette impression, d'où l'on peut contempler confortablement le lac et les montagnes sans aucun bruit. Repos dans les 24 chambres personnalisées et parfaitement équipées, accueil et service très agréables, sans oublier un espace détente pour se relaxer : hammam, sauna et massages bien-être sur rendez-vous. Oubliez votre voiture au parking gratuit et louez un vélo pour rejoindre les bords du lac jusqu'à Annecy. Une autre façon d'aborder la ville.

HÔTEL

HÔTEL DU CHÂTEAU**

16, rampe du Château ✆ 04 50 45 27 66
www.annecy-hotel.com
Ouvert toute l'année. Chambre double de 70 € à 180 €. Petit déjeuner 11 €.

De solides et épais murs de pierre (pas besoin de climatisation), une belle maison qui domine la ville (dans un quartier auquel vous pourrez accéder en sonnant 24h/24 pour demander l'ouverture des bornes), toute la gentillesse et le professionnalisme de Romain qui représente la 3e génération d'hôteliers. Depuis 1959, une maison simple et de bon goût, havre de paix en surplomb d'Annecy, abritant un authentique petit joyau : une terrasse panoramique sur les toits de la vieille ville pour prendre un petit déjeuner inoubliable. Romain et Amélie mettent tout en œuvre pour qu'aucun nuage ne vienne ombrager un séjour lumineux dans l'une des chambres rénovées et confortables. Beaucoup de charme.

HÔTEL

HÔTEL DU PALAIS DE L'ISLE***

13, rue Perrière ✆ 04 50 45 86 87
www.palaisannecy.com
Chambre double à partir de 89 €. Petit déjeuner buffet 13 €. Wifi gratuit. Bar.

Impossible de détacher vos yeux de la carte postale. Depuis votre balcon, vue sur le monument emblématique d'Annecy, le Palais de l'Isle, les canaux, la vieille ville et les rues piétonnes. Au cœur battant de la ville, emplacement exceptionnel pour cet hôtel installé dans une bâtisse du XVIIIe siècle parfaitement rénovée, mariant le charme de l'ancien et une décoration contemporaine raffinée dans une ambiance cosy. Excellent rapport qualité-prix, même pour les suites. Coup de foudre pour cet hôtel atypique où les amoureux et les familles pourront faire leur nid.

HÔTEL

HÔTEL DU NORD**

24, rue Sommeiller
✆ 04 50 45 08 78
www.annecy-hotel-du-nord.com
30 chambres. Chambres doubles de 75 à 130 €. Chambres familiales. Petit déjeuner 10 €. Parking offert de 19h à 8h.

© STUDIO PREZZO

© HOTDUNORD

Sur la boussole, le nord est notre repère. A Annecy, l'Hôtel du Nord est notre repaire ! Au cœur battant du centre-ville, l'Hôtel du Nord donne rapidement accès à tous les points cardinaux d'Annecy, du lac à la vieille ville, en passant par la rue Carnot, temple du shopping. Situation idéale pour ce 2-étoiles qui en mériterait bien plus, tant pour l'accueil et les conseils de l'adorable Christophe, qui vous reçoit comme des amis, que pour la qualité des chambres douillettes et bien équipées : literie de qualité, climatisation, TV écran plat HD, wifi haut débit... Petit déjeuner gourmand à base de bons produits locaux. Hôtel du Nord, la bonne direction pour votre séjour à Annecy.

© GILLES PIEL

© GILLES PIEL

HÔTEL

HÔTEL DE BONLIEU***

5, rue de Bonlieu ✆ 04 50 45 17 16
www.annecybonlieuhotel.fr
Chambre double de 117 € à 177 €. Chambre familiale de 234 € à 354 €. Petit déjeuner 11 €. Séminaires. Wifi gratuit.

Le Bonlieu, il a vraiment tout bon. Par son emplacement, juste ce qu'il faut à l'écart de l'agitation touristique, à proximité du lac et de la vieille ville, des commerces et des restaurants, le Bonlieu offre une situation idéale. Par les prestations, les services, le contact humain d'une entreprise familiale. Par la qualité d'un hôtel aux lignes contemporaines, à l'ambiance chaleureuse, où l'on se sent bien, notamment dans des chambres confortables et parfaitement équipées : excellente literie, salle de bains luxueuse, climatisation, TV HD, minibar, wifi gratuit et petit déjeuner aux saveurs régionales. Lieu de séjour idéal à deux ou en famille, mais aussi pour organiser un séminaire.

© GILLES PIEL

© GILLES PIEL

© GILLES PIEL

HÔTEL

HÔTEL LES TRÉSOMS LAKE & SPA RESORT****

15, boulevard de la Corniche ✆ 04 50 51 43 84 - Accès par A41 sortie n°16, direction Annecy, le lac, le Semnoz
www.lestresoms.com
Chambre double de 100 € à 350 €. Petit déjeuner 25 €. Parking ouvert inclus. Restauration. Piscine, hammam, sauna.

Un écrin de nature suspendu au-dessus du lac. Situation exceptionnelle à quelques minutes du centre-ville d'Annecy pour ce Lake & Spa Resort. Cette demeure Art nouveau abrite des chambres actuelles aux matériaux naturels qui apportent confort et sérénité ; une piscine d'été et un spa alpin où l'on vient se ressourcer pour un séjour de détente absolue. Autres atouts, les tables de la maison, dont la gastronomique Rotonde du chef Eric Prowalski. Adresse exceptionnelle à prix raisonnables pour week-end romantique, séjour farniente chic ou une délicieuse étape gourmande.

HÔTEL

HÔTEL NOVEL***

69, avenue de France ✆ 04 50 23 75 74
www.hotelannecy.fr
68 chambres. Chambre double à partir de 100 €. Garage (payant). Wifi gratuit. Restauration. Motards bienvenus.

Si l'on se trouve un peu plus loin de l'hypercentre touristique d'Annecy, ce n'est parfois pas plus mal. D'abord pour la tranquillité de nos nuits, ensuite parce que l'emplacement nous permet de naviguer facilement entre lac et montagnes alentour (idéal pour une étape par exemple sur la route des montagnes en direction des Aravis). Installations modernes avec tout le confort nécessaire pour des nuits apaisantes. Les chambres sont spacieuses, sobres et claires. L'hôtel est situé dans une rue arborée et le restaurant La Mamma propose des spécialités savoyardes et italiennes. Organisation de séminaires et réceptions, avec possibilité de soirées dansantes et festives au Savannah Club.

HÔTEL

HÔTEL-RESTAURANT BLANC***

90, avenue de Sindeldorf
MARIGNY-SAINT-MARCEL
✆ 04 50 01 09 50
www.blanc-hotel-restaurant.fr
Ouvert toute l'année. 23 chambres (dont 2 suites familiales). Chambre double à partir de 100 €. Restauration. Spa.

Fondé en 1911 et tenu par la même famille depuis 4 générations, cet hôtel de caractère au cœur de l'Albanais offre un coin de paradis aux portes d'Annecy. Autour des propriétaires, adorables et souriants, c'est toute une équipe qui cultive l'art de recevoir avec bonheur. L'espace bien-être et le spa complètent un séjour calme et relaxant. L'été, on profite du parc paysager et de la piscine extérieure pour se ressourcer. Chambres de grand confort. La table de Denis et Yoan Blanc participe à l'enchantement, mariant la cuisine de terroir à une gastronomie plus contemporaine.

HÔTEL

HÔTEL LES TERRASSES***

15, rue Louis-Chaumontel
✆ 04 50 57 08 98
www.hotellesterrasses.fr
Ouvert toute l'année. 20 chambres. Chambre double 98 €. Petit déjeuner 12 €. Parking inclus. Jardin.

© LESTERRASSES

© LESTERRASSES

Quel privilège de prendre un délicieux petit déjeuner avec de bons produits locaux sur une terrasse ouverte sur un jardin en ville ! Aux Terrasses, être un privilégié ne veut pas dire payer le prix fort, bien au contraire. Des tarifs tout doux pour des prestations qui n'ont pas de prix ! Comme ce parking gratuit ou ce grand jardin à 5 minutes à pied de tous les sites d'Annecy et à proximité de la gare. Sans oublier la gentillesse de l'accueil et le professionnalisme du service, le confort de chambres chaleureuses à la décoration actuelle pour vous reposer en toute sérénité. Salle de réunion pour vos séminaires. Séjour d'affaires ou vacances, les Terrasses, c'est toujours un excellent choix.

HÔTEL

HÔTEL LE PRÉ CARRÉ****

27, rue Sommeiller ✆ 04 50 52 14 14
www.hotel-annecy.net

29 chambres (et suites). Chambre double de 176 à 356 €. Petit déjeuner 16 €. Garage 18 €. Sauna. Salle de sport.

Une adresse rare dont il faut savoir profiter. Rares sont les hôtels de cette catégorie à ne pas être des franchises. Ici c'est une maison familiale où l'on est toujours reçu avec une grande gentillesse et des conseils personnalisés pour découvrir Annecy. Rares sont les adresses situées au cœur de la ville, dans une rue commerçante à proximité immédiate du lac, de la vieille ville et de la gare. Encore plus rares celles qui bénéficient d'un parking privé en sous-sol (sur réservation). Design contemporain, chambres confortables, service et prestations haut de gamme, salle de sport, petit déjeuner composé de produits régionaux. Organisation de séminaires. Le Pré Carré est une perle rare.

HÔTEL

HÔTEL-RESTAURANT LES ROCHERS***

24, route de Paris - **LA BALME-DE-SILLINGY** ✆ 04 50 68 70 07
www.hotellesrochers.fr
Les Rochers, chambre double de 77 à 200 €. Petit déjeuner 12 €. Restaurant.

Tout près d'Annecy, venez goûter au bonheur d'un séjour aux Rochers. Dans un cadre idyllique, une maison qui perpétue la tradition d'accueil d'une famille de passionnés depuis 4 générations, tout en se modernisant pour notre plus grand confort. Ce qui ne change pas, c'est la gentillesse de l'accueil et la qualité du service. Décor contemporain du meilleur goût, ambiance chaleureuse dans les 20 chambres parfaitement équipées. Un séjour qui nous permet aussi de profiter du restaurant gastronomique et des assiettes « belles à croquer » du chef Michel Puthod. Plaisirs à partager.

HÔTEL

LE PELICAN****

20, rue des Marquisats ✆ 04 50 09 38 00
www.hotel-lepelican.fr
100 chambres. Chambre double à partir de 190 €. Petit déjeuner inclus.

Envie de vous démarquer lors de votre prochain séjour à Annecy ? Réservez une chambre au Pélican, hôtel stylé installé dans les anciens hospices de la ville datant de 1820 - avec comme emblème sur son fronton un pélican - et profitant d'une extension (La Scène) plus moderne. Un hôtel où se multiplient les expériences dans des espaces différents, toujours avec un engagement fort pour le développement durable. Des chambres « ouvertes » et inspirées, où le végétal prolonge le paysage, les matières offrant une intimité chaleureuse. Détente absolue et plaisirs à partager au bord de la piscine extérieure avec son pool bar, au restaurant bistronomique, à la boulangerie, lors des soirées animées...

HÔTEL

SPLENDID HÔTEL****

4, quai Eustache-Chappuis
✆ 04 50 45 20 00
www.hotel-annecy-lac.fr
58 chambres. Chambre double à partir de 155 €. Wifi gratuit.

Dans la galaxie Accor, le Splendid Hôtel tient une place à part, ne serait-ce que par son emplacement exceptionnel, face au canal du Vassé et aux immenses pelouses du Pâquier au cœur d'Annecy, mais aussi par son intérieur ayant fait l'objet d'une rénovation récente mêlant Art nouveau et lignes plus actuelles. Les chambres spacieuses et cosy se parent de couleurs douces. Depuis leur balcon, les visiteurs admirent les eaux du lac et les montagnes environnantes. Pour boire un verre en toute quiétude et admirer le Pâquier en léger surplomb, la terrasse du bar Le Splendid est aussi parfaite. Un bel hôtel de standing qui allie avec goût le traditionnel au contemporain.

HÔTEL

HÔTEL MERCURE - ANNECY SUD - BRASSERIE LE 76****

76, avenue d'Aix-les-Bains
✆ 04 50 52 09 66 - www.mercure.com
Ouvert toute l'année. 66 chambres (chambres PMR, chambre familiale sur demande) de 95 à 215 €. Petit déjeuner 17 €.

© FABRICE MALOT

© FABRICE MALOT

Pour la détente ou pour le travail, pour une halte sur la route des stations ou pour un séjour découverte d'Annecy et sa région, pour tout plein de bonnes raisons, direction l'Hôtel Mercure Annecy Sud. Facile d'accès depuis l'autoroute, profitant d'un grand parking privé fermé, ce 4-étoiles dispose non seulement de chambres hyper confortables, d'un service impeccable et des prestations haut de gamme, mais encore d'une piscine extérieure et va se doter d'un spa à l'été 2023. Excellent restaurant, le 76, avec terrasse. Organisation de séminaires et événements familiaux.

HÔTEL

ICONE HÔTEL

1, faubourg des Balmettes
✆ 04 50 45 04 12
www.icone-hotel.com

25 chambres. Chambre double de 100 € à 220 €. Petit déjeuner buffet 11 €. Wifi gratuit.

© ICONEHOTEL

© ICONEHOTEL

Annecy a le caractère iconique d'une des plus belles villes européennes. Et pour profiter de tous ses trésors, à commencer par la vieille ville et ses canaux, l'Icône Hôtel vous propose de séjourner dans les murs du centre historique. Une belle maison du XVIe siècle entièrement rénovée pour notre confort qui offre une situation exceptionnelle, mais aussi un accueil chaleureux grâce à la gentillesse de l'adorable Linda. Elle qui connaît parfaitement Annecy et sa région vous conseillera avec le sourire. Le soleil brille en journée et vos nuits sont douces dans des chambres bien équipées aux lignes actuelles. Sérénité absolue. Petit déjeuner gourmand pour bien commencer la journée. Top adresse.

HÔTEL

NOVOTEL ANNECY CENTRE****

1, avenue Berthollet ✆ 04 50 33 54 54
www.novotel.com

95 chambres. Chambre double à partir de 115 €. Petit déjeuner 16 €. Garage. Animaux acceptés. Restauration.

Si cet hôtel d'une grande chaîne internationale se trouve dans notre guide, c'est pour son emplacement remarquable – « adossé » à la gare, idéal pour les voyageurs en transit et pour les séminaires avec pas moins de 14 salles de réunion –, mais aussi parce qu'il a su se renouveler dans un cadre actuel. Matériaux bruts – pierre, bois et cuir – pour monter vers les alpages, confort absolu dans les normes haut de gamme de l'enseigne, chambres spacieuses et confortables, salle de remise en forme. Le restaurant The Craic est lui aussi intéressant à bien des égards.

APPARTEMENT

LA VILLA DU PORT***

20, route de la Brune - **VEYRIER-DU-LAC** ✆ 04 50 60 11 02
www.lavilladuport.com

Studios et appartements meublés à partir de 110 €/nuit et de 600 €/semaine. Parking gratuit.

Sur la rive est, à Veyrier, le lac est juste là, à 50 mètres, et Annecy à 5 km, rapidement avalés en bateau, en navette, à vélo et même à pied pour les plus courageux. Une belle maison avec ses studios et appartements meublés bien équipés : lits faits à votre arrivée, kitchenette, salle de bains/de douche avec linge fourni, télévision à écran plat, accès Internet, sans oublier le parking gratuit et la possibilité, en option, d'un petit-déjeuner continental. Mieux qu'un pied-à-terre pour se reposer entre deux loisirs outdoor avec des réservations d'activités possibles à la Villa auprès de nombreux partenaires. Depuis votre balcon, profitez du lac et des montagnes en toute décontraction.

AUBERGE DE JEUNESSE

ANNECY HOSTEL

32, avenue de Loverchy ✆ 09 53 12 02 90 - Bus : ligne 4 arrêt Croix-Rouge. A 600 m de la gare. - www.annecyhostel.fr

Lit en dortoir à partir de 22 €. Chambre double avec wc privatifs à partir de 50 €. Cuisine accès libre. Wifi gratuit.

Dormir pour une vingtaine d'euros par nuit à Annecy vous paraît mission impossible ? *Futé* a rempli la mission avec cette auberge de jeunesse nouvelle génération. Une situation un peu à l'écart du centre-ville, à 5 min de marche de la vieille ville et 10 min de la gare, pour cette « hostellerie » dans l'air du temps. Choix entre une « vraie » chambre avec sanitaires privés et salle de bains ou des dortoirs de 4 lits. L'adresse dispose d'un jardin de 1 000 m² et d'une terrasse ombragée, d'un Woodstock Bar pour partager ses expériences, d'un restaurant healthy, qui permet l'accès à Internet en wifi gratuit, et propose la location de vélos pour découvrir la ville. Une alternative sympa.

© IMPERIALPALACE

© DGC PHOTOGRAPHY

HÔTEL

IMPERIAL PALACE****

Allée de l'Impérial
✆ 04 50 09 30 00
www.hotel-imperial-palace.com

90 chambres et 14 suites. Chambre double à partir de 180 €. Petit déjeuner 27 €. Parking inclus. Restauration. Spa.

A l'Impérial, tout le monde peut mener une vie de palace sur les bords du lac d'Annecy. Palace, un mot qui fait rêver. Un rêve et un luxe accessibles à un large public à l'Impérial Palace. Cadre majestueux, avec le lac et les montagnes pour horizon. Charme et caractère d'un magnifique bâtiment Belle Époque abritant des chambres contemporaines. Accueil, service et prestations à la hauteur des lieux pour profiter pleinement de la beauté du décor et des activités. Cristal Spa, salle de fitness, casino et 3 restaurants, dont le gastronomique La Voile, et un bar à cocktails. Jazz club ou dîner-spectacle Impérial Circus prolongent le plaisir. Descendre à l'Impérial Palace, monter dans les étoiles.

© DGC PHOTOGRAPHY

© DURANTET

© DURANTET

© ANNE MOSCATELLO

© ANNE MOSCATELLO

HÔTEL

RIVAGE HOTEL & SPA****

33, avenue du Petit Port ✆ 04 50 51 01 10
www.rivage-hotel.com
91 chambres. Chambre double à partir de 170 €. Wifi gratuit. Restauration. Spa.

Un séjour de rêve au Rivage Hôtel & Spa, c'est profiter pleinement d'un environnement naturel exceptionnel et vivre une expérience unique dans un établissement où tout a été pensé pour votre bien-être. S'ouvrant sur le lac, regardant vers les montagnes, le Rivage Hôtel & Spa est le lieu de vie idéal pour goûter à la dolce vita locale et prendre soin de soi. Prendre soin de son corps dans le plus grand spa d'Annecy, se reposer dans des chambres (suites et penthouses) contemporaines et chaleureuses de grand confort, déguster un cocktail au bar et se régaler à la table du Ricochet. Cadre majestueux pour se retrouver à deux, en famille, réunir ses collaborateurs ou célébrer un événement.

© ANNE MOSCATELLO

© ANNE MOSCATELLO

© ANNE MOSCATELLO

CAMPING

CAMPING MUNICIPAL LE BELVEDERE****

8, route du Semnoz ✆ 04 50 45 48 30
www.annecy-camping-municipal.fr
Du 24 mars au 24 septembre 2023. Emplacement + véhicule + 2 personnes de 13,80 à 19 €.

Une situation exceptionnelle pour ce camping municipal 4 étoiles puisqu'il est situé sur les premières hauteurs d'Annecy, entre la forêt du Semnoz et les rives du lac. Nombreuses activités outdoor pour s'amuser en famille, notamment pour les enfants avec une aire de jeux et un minigolf. Pour se reposer, 12 chalets d'une capacité de 6 personnes avec accessibilité pour les PMR, 90 emplacements pour les tentes, dont une quarantaine en terrasse avec pour certains une vue directe sur le lac. Les réservations sont fortement conseillées pour la haute saison.

CAMPING

LE SOLITAIRE DU LAC***

615, route de Sales - **SAINT-JORIOZ** ✆ 04 50 68 59 30
www.campinglesolitaire.com
Ouvert du 7 avril au 8 octobre. Forfait 2 pers. de 19 à 30 €. Locatifs. Chalets de 490 € à 1 113 €/semaine.

Le joyau qu'est le lac d'Annecy a son Solitaire depuis 50 ans cette année. Au cœur d'un environnement exceptionnel, véritable écrin de nature préservé de 3 hectares avec accès direct au lac, le Solitaire du Lac offre toutes les garanties d'un séjour idéal en famille ou entre amis, ainsi que pour les personnes handicapées qui apprécieront ce terrain plat et accessible. Baignades, balade à vélo sur la piste cyclables autour du lac, activités nautiques, sensations fortes des sports outdoor, visites d'Annecy et des environs... Campeurs sous la tente ou vacanciers à la recherche du confort d'un chalet avec salon de jardin, barbecue et parasol... Un Solitaire qui ravit tout le monde.

RÉSIDENCE HÔTELIÈRE

PRIVILODGES LE ROYAL***

9, rue Royale ✆ 04 50 88 50 00
www.apparthotel-annecy.com
52 appartements. Studio/appartement à partir de 99 €. Petit déjeuner. Séminaires. Wifi gratuit.

Une résidence de tourisme au cœur d'Annecy pour séjourner en toute autonomie. Les Privilodges Le Royal profitent d'un emplacement exceptionnel dans un bâtiment qui fut autrefois un hôtel prestigieux où furent reçus la reine Victoria et Napoléon III. Si les murs extérieurs n'ont pas trop changé, c'est l'intérieur qui propose une belle modernité avec 30 studios et 22 appartements 2 pièces. Climatisation, cuisinette équipée, téléphone, TV satellite... Installation seul ou en famille pour une nuit, une semaine ou un mois à des tarifs préférentiels selon la durée. A la belle saison, il est possible de prendre son petit déjeuner sur une terrasse s'ouvrant sur le square de l'Évêché.

CAMPING

LE PANORAMIC CAMPING****

22, chemin des Bernets - **SÉVRIER**
✆ 04 50 52 43 09
www.camping-le-panoramic.com
Ouvert de mi-avril à fin septembre. Studio, chalets, mobil-homes, appartements 2 à 8 pers. A partir de 350 €/semaine.

© SEB

© CHRISTINE HAAS

La vue imprenable sur le lac et les montagnes, la nature préservée aux portes du Parc naturel régional des Bauges, des prestations de qualité toujours améliorées - avec un nouvel espace solarium autour de la piscine cette année -, une restauration de qualité toute la journée (en été) avec des produits du terroir comme ces charcuteries du mont Charvin à Doussard, sans oublier un accueil adorable, une équipe fantastique autour de Sébastien et les animations pour adultes et enfants par AnimaFêtes... Vous ne rêvez pas, vous avez bien réservé votre prochain séjour au Panoramic Camping ! Un paradis avec vue panoramique, une adresse de confiance pour un séjour inoubliable !

CENTRALE DE RÉSERVATION

GÎTES DE FRANCE HAUTE-SAVOIE

16, rue Guillaume Fichet
✆ 04 50 10 10 10
www.gites-de-france-haute-savoie.com
Service réservation ouvert du lundi au vendredi de 9h à 17h30, le samedi 9h-12h et 13h30-18h.

Gîtes de France, un label de qualité pour la meilleure sélection d'hébergement dans toute la Haute-Savoie, et notamment à Annecy avec les City Break. Une garantie de service pour réserver et séjourner en toute sérénité. Avec plus de 1 400 gîtes, des chambres d'hôtes classées de 1 à 5 épis et gîtes de groupe, la Haute-Savoie est le 1er département du réseau Gîtes de France sur l'hiver et le 4e sur l'été. Lac, montagne ou campagne, faites de belles rencontres avec des hôtes qui sont là pour vous accueillir et vous guider dans vos découvertes et vos activités !

RÉSIDENCE HÔTELIÈRE

ADAGIO****

2, place Marie-Curie
✆ 04 50 05 65 00
www.adagio-city.com

24h/24. 104 chambres. Studio/appartement à partir de 105 €. Petit déjeuner : 15 €. Parking fermé : 13 €. Wifi. Sauna.

Adagio, c'est le lieu de séjour idéal le jour comme la nuit. Au cœur de la ville, ouvrant l'accès à tous les sites historiques et naturels, l'Appart-hôtel Adagio Annecy Centre est plus qu'une résidence de tourisme haut de gamme pour abriter vos nuits pour un court ou un long séjour. C'est un véritable lieu de vie, d'échanges, de rencontres où l'on peut venir à toute heure pour boire un verre et travailler dans un espace de coworking cosy. Accueil charmant et service impeccable par Franck Mugnier et toute son équipe toujours à votre écoute. Chambres récemment refaites avec la possibilité de choisir du studio au 3-pièces familial. Salle de fitness et sauna pour se détendre. Bravo Adagio !

JE ME RÉGALE

Territoire 12 étoiles – une de plus sur les hauteurs de Montmin – et de Bib Gourmand, le Grand Annecy excelle dans la gastronomie et toutes les autres façons de bien faire à manger : bistronomie - avec une nouvelle rubrique bien fournie - street-food, végétal, spécialités locales. Même si quelques attrape-touristes guettent encore les visiteurs, les bonnes adresses se multiplient et les ouvertures les plus récentes vont dans le bon sens. Mélange de tradition des recettes d'alpage à base de fromages et de charcuteries avec une cuisine raffinée tournée vers les lacs et les pâturages, cette rubrique « Je me régale » répond à toutes vos envies gourmandes. Des plats savoureux, des décors fantastiques et des restaurateurs passionnés pour vous recevoir toute l'année, à découvrir dans le *Petit Futé*.

GASTRONOMIQUE

L'ATELIER SENS'O

692, route d'Albertville - **SÉVRIER** ✆ 04 50 66 17 71
www.restaurantateliersenso.com
Ouvert du mardi au samedi midi et soir. Formule découverte accord mets/vins 2 pers 155 €. Carte 40 €. Terrasse.

Quand la cuisine fusion donne ce qu'il y a de meilleur, un merveilleux voyage entre Europe et Asie. Dans un cadre apaisant, la cheffe Christine Nguyen s'inspire des cuisines du monde, des parfums d'ailleurs, pour nous offrir un délicieux voyage sensoriel. Un tour du monde dans l'assiette sur une carte courte composé de 5 entrées, 5 plats et 5 desserts. Du Japon au Pérou, des saveurs remarquables, une cuisine faite de précision et de création, des plats qui nous transportent avec une mention particulière pour la spécialité maison, le fameux Tigre qui pleure. Force et délicatesse, du bonheur à chaque bouchée jusqu'aux desserts, pour la plus belle des évasions à l'Atelier Sens'O.

GASTRONOMIQUE

AUBERGE DE CHAUMONT

17, route de Saint-Jean - **CHAUMONT** ✆ 04 50 05 45 76
www.aubergedechaumont.fr
Ouvert du mercredi au dimanche midi et les soirs du mercredi au samedi. Menu du Marché 25 €.

Entre Annecy et Genève, un village au pied du Vuache comme un petit coin de paradis gourmand. À l'Auberge de Chaumont, Patrick Alran ne chôme pas ! Installé dans l'ancienne école entièrement refaite – avec sa grande terrasse ouverte aux beaux jours, sa belle cave à vin, ses salles élégantes et accueillantes –, le chef réalise un travail remarquable à partir des produits de saison. Cuisine bistronomique, et des plats qui changent toutes les trois semaines, où créativité et savoir-faire s'ajoutent à la qualité des produits, comme pour cet Oreiller de la Belle-Aurore de l'Auberge aux trompettes de la mort. Fromages de chez Alain Michel et desserts du même niveau. Émotions culinaires garanties !

GASTRONOMIQUE

L'AUBERGE DE MONTMIN

1983, route de Talloires-Montmin - **TALLOIRES-MONTMIN**
✆ 04 50 63 85 40 - www.aubergedemontmin.secretbox.fr
2 étoiles Michelin. Étoile verte. Ouvert du jeudi au dimanche le midi, du vendredi au dimanche le soir. Menu 220 €.*

Avec Sandrine et Florian Favario, la gastronomie va dans le bon sens. Un sens désormais doublement étoilé (et une importante Étoile verte) donné par deux passionnés engagés dans cet artisanat d'art qu'est la cuisine. Deux amoureux d'une nature exceptionnelle dont le chef met les meilleurs produits, exclusivement locaux (30 km maxi), en valeur dans des assiettes sublimes pleines d'amour, d'attentions et de saveurs insoupçonnées. Dans cette chaleureuse maison perchée sur les hauteurs, entourée d'alpages et de hautes montagnes, le réconfort d'une cuisine vivante et bienveillante. Même l'omble chevalier meunière arrive à nous surprendre. Une auberge sur les sommets.

GASTRONOMIQUE

L'AUBERGE DU PÈRE BISE

303, route du Port - **TALLOIRES-MONTMIN** ✆ 04 50 60 72 01
www.perebise.com
2 Michelin. Ouvert jeu soir, du ven au lun midi et soir. Ouvert tlj en juillet et août. Menus de 250 à 290 €. Terrasse.*

120 ans que l'Auberge du Père Bise nous accueille au bord du lac. 6 ans que Jean Sulpice nous régale à cette table exceptionnelle en nous proposant de le suivre sur des itinéraires gourmands. Un chef en symbiose avec les éléments, en harmonie avec une nature vivante, créant des assiettes inspirées par les montagnes, les lacs, les saisons. Une cuisine engagée, responsable, trait d'union entre le terroir et l'assiette, le producteur et le consommateur, pour créer des émotions comme des échos qui résonnent en chacun de nous. A la table gastronomique de Jean Sulpice, il faut ajouter le restaurant 1903 et le Marius Bar, table de gourmandises avec son élégante terrasse face au lac. Sublime !

GASTRONOMIQUE

L'AUBERGE SUR LES BOIS

79, route de Thônes ✆ 04 50 64 00 08
www.laubergesurlesbois.fr
Ouvert du lundi au samedi le midi, mardi et du jeudi au samedi le soir. Formule Affaire 28 €. Formule carte 54 €.

Le plus compliqué, c'est la simplicité. C'est sur cette voie que se sont lancés Charlotte et Daniel Baratier dans leur Auberge sur les Bois. Lignes et décor épurés pour une auberge chaleureuse, humaine, où l'on aime se retrouver à la table d'hôtes. Ici, tout est fait maison, même le pain. Produits de haute qualité pour des plats à partager, jusqu'à 4 personnes, notamment à la Rôtisserie (spécialité maison) avec des pièces de bœuf sur os ou une poulette de Bresse AOP Miéral affinée au foin d'ici. Fromages fermiers et desserts merveilleux. Carte des vins en harmonie et bar à vin pour se faire plaisir. Adresse gourmande pour bons vivants en quête de produits exceptionnels.

GASTRONOMIQUE

LE BILBOQUET

14, Faubourg Sainte-Claire ✆ 04 50 45 21 68
https://restaurant-lebilboquet.com
Ouvert du mardi au samedi midi et soir. Menus de 39 € à 68 €. Formule midi 27,50 € (menu Affaire). Carte.

Si le bilboquet est un jeu d'adresse, le chef Eric Besson fait preuve de beaucoup d'adresse et de talent pour nous recevoir, depuis plus de 20 ans, dans son Bilboquet. L'adresse et le talent, c'est de savoir se renouveler au fil des saisons, inspiré par les bons produits sélectionnés auprès de producteurs et artisans locaux, comme cette truite de Beaufort fumé maison servie avec un écrasé de topinambour pour bien commencer son repas. Excellent foie gras maison cuit en terrine au naturel ou cette picanhia de veau cuite à basse température. Accueil et service des plus agréables. Table parfaite pour découvrir la gastronomie avec un excellent rapport qualité-prix. Coup gagnant.

© AUBERGE DE SAVOIE

© AUBERGE DE SAVOIE

GASTRONOMIQUE

AUBERGE DE SAVOIE

1, place Saint-François-de-Sales
✆ 04 50 45 03 05
www.auberge-de-savoie.com
Ouvert du vendredi au mardi midi et soir. Menu du jour semaine 28 €. Menu Découverte 59 €. Menu Locavore 62 €.

Quand un authentique cuisinier - Laurent Jeannot, qui mérite toutes les distinctions depuis qu'il a repris cette maison il y a 5 ans - nous fait partager sa passion pour les bons produits d'ici dans un lieu merveilleux, bienvenue à l'Auberge de Savoie. Sans doute la plus belle terrasse d'Annecy, face au Thiou avec vue sur le Palais de l'Isle, une salle raffinée à l'image d'une cuisine pleine de précision et de savoir-faire. Plats gourmands inspirés par les meilleurs produits locaux. Coup de cœur pour le menu Locavore avec les escargots de Philippe Héritier, une féra pêchée dans le lac par Florent Capretti et une poire de Savoie de Sevrier. Belle carte des vins. Plaisirs à partager.

© AUBERGE DE SAVOIE

© AUBERGE DE SAVOIE

© AUBERGE DE SAVOIE

GASTRONOMIQUE
LE CLOS DES SENS
13, rue Jean-Mermoz ✆ 04 50 23 07 90
www.closdessens.com
Ouvert du mardi au samedi le soir ; mercredi, vendredi et samedi midi. Menu déjeuner 158 €. Menus de 238 € à 288 €.

Laurent Petit a eu ce génie, encore un..., de savoir transmettre ce qu'il avait bâti. L'artisan cuisinier parti pour d'autres aventures a passé la main et les clés de la maison d'Annecy-le-Vieux à ses proches collaborateurs : le chef Franck Derouet (depuis 11 ans au Clos des Sens) et le chef sommelier Thomas Lorival (6 ans de maison). Sans effacer l'œuvre de Laurent Petit, ils écrivent leur histoire, peignent leur tableau composé de saveurs végétales et lacustres, mise en abyme d'un terroir riche d'émotions. Dans les assiettes, la plénitude des goûts jusqu'à l'épure, jusqu'à l'idéal d'un plaisir absolu en bouche. Surprise des accords mets et jus, associations inattendues. Toujours sublime.

GASTRONOMIQUE
L'ESQUISSE
21, rue Royale ✆ 04 50 44 80 59
http://esquisse-annecy.fr
1 Michelin. Ouvert du mardi au samedi midi et soir. Formule midi 55 €. Menus de 85 € à 125 €.*

Une Esquisse comme un jaillissement, une adresse inattendue où chaque gourmand part à la découverte du chemin tracé par le chef Stéphane Dattrino. Passé par les cuisines de Laurent Petit, Stéphane a trouvé sa voie dans une belle maison au cœur d'Annecy. Inspiré par les produits du terroir comme par les produits d'ailleurs, d'une grande sensibilité, il réalise des compositions créatives surprenantes, audacieuses et pourtant très naturelles. De véritables paysages gourmands à dévorer. L'adorable Magali, sommelière de talent, accorde le service à la perfection tout en assurant le service des vins, toujours avec de belles découvertes. L'Esquisse, une aspiration à être heureux en mangeant mieux.

GASTRONOMIQUE
LE CLOS DU CHÂTEAU
70, route de Cuvat ✆ 04 50 66 82 23
www.le-clos-du-chateau.com
Ouvert du mardi au samedi midi et soir. Formule midi 28,90 €. Menus de 45 € à 70 €.

Passion gourmande à partager au château de Promery, une maison forte en direction de la Mandallaz à quelques minutes d'Annecy. Le Clos, c'est le restaurant tenu par le chef Pascal Avertis qui réalise un travail remarquable avec sa compagne Julie et toute leur équipe. Parking assuré, belle terrasse ombragée, salle chaleureuse aux notes contemporaines avec son salon, sa cheminée et sa cave à vin. De bons produits, des propositions de saison et de belles surprises avec des associations audacieuses. Assiettes composées avec goût, saveurs délicates, accompagnement parfait dans les verres. Le Clos du Château s'inscrit parmi les valeurs sûres et surprenantes. Véritable « bouchée d'oxygène » !

GASTRONOMIQUE
LA ROTONDE
3, boulevard de la Corniche ✆ 04 50 51 43 84
www.lestresoms.com
1 Michelin. Ouvert du mardi au samedi le midi et le soir. Formule midi 69 €. Menus de 89 € à 179 €.*

La Rotonde est l'un des joyaux des Trésoms. Un lieu magique qui semble comme suspendu au-dessus du lac d'Annecy. Vue panoramique assurée depuis la salle ronde du restaurant dirigé par le chef Éric Prowalski depuis 12 ans. Travail remarquable d'un dialogue entre les montagnes de Haute-Savoie, les eaux du lac d'Annecy, le bassin d'Arcachon - terre natale du chef - et le Sud-Ouest. Mariage entre les circuits courts et les produits de la mer avec une féra en cru et en cuit, suivi d'un brochet étuvé aux algues marines. Carte des vins elle aussi entre passion et exigence. L'évasion se prolonge dans les chambres de l'hôtel et au magnifique spa entouré de nature. Adresse admirable.

GASTRONOMIQUE
LE DENTI
25 bis, avenue de Loverchy
✆ 04 50 64 21 17
Ouvert tous les jours midi et soir, sauf mardi, mercredi et dimanche soir. Formule midi 26 €. Menus.

Légèrement excentré - même si le lac n'est pas le centre d'Annecy -, mais simplement excellent. Cela vaut donc la peine de faire quelques pas depuis le vieil Annecy pour découvrir le Denti justement récompensée d'un Bib Gourmand. Stéphane, chef inspiré, dévoile sa personnalité à travers une philosophie gourmande faite de réalisations maison, notamment autour du poisson (le denti est cousin de la dorade). Cuisine du marché qui se renouvelle avec les saisons. A chaque jour son programme gourmand et ses assiettes dressées avec soin. Accueil chaleureux de Virginia dans un cadre contemporain. Prenez le temps de déguster la mise en bouche ouvrant une succession de plats raffinés.

GASTRONOMIQUE
YOANN CONTE
13, vieille route des Pensières - **VEYRIER-DU-LAC**
✆ 04 50 09 97 49 - www.yoann-conte.com
2 Michelin. Ouvert du jeudi au dimanche midi et soir. Déjeuner 250 €. Menus de 295 à 450 €. Ultime synthèse 750 €.*

Yoann Conte continue son parcours de vie et de cuisine. Breton d'origine, amoureux de la haute montagne et de la nature, citoyen du monde, Yoann Conte est un cuisinier de haute sensibilité. Un chef qui nous raconte les plus belles histoires gourmandes à travers des plats inspirés par les produits bruts de saison. A la Table de Yoann Conte, installé au bord du lac dans cette Maison Bleue centenaire, les cuisines sont au cœur du restaurant et le restaurant ouvert sur les cuisines !, rendant l'expérience gastronomique plus intense. Sensation partagée de partir en voyage vers de nouvelles émotions. Expérience bistronomique au Roc, l'autre table, et plats à emporter avec Conte à ma table.

© FOUDIMAGES

© FOUDIMAGES

GASTRONOMIQUE

L'ABBAYE DE TALLOIRES

2, Chemin des Moines - **TALLOIRES-MONTMIN**
✆ 04 50 60 77 33
www.abbaye-talloires.com

Ouvert du mercredi au dimanche soir (tous les soirs en haute saison), samedi et dimanche midi. Menus de 79 à 149 €.

Extraordinaire Abbaye de Talloires dont l'histoire millénaire se réinvente sans cesse. Dans un cadre féerique, l'Abbaye est gardienne d'une certaine tradition, celle de recevoir avec un service d'excellente qualité, tout en évoluant vers une modernité maîtrisée grâce à une équipe de passionnés. Bourguignon d'origine, le chef Frédéric Claudel donne un nouveau souffle à la table gastronomique de l'Abbaye, travaillant les meilleurs produits de saison de nos terroirs : omble chevalier au beurre d'algue, mais encore des risos délicieux. Charly, sommelier d'exception à la tête d'une des plus belles caves de France, marie mets et vins à la perfection. Purs instants gourmands à partager.

© FOUDIMAGES

© FOUDIMAGES

© FOUDIMAGES

© ANTHONY COTTAREL

© ANTHONY COTTAREL

GASTRONOMIQUE

RESTAURANT VINCENT FAVRE FELIX

15, chemin de l'Abbaye
✆ 04 50 01 08 88
www.restaurant-vff.com

1 étoile Michelin. Ouvert du mercredi soir au samedi soir. Menu 190 €. Jardin d'art. Parking couvert.

La respiration commence dans les jardins de l'Abbaye, havre de paix peuplé d'œuvres d'art. L'aventure continue dans un lieu chargé d'histoire mis au goût du jour de la plus belle des manières. L'inspiration, c'est celle du chef Vincent Favre-Félix qui poursuit son chemin personnel et atypique fait d'audace et de créativité. Une voie étoilée tracée par un passionné du produit qui réduit son nombre de couverts pour mettre les cuisiniers, pâtissiers en salle ! Cuisine participative d'un chef et de ses équipes qui nous font partager leur passion. Juste du plaisir.

© ANTHONY COTTAREL

© FOUDIMAGES

© ANTHONY COTTAREL

VINCENT FAVRE-FÉLIX

ENSEMBLE, ON VA PLUS LOIN

Robuste avec son physique de trois-quarts de rugby et d'une grande sensibilité qu'il exprime à travers sa cuisine, Vincent Favre-Félix est un chef engagé, entouré de sa famille et de ses équipes. Il nous reçoit dans son restaurant étoilé d'Annecy-le-Vieux.

Comment êtes-vous arrivé en cuisine ?

Mon père était bûcheron-débardeur et restaurateur au col de la Forclaz, chalet La Pricaz. Je voulais être moniteur de ski et guide de haute-montagne, mais je suis parti en cuisine à 15 ans. J'ai eu la chance d'avoir des parents compréhensifs qui m'ont laissé trouver ma voie, entre sport de haut-niveau avec le rugby dans le Sud-Ouest et cuisine gastronomique en passant par de belles tables et les conseils avisés de Marc Veyrat.

Il y a des points communs entre le sport de haut-niveau et la cuisine ?

L'état d'esprit d'équipe que l'on retrouve entre une équipe de rugby et une brigade de cuisine qui doivent affronter les épreuves ensemble. Le rugby m'a appris une forme d'humilité. Moi qui étais un gros bosseur, j'accepte aujourd'hui de prendre des temps de repos, du recul pour être plus performant. Si j'en suis là, c'est grâce à mes équipes, mais surtout grâce ma femme, qui est pour beaucoup dans ma réussite, et mes trois enfants qui sont mes trois étoiles !

Quelle est votre vision de la cuisine ?

Aujourd'hui, il faut éduquer les clients. Leur faire découvrir qu'avec des produits simples on peut faire de très belles choses. La gastronomie, c'est une découverte. Le « classique », ce n'est pas mon style. J'aime proposer une cuisine de goût et d'audace, avec des associations qui interpellent. Je travaille au maximum les produits du terroir, mais ce n'est pas toujours possible. Je respecte les producteurs et les artisans avec qui je travaille. Je ne vais pas faire mon pain ou rassir mes viandes quand c'est le métier d'autres personnes. Moi, je suis cuisinier !

Etes-vous un cuisinier écoresponsable ?

Au col de la Forclaz, j'ai grandi au milieu de la nature. A Annecy, nous avons la chance d'avoir un environnement exceptionnel qu'il faut préserver. Au restaurant, nous mettons tout en place pour être écoresponsable, des espaces aromatiques dans les jardins au bac à compost en passant par l'approvisionnement en circuit-court.

Comment définiriez-vous votre restaurant ?

Convivialité du lieu, créativité de la cuisine, bienveillance et humour des équipes pour une gastronomie décomplexée. Manger doit rester un moment de partage et de plaisir.

› VINCENT FAVRE-FÉLIX
15, chemin de l'Abbaye – Annecy
✆ 04 50 01 08 88 - Site restaurant-vff.com

© FOUD'IMAGES

© FOUD'IMAGES

© EMANUEL SPASSOFF

© EMANUEL SPASSOFF

GASTRONOMIQUE

NEW

SABA

21, Faubourg Sainte-Claire
✆ 09 87 39 45 25
https://restaurant-saba.com

Ouvert du mardi au samedi le soir, du mercredi au samedi le midi. Formule midi 22 €. Menus Dégustation 45 € et 65 €.

La gastronomie n'est pas, n'est plus, ce que vous croyez. C'est une expérience personnelle qu'il faut ressentir avec force chez Saba. Ici, l'essentiel n'est pas dans l'apparence - venez comme vous êtes, vous vous sentirez bien - mais dans l'assiette. Le chef Clément Torres, inspiré par la cuisine japonaise, nous emmène en voyage dans un menu dégustation offrant une révélation à chaque bouchée. Depuis février, plus de carte fixe, mais deux menus dégustation pour se laisser porter par des associations aussi savoureuses que surprenantes. Produits d'ici et d'ailleurs, de la mer notamment, parfaitement sourcés par un chef exigeant qui a su créer son propre univers culinaire, chose rare.

© EMANUEL SPASSOFF

© EMANUEL SPASSOFF

...LÉMENT TORRÈS

CLÉMENT TORRES

SABA, CUISINE CURIEUSE SOUS INFLUENCE ASIATIQUE

Dans ce faubourg du vieil Annecy qui multiplie les bonnes adresses, Clément Torres a ouvert Saba, « maquereau » en japonais, pour une gastronomie décomplexée. Le jeune chef nous raconte son parcours et nous livre sa vision de la cuisine.

Qui êtes-vous et comment êtes-vous devenu cuisinier ?

Natif de Montpellier, j'ai 37 ans et je fais de la cuisine depuis 10 ans. Avant, j'étais prof de voile. Je n'avais aucun intérêt particulier pour la gastronomie. Tout s'est fait par hasard lors d'un séjour en Australie. J'ai trouvé un taff dans une grande brasserie à Pearth. J'ai découvert cet univers qui grouille dans tous les sens et j'ai adoré. De retour en France, j'ai passé un CAP cuisine et travaillé en alternance dans un restau à Pibrac. Après un mois, le propriétaire a eu un grave accident et j'ai dû gérer le restaurant tout seul. Ça m'a donné encore plus envie. J'ai approfondi le métier chez Franck Renimel, étoilé à Toulouse, et ailleurs. Je suis comme une éponge et cette envie d'apprendre me fait découvrir de nouveaux univers. Sans savoir comment, on me contacte pour participer à la saison 7 de Top Chef. Je n'étais pas prêt, mais je ne regrette pas de l'avoir fait. Avec mon épouse, nous déménageons à Genève et je pars au Japon dont je tombe amoureux de la cuisine. Avec l'arrivée des jumeaux, nous avons cherché une ville pour nous installer et, comme la maturité était là, un lieu pour ouvrir mon propre restaurant. Coup de cœur pour Annecy. A la recherche d'un local, cette petite échoppe m'a fait penser à une petite échoppe tokyoïte. Gros travaux et ouverture de Saba pour faire ma cuisine.

Quelle est votre conception de la cuisine ?

C'est une conception globale -restaurant, cuisine, table- autour du partage. Gastronomie décomplexée parce que je veux proposer une cuisine gastronomique -choix du produit, techniques, travail dans l'assiette…-, mais je mets de la musique, je veux qu'on puisse parler et rire. Les gens viennent de manière tout à fait détendue se faire plaisir avec ce qu'il y a dans l'assiette. C'est une volonté des chefs et de la clientèle d'avoir des restaurants étoilés plus décontractés. La cuisine est mon mode d'expression et ma cuisine, inspirée par les voyages, les rencontres, me ressemble vraiment. D'ailleurs, je n'ai plus de carte, uniquement un menu dégustation qui me permet de faire ce que je veux.

› SABA
21, faubourg Sainte-Claire
✆ 09 87 39 45 25
https://restaurant-saba.com

© EMMANUEL SPASSOFF

© EMMANUEL SPASSOFF

© EMMANUEL SPASSOFF

© ANNE MOSCATELLO

© ANNE MOSCATELLO

GASTRONOMIQUE

LE RICOCHET

33, avenue du Petit Port
✆ 04 50 51 01 10
www.rivage-hotel.com

Ouvert du lundi au samedi le midi et le soir. Formule du midi 32 €. Menu soir 36 €. Menu Émotion 80 €.

Un Ricochet qui fait de l'effet. Dans le cadre majestueux du Rivage Hôtel & Spa, le Ricochet occupe une place de choix. Magnifique terrasse ombragée pour profiter d'un environnement exceptionnel face au lac et salle contemporaine d'une élégance feutrée s'ouvrant en partie sur les cuisines du chef Nicolas Cégretin. Les plats marient produits locaux et des notes venues d'ailleurs dans un ensemble savoureusement harmonieux entre végétal et animal. Cave à viandes maturées, Surf'n'Turf du Ricochet, fruits de mer de l'écailler, plats végétariens, desserts maison. Cave à vin vitrée contenant plus de 3 000 références ! Des bonheurs à partager, un joyau de gourmandise pour le plaisir des sens.

© ANNE MOSCATELLO

© ANNE MOSCATELLO

© ANNE MOSCATELLO

© BRASSERIEBRUNET

© BRASSERIEBRUNET

BRASSERIE BRUNET

10, rue de la Poste
✆ 04 50 51 22 10
www.brasseriebrunet.com
Ouvert du mardi au samedi le midi et le soir. Menus de 33 € à 37 €. Formule midi 26 €. Terrasse.

Si le terme de « brasserie » s'applique à ce restaurant, créé par un certain Laurent Petit, c'est pour le côté convivial donné par Pauline, toujours rayonnante en salle (et une famille qui s'agrandit...). Superbe terrasse abritée de l'agitation au cœur de la ville, décor chic et cossu qui sait tomber la veste pour s'encanailler autour des tables bien mises. Equipe adorable pour nous servir les plats gourmands réalisés par le chef Nicolas Guignard. A partir des meilleurs produits des pays de Savoie, une cuisine pleine de saveurs, mêlant avec habileté tradition et créativité. Délicieux plats à partager, viandes maturées, fromages affinés de Pierre Gay et desserts maison. Eternel coup de cœur.

© BRASSERIEBRUNET

© BRASSERIEBRUNET

© BRASSERIEBRUNET

© IMPERIAL PALACE

IMPÉRIAL PALACE - LA VOILE

Allée de l'Impérial
✆ 04 50 09 30 00
www.hotel-imperial-palace.com

La Voile, du mercredi au samedi le soir, 68 à 119 €. Bistro Chic, du mardi au dimanche au déjeuner, carte 60 € environ.

Mettez la Voile à votre menu gourmand. Un lieu fantastique qui se dévoile en deux versions. Le midi, c'est bistro chic. Au dîner, c'est carte gastronomique. Ce qui ne change pas, c'est la beauté des lieux, avec terrasse ouverte sur le lac et les jardins de l'Impérial et salle superbe digne d'un palace aux tables dressées avec élégance. La brigade du chef Adrien Tupin-Bron fait un travail remarquable pour sublimer les produits de saison avec inspiration. Merveilleuse cave à vins et accords mets-vins d'Isabelle Mabboux, finaliste du Meilleur Sommelier de France.

© DURANTET

© MATTHIEU CELLARD

© IMPERIAL PALACE

BISTRONOMIE
L'ATOUT CŒUR

41, rue Sommeiller
✆ 07 76 30 28 62
https://atoutcoeur-annecy.com
Ouvert du lundi au vendredi de 12h à 16h. Menus de 20 € à 25 €.

Un projet solidaire et inclusif qu'il faut soutenir non seulement pour les valeurs qu'il porte, mais aussi pour la valeur de sa cuisine ! L'association Atout Cœur a ouvert le tout premier restaurant handiresponsable à Annecy. Visant à l'insertion professionnelle de personnes porteuses de handicaps mentaux employées en salle et en cuisine, ce restaurant offre un projet très bien développé, car la cuisine est excellente. La carte bistronomique est courte, avec des plats différents chaque semaine ; l'exécution est parfaite, à la fois dans la saveur et dans la présentation des plats, le tout servi dans une salle joliment décorée. Un de nos restaurants coup de cœur.

BISTRONOMIE
CHORAL

33, avenue des Romains ✆ 04 79 19 71 05
www.choralrestaurant.com
Ouvert du mercredi au samedi midi et soir. 1er dimanche du mois au déjeuner. Formule du midi 34 €. Dîner 44 € ou 60 €.

Bistro ou gastro, nous aurions pu classer cette belle nouveauté dans l'une ou l'autre des rubriques. Et c'est bien de voir que les passerelles s'ouvrent entre des genres qui ne s'opposent pas. Ici, c'est l'ambiance plutôt décontractée, la salle chaleureuse au mobilier en bois épuré qui nous font penser au bistrot, quand la cuisine d'Alban Chanteloup, croisé au Clos des Sens et au Cortil, nous amène vers la gastronomie. Inspiré par les produits du marché de saison, le chef fait de superbes propositions, mais sait aussi vous écouter pour vous préparer un dîner sur mesure. Au service des vins vivants et bières artisanales, le sommelier Aymeric Velluz fait aussi des merveilles.

BISTRONOMIE
COZNA

22, faubourg Sainte Claire ✆ 04 50 65 00 25
www.restaurantcozna.com
Ouvert du lundi au samedi le midi et le soir. Formule du midi 26 €. Menu Découverte 37 €. Menu Dégustation 52 €.

Cozna fait partie de ces adresses qui ont contribué à faire d'Annecy, à l'aube de 2020, une des nouvelles destinations gourmandes entre étoilés et tables bistronomiques d'excellence. Une table addictive pour une cuisine, ce que signifie « Cozna » en patois savoyard, qui tire vers le haut les meilleurs produits d'ici et d'ailleurs. Agréable terrasse, salle pas bien grande, mais assiettes ouvrant tous les possibles avec des associations de saison qui matchent à chaque bouchée. Au concours de l'œuf parfait, celui Léo Deleuze tient la corde, alors que la selle d'agneau était merveilleuse. Service adorablement efficace de Sandra, alors que l'on pense encore à cette pavlova. Grand bonheur.

BISTRONOMIE
GALOPIN

3, quai des Cordeliers
✆ 06 46 88 73 14
Ouvert du mardi au samedi le soir. Carte 30 € environ.

On n'est pas bien là ? A passer nos soirées en terrasse au bord d'un Thiou qui semble réservé aux Annéciens et à quelques connaisseurs. Juste ce qu'il faut à l'écart de la foule, Galopin fait partie de cette nouvelle génération de bistros locaux où des personnes engagés pour de belles valeurs - écoresponsabilité en tête - partagent ce qu'elles aiment avec des plats savoureux de produits locaux de saison accompagnés de vins vivants et/ou de bières artisanales. Léa et Julien n'ont pas tout misé sur le décor ou sur de larges horaires d'ouverture, mais sur une belle ambiance de copains/copines, de bons produits et un vrai travail dans l'assiette. Adresse idéale pour profiter de la vie à Annecy.

BISTRONOMIE
LA GUINGUETTE DU 1ER METS

2, place Saint-Maurice
✆ 04 57 09 10 54
www.restaurant-1ermets.fr
Ouvert du lundi au vendredi soir. Terrasse.

Après 8 ans d'une aventure culinaire qui a participé à sonner le renouveau d'une gastronomie accessible à tous au cœur d'Annecy, 1er Mets met le cap au sud pour ouvrir un 1er Mets en mode bar à tapas bistronomique ! Gaëlle et Nicolas vont donc au bout de leur rêve avec la Guinguette du 1er Mets. Si nous n'avons pu tester cette version qui ouvrira au mois d'août 2023, pas de doute que le chef continuera son travail remarquable sur des produits de qualité pour nous préparer des tapas aussi gourmands que goûteux. Une guinguette qui ne sera ouverte qu'en soirée. À suivre !

BISTRONOMIE
MAZETTE !

15, Faubourg Sainte Claire
✆ 04 50 45 50 26
www.mazette-restaurant.com
Ouvert du mardi au samedi le midi et le soir. Menu Mazette 38 €.

Oh Mazette ! Que c'est bon... Une enseigne du faubourg Sainte-Claire qui fait partie du club des restaurants bistronomiques qui ont changé la carte gourmande d'Annecy. Mazette !, c'est l'alliance parfaite du cuisinier Maximilien et de la pâtissière Laura qui nous offrent leur vision d'une cuisine accessible et actuelle, composée des meilleurs produits frais du marché de saison mis en avant dans des assiettes qui nous régalent par leurs saveurs racées : pâté croûte Mazette !, tourte au comté et jambon truffé, bœuf fin gras du Mézenc carottes, féra du Léman et Tatin d'endives aux agrumes, baba chocolat 70 % café Grand Cru. Une cuisine sincère qui a l'art de nous plaire.

© FOU D'IMAGES

© FOU D'IMAGES

NEW

BISTROT VINCENT

25, avenue du Parmelan ✆ 04 50 60 15 48
https://maison-favre-felix.fr

Ouvert tous les jours le midi et le soir. Formule midi 30 €. Carte 50 € environ.

Retrouvez toute l'exigence et la créativité du chef Vincent Favre-Félix dans ce Bistrot Vincent qui a tout d'un grand. Surplombant l'entrée des Nouvelles Galeries, une salle lumineuse, largement vitrée, ouvrant sur les cuisines où l'on peut voir la brigade et le chef au travail. Travail remarquable autour des produits en provenance des agriculteurs et artisans régionaux, les mêmes qu'au restaurant gastronomique, sur une carte courte de saison, avec une proposition végétarienne. Assiettes aussi belles que surprenantes, comme ce bœuf, purée de patate douce et siphon tikka masala. Desserts maison dans le même esprit. Belle carte des vins. Nouveauté gourmande déjà incontournable.

© FOU D'IMAGES

© FOU D'IMAGES

© FOU D'IMAGES

© MATTHIEU CELLARD

© MATTHIEU CELLARD

BISTRONOMIE

Ô BON BEC

20, rue des Marquisats
✆ 04 50 09 38 00
www.hotel-lepelican.fr

Ouvert tous les jours le midi et le soir. Carte 50 € environ. Formule midi 22 €.

Entrez au restaurant Ô Bon Bec de l'hôtel Le Pélican pour être transporté dans un lieu de vie étonnant. Cuisine de partage et de voyage proposée par le chef Sylvain Fombertasse et son équipe. A l'image de ce restaurant bistronomique non conventionnel, la cuisine est pleine de belles surprises, mixant avec brio produits d'ici et saveurs d'ailleurs, revisitant les classiques pour en faire des plats d'exception. Cave à viandes maturées pour se faire des plaisirs rares, mais un « simple » suprême de poulet fermier farce fine à la pistache façon tika massala suffit à notre bonheur. Caves à charcuteries et à fromages, tapas en soirée... Terrasse, vue panoramique, DJ Live Set pour nos soirées d'été !

© MATTHIEU CELLARD

© MATTHIEU CELLARD

© MATTHIEU CELLARD

© EMMANUEL SPASSOFF

© EMMANUEL SPASSOFF

BISTRONOMIE

RACINES

8, passage des Bains
✆ 04 50 09 12 43
www.racines-annecy.fr
Ouvert du mardi au dimanche le midi, du jeudi au samedi le soir. Menu Racines 37 €. Menu Dégustation 47 €.

Sur cette place avec terrasse, Racines s'est déployé en ouvrant de nouveaux espaces. Salles superbes, dont une plus « intimiste » à l'acoustique travaillée pour notre confort, et cuisine agrandie pour un travail remarquable. John, natif d'Annecy, sélectionne les meilleurs produits pour nous régaler d'assiettes savoureuses et colorées. En toute saison, l'œuf parfait reste sur une carte courte, mais il faut revenir souvent déguster tous les plaisirs d'une cuisine bistronomique qui mérite amplement son Bib Gourmand avec un excellent rapport qualité-prix. Eva, aux racines Corses, officie en salle - convivialité et bonne humeur - et au service de vins plutôt bio. Coup de cœur garanti.

© EMMANUEL SPASSOFF

© EMANUEL SPASSOFF

© EMMANUEL SPASSOFF

JOHN GUILLOT

RACINES, RESTAURANT BISTRONOMIQUE ENTRAÎNANT

Parmi les précurseurs d'un mouvement qui ne cesse de s'amplifier, celui de jeunes chefs talentueux traçant leurs propres voies dans le paysage de la gastronomie annécienne, John Guillot nous raconte l'histoire de Racines et nous donne une vision, actuelle et personnelle, de la cuisine.

Comment vous est venue l'envie de cuisiner ?

Depuis tout petit, j'ai voulu faire de la cuisine. J'ai un papa cuisinier, un grand-père et un oncle bouchers. Toute la famille était dans le bien manger. A 3, 4 ans, je prenais déjà des cours de cuisine ! Je pense que c'était dans mon sang, c'est une véritable vocation.

Comment est né Racines ?

Avec ma compagne Eva, Corse dont les origines sont du Chablais, nous avons ouvert Racines il y a 3 ans. Mais avant de nous installer à Annecy, ma ville d'origine, nous sommes partis à l'étranger : 3 ans à Londres, 6 mois à Barcelone. Après avoir voyagé, nous sommes revenus à nos Racines, d'où le nom de notre restaurant.

Quelle est votre vision de la cuisine ?

C'est une vision bistronomique. La bistronomie, ce sont des produits simples auxquels on applique des techniques de restaurant gastronomique. L'œuf parfait, qui reste toute l'année à la carte de Racines, en est le symbole. L'œuf est un produit de base accessible à tous. Mais notre œuf du Semnoz, cuit 1h à 63°C, devient un plat bistronomique. Dans le même esprit, j'aime aussi travailler la bonne viande, famille de bouchers oblige. Nous utilisons un maximum de produits locaux, sans se mettre de freins sur la créativité mais en restant 100% français.

Et votre vision de la restauration ?

J'aime la « table à la française ». Une bonne table, un bon bistrot où l'on se souvient avoir bien manger pour un prix raisonnable. Une table où l'on fait découvrir aux gens des plats qu'ils ne mangeraient pas chez eux. Dans l'accueil, la gestion de l'équipe, la convivialité, la cuisine, Racines est un restaurant qui nous ressemble Eva et moi. Passer un bon moment en profitant d'un excellent rapport qualité/prix, c'est ça le projet de Racines.

Annecy a quoi de particulier pour un restaurateur ?

Annecy représente l'avenir de la restauration en France. Les nombreux étoilés créent un vivier de jeunes chefs qui se lancent à leur tour dans l'aventure, s'entraînant les uns les autres. Si nous avons eu la chance d'ouvrir et d'agrandir Racines, ça peut être compliqué de s'installer à Annecy. Mais comment aller ailleurs ?

> RACINES.

8, passages des Bains

✆ 04 50 09 12 43 - https://racines-annecy.fr

© E. SPASSOFF

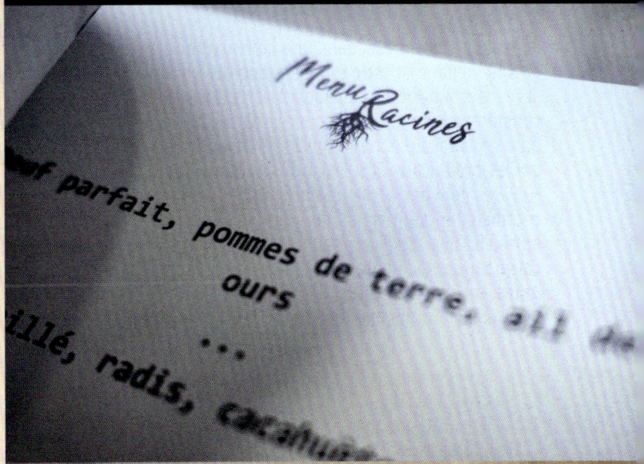

© E. SPASSOFF

© E. SPASSOFF

L'APPART DU DIX-SEPT

17, rue du Pâquier
✆ 04 50 45 59 89
www.lappartdu17.fr
Du mardi au samedi soir ; du mardi au vendredi midi. Bar ouvert de 19h à 3h. Carte 30 € environ. Plat du jour 14 €.

Monter pour la première fois à l'Appart du Dix-Sept, c'est découvrir un paradis gourmand en plein cœur d'Annecy. Sous les arcades, un escalier vous emmène au 17e ciel ! Accueil adorable, convivialité, larges horaires : chacun se sent comme à la maison. C'est ici qu'il faut venir partager un apéro avant un délicieux repas préparé par les chefs Alexandra Pagès et David Cendrier. Sur une carte au rythme des saisons, une cuisine vivante qui rend hommage au terroir, comme cet œuf parfait du Semnoz à la savoyarde, et aux saveurs d'ailleurs, par exemple ce risotto d'épeautre au curry vert et noix de Saint-Jacques. Excellente carte de vins et cocktails. Cocon de gourmandise et de bien-être.

AROMATIK'

3, rue Filaterie
✆ 04 50 51 87 68
www.restaurant-aromatik.com
Ouvert du mardi au samedi le midi et le soir. Formule du midi 26 €. Menu Dégustation 55 €.

Pas la plus en vue, dans une belle demeure aux portes de la vieille ville avec terrasse discrète au bord d'un canal, mais sans doute l'une des adresses gourmandes les plus constantes d'Annecy, puisque l'Aromatik' du chef Patrice Le Doré nous régale depuis bientôt 15 ans. Bistronomie inspirée par les produits frais de saison. A midi, le menu Affaires offre l'un des tout meilleurs rapports qualité-prix de ce secteur central. Le menu Dégustation permet de découvrir l'étendue du talent d'un chef qui sait se renouveler : pigeon rôti sur coffre, navets caramélisés, champignons poêlés et jus à l'olive. Excellents desserts et superbe cave pour accompagner chaque plat. Fantastique Aromatik'.

L'ASSIETTE ROUGE

34, avenue d'Albigny
✆ 04 50 23 02 46
Ouvert du mercredi soir au dimanche midi. Carte : 35 € environ. Formule midi 25 €. Accueil des groupes. Terrasse.

Comme souvent, les restaurants d'hôtel sont surprenants (et pas assez connus des gourmands). Situé entre le lac et la place d'Albigny, le restaurant l'Assiette Rouge - au sein de l'hôtel Catalpa - transmet toute la passion de son chef pour la bonne cuisine, avec des plats traditionnels français 100 % faits maison. La carte évolue avec les saisons et le plat du moment change chaque semaine. Les + du restaurant : un menu bout de chou où les enfants peuvent choisir un plat à la carte qui leur sera servi en petite portion (ça change des nuggets !) et un accueil privilégié pour les groupes. On profite au choix de la terrasse ombragée ou de la lumineuse salle contemporaine.

AUBERGE DU LYONNAIS

9, rue de la République
✆ 04 50 51 26 10
www.auberge-du-lyonnais.com
Ouvert tous les jours midi et soir de 9h à 23h. Suggestion du jour 22 €.

Une Auberge du Lyonnais version 2.0. Ce qui n'a pas changé (et qui ne doit pas changer) : le décor de carte postale de la terrasse piétonne avec vue sur l'écluse du Thiou. La beauté d'une maison, patrimoine de notre vieille ville. Ce qui a changé (avec bonheur) : tout le reste ! Bravo à Camille et Charles qui ont donné une seconde jeunesse à l'ADL (Auberge du Lyonnais version jeune) dans un décor chaleureux. Nouveau spot urbain pour chiller en prenant un verre en terrasse, mais aussi partager un croque-monsieur au jambon truffé, du saumon fumé maison et d'autres produits d'exception comme du caviar français et du bœuf Wagyu japonais. Belle sélection de vins et cocktails signatures.

BATEAU RESTAURANT LIBELLULE

2, place aux Bois
✆ 04 50 51 08 40
www.bateaux-annecy.com
Ouvert 7j/7 en haute saison. Forfaits de 65 € à 95 €.

Un repas sur les eaux du lac d'Annecy à bord du *Libellule*, c'est une expérience unique qui prend une nouvelle dimension cette saison. En effet, le plus grand bateau navigant sur le lac depuis bientôt 40 ans a fait l'objet d'une complète rénovation, passant même à l'électrique pour préserver son environnement exceptionnel, pour mieux nous recevoir à bord. Enchantement d'une croisière gourmande avec des menus qui eux aussi montent en gamme. Il y a même un menu végétarien alors que le menu Couronne de Savoie reste un must à s'offrir. Institution locale à redécouvrir.

LE BISTROT DU PORT

236, route du Port - **SÉVRIER**
✆ 04 50 52 45 00
www.lebistrotduport-annecy.com
Ouvert du lundi au samedi le midi et le soir et le dimanche midi. Formule du midi : 24,50 € (plat et dessert).

La meilleure façon, en toute saison, de profiter des beautés du lac en savourant une excellente cuisine à la hauteur du paysage. Au port de Sevrier, une belle maison ouverte sur le lac avec deux terrasses splendides, une grande véranda, pour profiter de la vue exceptionnelle. Salle chaleureuse autour d'un « bar cheminée » impressionnant. Bonheur complété par un accueil adorable et un service efficace. Cuisine savoureusement authentique, réalisée à partir de bons produits. Enfin une terrasse « les pieds dans l'eau » où l'on peut déguster une friture ou des filets de perche sans être pris pour un touriste. Meilleur rapport vue-qualité-prix-service des bords du lac.

© MATTHIEU CELLARD

© MATTHIEU CELLARD

CATÉGORIE

NEW L'ATELIER DE PIERRE

25, avenue du Parmelan
✆ 04 50 60 15 48
https://maison-favre-felix.fr
Ouvert tous les jours le midi et le soir.

Dans la famille Vincent Favre-Félix, voici l'autre adresse gourmande des Nouvelles Galeries. Celle-ci porte le nom du père du chef étoilé qui, après nous avoir proposé une version self, s'oriente pour notre plus grand plaisir vers le service à table et plats canailles façon brasserie, faciles à manger, faciles à partager. Accueil toujours chaleureux, salle lumineuse largement ouverte sur l'extérieur et la belle terrasse sur le parvis de ce centre commercial rénové avec goût. Du goût, la cuisine des équipes de Vincent Favre-Félix n'en manque jamais avec de bons produits savoureusement préparés et cuisinés. Coupes de glace et boissons à de larges horaires. Corner à l'emporter de même qualité.

© FOU D'IMAGES

© FOU D'IMAGES

© FM

© L'AUBERGE DU PELLOUX

AUBERGE DU PELLOUX

41, rue du Centre - **VILLY-LE-PELLOUX**
✆ 04 50 08 72 62
www.auberge-du-pelloux.com
Restaurant du jeudi au samedi midi et soir.
Boutique du mercredi au samedi 8h-19h. Traiteur, livraisons lundi au samedi.

Toutes les raisons sont bonnes pour découvrir L'Auberge du Pelloux. Installé depuis 12 ans entre Annecy et Genève, Florent Maitrepierre partage sa passion et son savoir-faire acquis auprès de grands chefs en nous faisant une triple proposition : restaurant, traiteur et boutique gourmande ! A partir des meilleurs produits locaux de saison, cet artisan du goût réalise des plats mêlant tradition et notes personnelles. Foie gras maison, pâté croûte maison servi avec ses pickles, mignon de veau aux morilles avec son gratin dauphinois. Sur place ou à emporter, en version traiteur jusqu'à 150 personnes, boutique de terroir pour se régaler à la maison... L'auberge gourmande par excellence.

© L'AUBERGE DU PELLOUX

© L'AUBERGE DU PELLOUX

© L'AUBERGE DU PELLOUX

BON PAIN BON VIN

17, rue Filaterie
✆ 04 50 45 25 62
www.bonpainbonvin.fr
Ouvert tous les jours midi et soir. Petites assiettes à partir de 5 €. Comptez environ 30 €.

Un bistrot à l'ancienne qui revendique la défense d'une gastronomie faite d'œufs mayo, de poireaux-vinaigrette et d'os à moelle (on adore) dans une ambiance conviviale, habile mélange entre *OSS 117*, *Le Grand Restaurant* et n'importe quel film avec Gérard Depardieu. Petite terrasse, mais salle chaleureuse en diable, de belles quilles, un comptoir, des tables bistrot... On se sent tellement bien chez Bon Pain Bon Vin qu'on commence tôt l'apéro pour ne plus quitter les lieux avec un service tardif midi et soir. Petites assiettes pour tout déguster les bons produits et partager de bons moments avec les amis autour d'un bon verre de vin. Et la blanquette, elle est comment ? Bonne assurément !

BORA BORA

13, avenue de Chavoires
✆ 04 50 23 03 03
Ouvert toute l'année, du mardi au dimanche midi et soir. Formule midi. Carte 30 €.

Une paillote face au lac d'Annecy où l'on peut venir se ressourcer à la cool, sa planche sous le bras. L'exotisme des eaux bleues, la plage et un repère convivial où le personnel semble toujours de bonne humeur et fan de glisse ! Si les « burgers » ont fait l'excellente réputation du Bora Bora – façon Dexter ! – la carte varie selon les produits du marché de saison. Chaque jour, un poisson et une viande associés aux saveurs du Pacifique sont concoctés par le chef. Ceviche à la tahitienne et incontournable Tigre qui pleure. Un bon plan : la formule du midi économique et savoureuse. La terrasse est la plus demandée des bords du lac, une des premières à profiter des beaux jours.

LA CABANE

27, rue Sainte-Claire
✆ 04 50 05 12 70
https://lacabaneannecy.fr
Ouvert tous les jours midi et soir, en continu le week-end. Menus de 30 € à 35 €. Menu végan 25 €.

© STUDIOPREZZO

Une Cabane toujours plus belle et plus engagée - pour l'environnement, mais aussi pour l'humain avec l'association Eau de Coco qui lutte contre l'extrême pauvreté à Madagascar. Une Cabane toujours plus gourmande qui abrite celles et ceux qui veulent mieux vivre et mieux manger. Accueil adorable de Cathy Perrier dans un cadre hyper chaleureux, sans oublier une terrasse idéalement située. En cuisine, Sébastien utilise au max des produits d'ici pour régaler toutes les envies. De la tartiflette maison au risotto Annecy-Hanoï en passant par le ceviche de poisson frais, végans et omnivores partagent le même bonheur d'être à La Cabane. Jus détox, bières bio de Haute-Savoie. Goûter l'après-midi.

LE BOUILLON

9, rue de la Gare
✆ 04 50 77 31 02
www.lebouillon-annecy.fr
Ouvert du mardi au samedi midi et soir. Formule midi 26 €. Menu Bouillon 39 €. Menu Dégustation 48 €.

Prendre le Bouillon et trouver ça excellent ! Ce n'est pas un paradoxe, mais le talent de Mathieu Chauvin. Un Bouillon ouvert il y a 8 ans et qui vient de prendre cette année une nouvelle dimension par une belle rénovation à l'occasion d'un agrandissement. Des teintes actuelles, une atmosphère chaleureuse, un lieu aussi réconfortant que la cuisine d'un chef qui nous propose une bistronomie gourmande avec d'excellentes compositions au menu du jour, qualité-prix à ne pas manquer, des suggestions comme autant de délices à essayer et des plats qui n'oublient pas les légumes (végétariens bienvenus) avec un curry de légumes. Adresse top, un Bouillon à prendre et partager avec bonheur.

LA BRASSERIE

Allée de l'Impérial
✆ 04 50 09 30 00
www.hotel-imperialpalace.fr
Ouvert tous les jours midi et soir. Menu Brasserie 29 €. Brunch dominical 55 € (65 € avec coupe de champagne).

Une brasserie qui réinvente les plats traditionnels de brasserie pour une cuisine bistronomique. Une brasserie gourmande qui nous invite à profiter des jardins de l'Impérial, face au lac, sur une terrasse en teck, c'est un bonheur à partager. Douceur et chaleur du bois dans la salle spacieuse d'une Brasserie à la fois élégante et conviviale. Service impeccable pour nous apporter des assiettes savoureuses inspirées par les bons produits et des classiques revisités, comme ce cœur de faux-filet Simental, sauce au poivre fermenté. Belle carte des vins. Le buffet de desserts maison fait partie des incontournables. Le dimanche, c'est brunch en famille ou entre amis.

© AUBDULAC

© AUBDULAC

AUBERGE DU LAC

2, route du Port - **VEYRIER-DU-LAC**
✆ 04 50 60 10 15
www.restaurant-aubergedulac.com

Ouvert tous les jours midi et soir de fin mars aux vacances de la Toussaint. Menus de 29 € (midi) à 49 €. Carte.

A l'Auberge du Lac, les gourmands pourraient simplement admirer la vue qu'ils seraient déjà aux anges. Avec sa terrasse posée au bord du lac, avec ponton privé pour amarrer son bateau - et le célèbre ponton de Sevrier en ligne de mire -, cette Auberge profite d'un environnement exceptionnel. Et pour profiter pleinement de ce petit coin de paradis, tout le reste est à la hauteur des lieux ! Accueil adorable et cuisine de saison réalisée à partir de produits du terroir de qualité comme ces poissons de lac - filets de perche, omble chevalier, petites fritures - ou ces légumes régionaux. Fromages affinés par Alain Michel, desserts maison. Adresse de rêve ouverte toute la journée en saison.

© AUBDULAC

© AUBDULAC

© AUBDULAC

© VALÉRIE PETROD

© VALÉRIE PETROD

LES CHINEURS DE LA CUISINE

26, rue Sainte-Claire
✆ 04 50 10 02 18
www.chineursdelacuisine.com
Ouvert tous les jours le midi et le soir. Menus de 40 € à 45 €. Formule midi 21 €. Menu enfant 15 €.

Aux côtés de Nicolas Crépieux depuis 10 ans, le chef Jean-Christophe Nicollet nous régale à chaque service. Avec Philippe et son équipe pour nous recevoir, Les Chineurs de la Cuisine se placent toujours en tête de notre palmarès des meilleures adresses. En terrasse installée à l'entrée du Faubourg ou dans une salle chaleureuse, convivialité et gourmandise assurées. Cuisine maison entre tradition et créativité, réalisée à partir de produits locaux de qualité, et une belle sélection de vins au verre en accord avec chaque plat. Plaisirs gourmands à partager.

© VALÉRIE PETROD

© VALÉRIE PETROD

© VALÉRIE PETROD

© VALÉRIE PETROD

© VALÉRIE PETROD

LE CLOCHER

20, place Gabriel-Fauré ✆ 04 50 23 09 90
www.le-clocher.com

Ouvert du lundi au dimanche le midi, du lundi au samedi le soir. Menu semaine 26,90 €. Menu Ernest 58 €.

Un Clocher au patrimoine architectural, une superbe bâtisse de quatre siècles inscrite aux Monuments historiques, et au patrimoine gourmand grâce au travail de l'adorable Bruno Collomb et du chef Benjamin Schwab. Un Clocher à l'environnement fantastique, de la magnifique terrasse ombragée aux vieux murs de pierre, à la cuisine remarquable d'une table de qualité distinguée par le Collège Culinaire de France et classée au Top 100 des meilleures cartes de vins en France. Tout sonne juste à ce Clocher où chaque plat met en avant des produits d'exception, comme pour cet délicieux cordon bleu maison au poulet jaune des Dombes et au jambon blanc de Maxence Baud. Un Clocher qui nous met aux anges.

© VALÉRIE PETROD

© VALÉRIE PETROD

© VALÉRIE PETROD

LES ÉCURIES DU PRÉ CARRÉ

10, rue Vaugelas ✆ 04 85 46 31 61
www.restaurant-les-ecuries.com

Ouvert du mardi au samedi midi et soir. Formule midi 21 €. Menu Inflation 29 €. Menu Pied à l'étrier 65 €. Terrasse.

La reprise de ce lieu magique, dans la cour du Pré Carré, par une équipe de passionnés de restauration, croisés au Vinistrot, voilà qui nous donne envie de vite rentrer aux Écuries ! Terrasse à l'abri de l'agitation, mais surtout salles chaleureuses qui ont pris des allures de bistrot contemporain du meilleur goût. Qualité d'une cuisine accessible à tous les budgets avec une belle sélection de produits locaux en provenance de fournisseurs, artisans clairement affichés. Plats de saison parfaitement composés au menu Inflation - encore une bonne idée -, des plateaux à partager pour l'apéro, un pot-au-feu réconfortant ou un incontournable tartare aux huîtres. Glaces maison. Courez aux Écuries !

CHEZ FRANTZ

16, rue Jean-Jacques-Rousseau
✆ 04 50 19 99 82
Ouvert mardi et du vendredi au dimanche de 7h à 15h, mercredi et jeudi de 8h30 à 15h. Hors saison, fermé jeudi.

© CÉCILE ROLLAND

© CÉCILE ROLLAND

Chez Frantz, c'est comme chez lui, c'est comme chez nous. Un restaurant petit par la taille, mais immense par le cœur et par la qualité des plats que l'on y savoure. Sur l'agréable terrasse aux portes de la vieille ville ou dans une salle chaleureuse, on vient Chez Frantz se régaler d'une cuisine 100 % maison faite à partir d'authentiques produits locaux de saison. Dès le matin, on s'installe pour prendre un bon café en toute convivialité. A l'ardoise du jour, un excellent Parmentier de canard au foie gras et salade verte à un prix raisonnable. Risotto du moment, gourmandises sucrées maison et brunch dominical. Bières de la Brasserie du Baigneur à Pringy. Un vrai bonheur à partager.

AU FIL DU THIOU

5, passage des Bains
✆ 04 50 05 42 81
Ouvert lundi, mardi, du jeudi au dimanche le midi, samedi le soir. Menu 37 €. Carte.

Le centre-ville ne s'arrête pas aux rues pavées et pour éviter les pièges à touristes, il suffit de suivre le Thiou jusqu'à la place des Cordeliers, nouveau refuge pour les gourmands. Dans un cadre ravissant, avec terrasse et salles les plus agréables de la ville, le chef Freddy Costil nous propose une vision personnelle de la cuisine bistronomique. Accueil et service attentionnés de Caroline Boutet pour nous présenter une cuisine travaillée à base de produits frais du marché et de qualité sélectionnés par un cuisinier passionné, à l'image de ce filet de canette mariné et caramélisé. Belles pâtisseries. Carte des vins en harmonie. Créativité, fraîcheur et originalité au Fil du Thiou.

IMPÉRIAL PALACE - LA VOILE

Allée de l'Impérial
✆ 04 50 09 30 00
www.hotel-imperial-palace.com
La Voile, du mercredi au samedi le soir, 68 à 119 €. Bistro Chic, du mardi au dimanche au déjeuner, carte 60 € environ.

Mettez la Voile à votre menu gourmand. Un lieu fantastique qui se dévoile en deux versions. Le midi, c'est bistro chic. Au dîner, c'est carte gastronomique. Ce qui ne change pas, c'est la beauté des lieux, avec terrasse ouverte sur le lac et les jardins de l'Impérial et salle superbe digne d'un palace aux tables dressées avec élégance. La brigade du chef Adrien Tupin-Bron fait un travail remarquable pour sublimer les produits de saison avec inspiration. Merveilleuse cave à vins et accords mets-vins d'Isabelle Mabboux, finaliste du Meilleur Sommelier de France.

L'INCANDESCENT

4, faubourg Sainte-Claire
✆ 04 50 63 96 23
Ouvert du jeudi au mardi midi et soir. Menu midi 24 €. Sélection bouchère à partir de 22 €.

Incandescent comme la braise de ce restaurant où les viandes cuisent à la braise ou à la broche. L'Incandescent, c'est la rôtisserie de Marie et Greg installée dans le faubourg Sainte-Claire. A la carte, des viandes de qualité cuites à la broche - carré de cochon de Franche-Comté, cochon de lait, cocotte de poulet fermier au maïs, dorade entière - ou à la braise - burger maison, travers de porc, Parmentier de cochon confit, entrecôte Simmental, filet de bœuf de Savoie, côte de bœuf... Que du très bon produit cuisiné avec goût par un chef réalisant des sauces délicieuses. Cuisine canaille aux portions généreuses à partager ou pas dans une ambiance bon enfant. Excellent.

© FRETICOTEPRAIRIE

© FRETICOTEPRAIRIE

LE FRETI CÔTÉ PRAIRIE

20A, chemin de la Prairie ✆ 04 50 19 50 42
www.lefreticoteprairie-annecy.com
Ouvert du mardi au dimanche à midi, du mardi au samedi le soir.

Dénicheur de bonnes adresses depuis longtemps, le *Petit Futé* vous recommande le Fréti Côté Prairie depuis son ouverture il y a 2 ans. Hervé Collomb, propriétaire de la meilleure adresse de spécialités fromagères d'Annecy, le Fréti, a installé son Côté Prairie à l'écart de l'agitation urbaine. Dans un cadre étonnant, profitant d'une superbe terrasse, des spécialités savoyardes du mythique Fréti, mais aussi des plats de saison pour toutes les envies : ballottine de volaille française cuite à basse température, poisson du moment, salade Baujue petite et grande... Délicieuse tarte Tatin pour terminer. Cocktails pour prolonger le plaisir. Équipe au top pour partager du bon temps Côté Prairie.

© FRETICOTEPRAIRIE

© FRETICOTEPRAIRIE

© FRETICOTEPRAIRIE

HÔTEL MERCURE - ANNECY SUD - BRASSERIE LE 76

76, avenue d'Aix-les-Bains
✆ 04 50 52 09 66 - www.mercure.com
Ouvert du lundi au vendredi midi et soir. Menu midi 17 €. Formules de 17 € à 30 €. Jardin. Terrasse.

© FABRICE MALOT

© FABRICE MALOT

76, c'est le nombre porte-bonheur des gourmands en quête d'une table de qualité en retrait de l'agitation urbaine. Direction le Mercure Annecy Sud et sa brasserie Le 76. Facile d'accès et de parking, le repas s'annonce réjouissant. Et si le soleil brille dehors, on s'installe en terrasse au bord de la piscine. Salle chaleureuse à la décoration contemporaine pour savourer une cuisine maison de saison réalisée à partir de bons produits avec un excellent rapport qualité-prix pour la formule du jour. Plats végétariens et sans gluten. Belle sélection de vins. Service traiteur.

HÔTEL-RESTAURANT LES ROCHERS

24, route de Paris - **LA BALME-DE-SILLINGY**
✆ 04 50 68 70 07
www.hotellesrochers.fr
Ouvert du mardi au dimanche et les jours fériés le midi. Menu du marché 25 €. Menu gastronomique le dimanche 52 €.

© TYFAINE

© TYFAINE

Tout est beau à croquer aux Rochers ! Le décor contemporain du meilleur goût, mais surtout les assiettes du chef Michel Puthod qui nous régale de son savoir-faire et de sa créativité. Les plus pressés feront une pause gourmande en savourant les suggestions, toujours à partir de produits de qualité et de saison. Mais prenez votre temps pour déguster le menu du chef : foie gras frais, quenelle de brochet et ses demoiselles d'eau douce et une autre spécialité maison, le cygne glacé. Belle carte des vins. Gourmandise à partager également au Café de mon Père.

© FOUDIMAGES

© FOUDIMAGES

CHEZ INGALLS

29 bis, rue Vaugelas
✆ 04 50 45 25 96
www.chezingalls.fr

Ouvert tous les jours midi et soir. Plat du jour 11,50 €. Formule midi 16,50 €. Menu 39 €. Carte 28 €.

Bientôt 20 ans qu'Ingalls nous régale au cœur battant d'Annecy. Un lieu vraiment pas comme les autres avec ces espaces - du salon Caroline au Jardin d'hiver, du Black Bar à la Cave de Charles, sans oublier la Petite Maison pour les groupes - qui nous accueillent à merveille selon les saisons et nos envies du moment. Ce qui ne change jamais, c'est la qualité d'une cuisine maison de tradition réalisée à partir des meilleurs produits. Grande convivialité autour d'une planche à partager : truite de Savoie en gravlax, burger Nellie Oleson ou veggie, viandes en suggestion, pour finir sur un Ingalls gourmand. Belle carte de cocktails pour prolonger le plaisir d'une adresse exceptionnelle.

© FOUDIMAGES

© FOUDIMAGES

© FOUDIMAGES

© EJ

© EJ

L'INSTANT

49, boulevard Costa de Beauregard
✆ 09 81 87 20 05 - Parking de Boulanger.
www.restaurant-linstant-seynod.fr

Ouvert du lundi au samedi le midi, du mercredi au samedi le soir. Plat du jour 11 €. Menu 35,90 €. Parmentiers 16,50 €.

C'est un grand Instant que l'on vient partager à cette adresse facile d'accès et de parking (gratuit) à Arcaloz. Belle terrasse ombragée, salle chaleureuse toute en couleur où rayonne la bonne humeur de Sophie et le dynamisme de l'équipe d'un Instant qui a su gagner la confiance des annéciens. Super ambiance, et encore plus le soir lors des concerts et des karaokés, et cuisine maison de qualité réalisée par le chef David Baudouin à partir de produits frais. Incontournables Parmentier maison, savoureuse entrecôte de bœuf, délicieux filets de poisson façon meunière, plats maison, légumes frais de saison... Sans oublier les soirées gambas à volonté. Un merveilleux Instant plein de gourmandise.

© ESTELLE JUGE

© ESTELLE JUGE

© EJ

JAANOK

80, rue Carnot
✆ 09 87 02 26 47
Ouvert mardi de 10h à 16h30, mercredi et jeudi de 8h30 à 16h30, vendredi et samedi de 8h30 à 19h. Formules 15 €.

Une adresse que l'on pourrait déplacer en cuisine du monde tellement sa cuisine nous emmène en voyage. Dans son café boutique du centre-ville, Jaanok nous sert café et jus de fruit frais pour bien commencer à papoter entre copains/copines. A l'heure du déjeuner, des plats du monde à partir de produits de saison pour se réchauffer autour d'un bœuf bourguignon ou d'un plat typique thaïlandais, marocain... Décor vintage pour savourer une tarte salée et enchaîner, à l'heure du goûter, avec un latte et des cookies maison. C'est simple, mais c'est bon avec une cuisine « healthy » qui n'oublie pas la gourmandise et les saveurs. Végétariens bienvenus. Viens, on est bien chez Jaanok.

L'ÉTAGE

13, rue Pâquier
✆ 04 50 51 03 28
www.letageannecy.com
Ouvert du lundi au samedi midi et soir. Formule jour 17 €. Menu jour 22 €.

Après la terrasse passer sous les arcades, grimper par l'escalier et pousser la porte pour accéder à L'Etage. Découverte d'un bâtiment du XVIIe siècle et d'une salle charmante avec son décor mêlant beauté brute de l'ancien et douceur des lignes actuelles, le tout animé par une équipe adorable et efficace. Autre qualité des lieux, la possibilité de savourer des spécialités savoyardes - fondue et raclette au lait cru de Haute-Savoie - sans être parfumé au fromage. Mais le talent du chef Emmanuel Maillefer ne s'arrête pas là avec une cuisine maison à partir de produits sélectionnés. Super carte des vins avec des vins de Savoie. Ardoise et suggestions du jour de qualité.

L'OASIS - AUBERGE DU BESSARD

525, route d'Albertville - **SÉVRIER**
✆ 04 57 09 99 34
https://l-oasis-sevrier.eatbu.com
Ouvert d'avril à septembre, tous les jours de 9h à 0h. Réservation recommandée. Vin au verre.

L'Oasis est une authentique guinguette présente sur les bords du lac depuis 1948, ce qui en fait une doyenne dans son domaine. Aujourd'hui, l'esprit « guinguette » n'a pas disparu, même si la cuisine a pris un virage brasserie actuelle tout en continuant à travailler avec un pêcheur du lac pour un filet de féra du lac d'Annecy à la grenobloise. Filets de perches au beurre citronné ou côte de bœuf individuelle. C'est ici que l'on vient faire un apéro musical avant de prolonger la soirée (pas au son de l'accordéon). Repas de groupe et mariages dans un cadre unique.

O'POISSON ROUGE

20, promenade des Seines
SÉVRIER
✆ 04 50 52 40 48
www.opoissonrouge74.com
Haute saison : tous les jours midi et soir.

Ce qui n'a pas changé, et qui ne doit pas changer, c'est le décor des bords du lac. Ponton, pieds dans l'eau, montagnes à l'horizon, autant de mots qui nous donnent l'impression d'être à l'autre bout du monde. Mais c'est bien à Sévrier qu'il faut profiter de la beauté d'un environnement exceptionnel. Ce qui a changé cet hiver, ce sont les gérants du Poisson Rouge. Une nouvelle équipe qui donne un second souffle au Poisson Rouge en proposant une cuisine maison réalisée à partir de produits frais sélectionnés avec soin. De quoi chiller sur la terrasse dès les beaux jours, mais aussi se régaler de viandes grillées au feu de bois en hiver. Détente et gourmandise.

Ô SAVOYARD !

1, rue Perrière
✆ 04 50 45 06 53
https://osavoyard.com
Ouvert tous les jours le midi et le soir. Spécialités savoyardes à partir de 19 €. Suggestions.

Situation privilégiée pour ce restaurant du groupe Jacquin, situé à l'entrée de la vieille ville face au Palais de l'Ile. Terrasse idéale pour les touristes passés entre des mains plutôt bienveillantes. Salle au décor de vieux bois façon chalet d'alpage. Ô Savoyard n'hésite pas à afficher ses fournisseurs, artisans et producteurs régionaux. Salades repas - avec des plats végétariens bien mis en évidence -, spécialités savoyardes avec une tartiflette maison, un moelleux du Revard ou la fondue savoyarde au vin de Savoie (il y a aussi une fondue suisse, mais on reste local non ?). Assiette de charcuterie de chez Baud. Service efficace. De bons produits qui ont un prix.

OXO

25, rue Centrale
✆ 04 50 68 54 82
www.bar-restaurant-annecy-le-vieux.fr
Ouvert du lundi au samedi de 11h à 3h. Formule midi 21 €. Carte 40 € environ. Terrasse.

Oxo a quelque chose de ludique. À mi-chemin entre le restaurant, le bar et le club, ce lieu situé à deux pas du lac offre un mix des plus agréables. Un lieu qui nous accueille dans un décor contemporain et chaleureux encore plus agréable avec une belle terrasse et un espace bar pour savourer des tapas. Joli roof top à l'étage – et ils ne sont pas légion les rooftops à Annecy et autour du lac – d'une maison tenue par Christophe et Nicolas. Côté restaurant, de la « récréation culinaire ». Découverte du menu du jour et des planches à partager. Autant que la cuisine, ce qui compte c'est l'ambiance des soirées avec DJ. À suivre, les animations de fin de semaine dans un Oxo festif.

JE ME RÉGALE

BONNES TABLES

LE PETIT PRINCE

25, montée de Novel
✆ 04 50 23 35 34
www.petitprince-restaurant.com
Ouvert du mardi au samedi et jours fériés midi et soir. Menu déjeuner 21 €. Menus de 35 € à 45 €. Terrasse.

Pas besoin de vous dessiner un mouton pour vous emmener dans le jardin secret du Petit Prince. Dans une belle maison en pierre, le Petit Prince nous offre une belle envolée gourmande et le choix entre côté restaurant et côté bistro avec des planches apéritives à partager autour d'un bon verre de vin. Carte traditionnelle, gourmande, renouvelée régulièrement avec des plats qui font la part belle aux produits frais de saison, locaux, cuisinés sur place. Conseils avisés du sommelier pour un accord mets-vins à prix raisonnable. En été, la petite terrasse ombragée par les glycines est le meilleur endroit pour partager un repas de qualité. Endroit pour un tête-à-tête ou un repas de famille.

RESTAURANT LE PETIT PARADIS

110, plage d'Angon - **TALLOIRES-MONTMIN**
✆ 04 50 65 21 70
www.petitparadisdici.fr
Fermé d´octobre à mai. Haute saison, tous les jours de 10h à 23h. Carte 60 € environ. Jardin. Terrasse.

Depuis plus de 10 ans, nous pouvons tous aller l'été dans ce Petit Paradis au bord du lac. L'adresse est insolite et authentique, le cadre magnifique et paisible, la terrasse parmi les plus belles. Les pieds dans l'eau du lac, une ancienne guinguette avec une cabane de pêcheur en bois, relookée en restaurant balnéaire chic, meubles contemporains et ponton privé. Vincent soigne la convivialité de son accueil. Carte courte pour une cuisine savoureuse. On prolonge le moment de détente avec une baignade. Dîner romantique... Qualité d'assiette et de vie au Petit Paradis.

THE MARCEL BISTROT

10, avenue du Pré-Félin
✆ 04 50 51 01 68
http://themarcel.fr
Ouvert du lundi au vendredi midi. Afterworks, brunchs. Formule midi 19 €. Brunch 38 €.

On aime Marcel pour plein de bonnes raisons. D'abord, parce que Marcel, installé dans le secteur des Glaisins, nous fait partager son amour pour les produits des meilleurs artisans locaux selon des recettes traditionnelles. A l'heure de l'apéro gourmand, on se coupe une tranche de pain de chez Aristide et on le tartine de pâté de campagne. Plus tard, on continue dans une délicieuse simplicité et des produits de qualité avec une salade Caesar maison, un risotto de coquillettes et jambon blanc à la truffe ou un burger pour toutes les envies : tradi, veggie ou végane. Brunchs 1er dimanche du mois, afterworks, animations... Excellent rapport qualité-prix. Adresse comme on les aime.

LE VERTUMNE

13, rue Sommeiller
✆ 04 50 45 92 96
www.levertumne.fr
Ouvert du mardi au samedi midi et soir. Formule midi 30 €. Menu du soir 32 €.

Stéphane Jacquerez est un authentique cuisinier et le Vertumne une valeur sûre à ne pas négliger. Une adresse installée depuis plus de 20 ans au cœur d'Annecy qui joue la carte des bons produits locaux. A commencer par les poissons du lac d'Annecy, filets de féra, de perche ou pavé de truite sauvage selon les arrivages. Petite et agréable terrasse, salle chaleureuse, cuisine raffinée - comme cette escalope de foie gras poêlée, pommes et framboises miellées ou cette poêlée de Saint-Jacques sauce safran avec une tarte du jour maison -, que vous faut-il de plus ? L'ardoise et ses plats de saison ouvrent l'éventail des choix. Un bon rapport qualité-prix, un « classique » qui ne déçoit jamais.

CHEZ FIRMIN

21, avenue d'Aléry
✆ 04 50 51 16 92
Ouvert du lundi au samedi à midi. Soirée sur réservation. Plat du jour 11,10 €.

Bien avant l'invention de la bistronomie, il y avait le bistrot et sa cuisine maison faite de bonnes choses et de tradition. Chez Firmin, c'est de l'authentique fait avec passion et sans concession par Jean-Pierre Hudry. Le confort, c'est celui des relations humaines qui se nouent autour du comptoir avant de passer à table dans cet authentique bistrot. Si les petites ardoises nous annoncent quelques plats bien sentis, chaque jour nous amène ses saveurs de saison. Des salades bien composées, un pâté de tête, un tartare de bœuf, une andouillette, une endive au jambon comme autrefois, sans oublier la fameuse tête de veau et la traditionnelle fondue savoyarde. Adresse sans artifice.

LE CISELIN

8, rue du Pré-d'Avril
✆ 04 50 09 93 77
www.restaurant-le-ciselin.fr
Ouvert du mardi au samedi midi et soir. Menus de 37 à 42 €. Formule midi 21 €. Mercredi gambas à volonté. Terrasse.

L'équilibre parfait. L'équilibre entre la tradition et la modernité d'une maison gourmande installée à quelques minutes du lac dans le quartier d'Albigny. Terrasse chaleureuse, service adorable par Adeline et réservation obligatoire pour profiter de ce petit écrin merveilleux. L'équilibre parfait, c'est aussi celui d'une carte composée trois fois par an par le chef Patrice Vagnoux. Aux fourneaux du Ciselin depuis plus de 20 ans, il travaille les meilleurs produits de saison pour révéler des saveurs gourmandes inédites : tentacule de poulpe, vinaigrette ananas, fenouil, chorizo ou un filet de canette rôti, jus lié à la grenade. Sublime équilibre qualité-prix-plaisir.

LES TABLES DE L'ETANG

124, route d'Annecy - **MONTAGNY-LES-LANCHES**
✆ 04 50 08 14 11
www.lestablesdeletang.com
Ouvert le mercredi et le dimanche le midi, du jeudi au samedi de 11h45 à 23h. Formule midi 20 €. Menus de 35 € à 45 €.

100 % plaisir. Un cadre verdoyant, un étang, une belle maison : dépaysement garanti pour se ressourcer en pleine nature. Facile d'accès par l'A41, sortie Seynod, le resto Les Tables de l'Étang nous régale les yeux comme le palais, nous libère l'esprit pour goûter avec bonheur aux plaisirs gourmands. Terrasses ouvertes sur l'étang, salle chaleureuse, accueil et service adorables par Valérie et Eva, cuisine du chef Vincent au rythme des produits de saison. Belles assiettes savoureuses avec de jolis « twists » avec un paleron confit 10h servi avec une sauce Guinness griotte, un régal. Associations mets et vins réussies. Animations estivales à la Terrasse du Lac attenante. Accueil de séminaires.

© TERRDULAC

LES TERRASSES DU LAC

7, route du Semnoz ✆ 04 50 45 34 86

Fermé du 28 novembre au 9 février. Ouvert du mercredi midi au dimanche midi. Menu du jour 25 €. Menus de 44 € à 69 €.

La vue, le goût, les sens en émoi. Aux Terrasses du Lac, mariage parfait entre un panorama à couper le souffle sur le lac d'Annecy, architecture contemporaine respectueuse du site et s'ouvrant largement, par sa terrasse et ses grandes baies vitrées, vers les paysages grandioses, gentillesse de l'accueil, cuisine d'exception par le chef Hervé Getenet et toute son équipe. À partir de là, plus rien ne vous retient de monter, direction Semnoz à 10 min d'Annecy, vous régaler d'assiettes de saison composées de produits frais et le plus souvent locaux du meilleur goût, mêlant avec habileté les saveurs : filet de sandre, sauce vigneronne au cassis ; filet de canette, douce harissa. Pur bonheur.

© TERRDULAC

© TERRDULAC

© TERRDULAC

© PAUL STEFANAGGI

© PAUL STEFANAGGI

VINISTROT

12, rue Perrière
✆ 04 50 45 51 76

En haute saison, ouvert tous les jours midi et soir. Plat du jour 12 €. Menu déjeuner 21 €. Menu Arcade 68 €.

Sous les arcades, du bonheur à partager en toute convivialité autour d'une table qui met à l'honneur les produits locaux. Ambiance chaleureuse en terrasse et en salle pour savourer la cuisine du chef François Stefanaggi. Poissons du Léman avec un délicieux filet de féra du lac Léman, betterave et noisettes d'Annecy, pommes des vergers Tissot. Spécialités savoyardes avec une fondue d'Alain Michel. Viandes d'exception avec les viandes maturées de Maxence Baud (au choix à la découpe derrière la vitrine). Plats végétariens avec des légumes d'ici. Tatin de pommes de Copponex pour terminer. Carte des vins avec des petits producteurs passionnés présentés par Rodrigue. Vinistrot trop top !

© PAUL STEFANAGGI

© PAUL STEFANAGGI

© PAUL STEFANAGGI

NEW

LE COCHON QUI LOUCHE

74, place de l'Albanais - **MARCELLAZ-ALBANAIS**
✆ 04 50 69 26 33 - www.lecochonquilouche.fr
Ouvert du mardi au samedi midi et soir. Formule du jour 17,50 €. Le soir et samedi à la carte.

© VALÉRIE PETROD

© VALÉRIE PETROD

Comme il fait bon se mettre au vert, et aux produits locaux bien cuisinés, à 15 min d'Annecy, sur la place du village de Marcellaz-Albanais. Aux commandes du Cochon qui louche, deux jeunes passionnés de restauration. Stéphane nous reçoit dans une salle moderne et chaleureuse, où la convivialité se prolonge côté bar. Belle terrasse, service impeccable, il ne reste plus qu'à savourer la cuisine de la cheffe Kelena. Inspirée par les produits locaux, les saisons, elle réalise une cuisine maison de tradition et de bon goût : cochon, bœuf, poisson, spécialités régionales, hamburgers ou cuisses de grenouilles. Idéal pour organiser un événement privé. A votre tour de loucher sur ce Cochon gourmand.

LA COUPOLE BRASSERIE À LA FRANÇAISE

7 bis, rue de la République
✆ 04 50 45 15 42
www.lacoupole-annecy.com
Ouvert toute l'année, toute la journée. Plat du jour. Acccessible PMR. Climatisation, bar, « kids friendly ».

Une Coupole pleine de joie de vivre sur la terrasse la plus cool d'Annecy. Une Coupole à l'accueil adorable, toute une équipe au service d'une cuisine artisanale maison, labellisée par l'exigeant Collège culinaire de France. 100 % plaisir garanti en partageant des instants gourmands en terrasse comme en salle. Sur la carte à manger : os à moelle rôti, tartare italien, woks et *pokebowls* selon vos envies, végétariennes aussi, mais aussi tentacule de poule snacké, burgers maison, pour terminer avec un tiramisù déstructuré. Vins et cocktails. Tous les ingrédients du bonheur.

BISTROT - BRASSERIE

LE BINOME

32, avenue des Carrés ✆ 06 50 75 83 54
www.le-binome-restaurant.fr
Ouvert tous les jours, sauf mercredi, samedi midi et dimanche. Menu midi 28 €. Menu soir 41 €. Carte à emporter midi.

Un Binôme qui fonctionne à merveille, celui de Mathilde et Rémi. Un Binôme qui ne demande qu'à s'agrandir de votre présence pour savourer une belle cuisine à savourer sur place et, c'est plus original, à emporter. Dans une ambiance détendue, cuisine ouverte sur la salle pour découvrir le travail de Rémi aux fourneaux avant de découvrir celui de Mathilde qui s'occupe des desserts avec le même talent. Un Binôme qui se complète parfaitement pour nous régaler avec une carte courte où les bons produits se marient à leur tour à la perfection, comme cet omble chevalier, petits pois, légumes, sauce grenobloise ou un kouign-amann caramel vanille. Des plaisirs à rapporter aussi à la maison.

BISTROT - BRASSERIE

LE BISTRO DU RHÔNE

13, avenue du Rhône ✆ 04 50 45 53 34
www.bistrodurhone.fr
Ouvert du mardi au samedi le midi ; du mercredi au samedi le soir. Formule midi 26 €. Menus de 40 € à 52 €.

A cette entrée de la ville, un Bistro qui nous emmène sur des terres gourmandes. Salle lumineuse et chaleureuse aux murs ornés de tableaux contemporains où l'on se sent à son aise à deux ou en grandes tablées. Aux commandes depuis plus de 25 ans, gage de qualité, le couple Cavoret a su donner une dimension gastronomique à cette adresse accessible à tous. Accueil et service par Sophie et cuisine de Patrice, un chef qui aime les beaux produits - pâté en croûte maison, viandes et poissons - et les saveurs authentiques. Si la formule du jour s'adapte au marché, le menu carte change avec les quatre saisons. Belle sélection de vins. Tous les plaisirs d'une bonne table.

© EMMANUEL SPASSOFF

© 3C

BISTROT - BRASSERIE

LES 3 CAESARS

2, rue de l'Euro
✆ 04 50 22 35 20
https://restaurant3caesars.fr

Ouvert du mardi au samedi le midi, du jeudi au samedi le soir. Menu du jour (3 plats) 17,90 €. Terrasse.

13 ans que les 3 Caesars nous régalent à toutes les occasions. Facile d'accès et de parking dans l'Actigone, les 3 Caesars règnent sur notre envie de bien manger dans une atmosphère chaleureuse. Et pour l'ambiance, l'accueil souriant et le service efficace, on peut compter sur Muriel et toute sa fidèle équipe. Piano en live le vendredi soir tous les 15 jours. Côté cuisine, du 100 % maison, des plats façon bistrot par le chef Guillaume Henot qui nous régale de bons produits choisis et préparés par un passionné. Jeudi soir, moules-frites à volonté en plus des viandes, poissons ou burgers. Délicieux cocktails au rhum arrangé maison pour prolonger le plaisir d'être aux 3 Caesars.

© EMMANUEL SPASSOFF

© MURIEL BERTHIER

© EMMANUEL SPASSOFF

BISTROT - BRASSERIE

BISTRO SAUVAGE

9, avenue des Iles ✆ 09 78 80 05 82
https://www.bistrosauvage.com
Ouvert du lundi au vendredi de 10h à 14h, du mardi au samedi de 18h30 à 23h30. Formules 15 € à 25 €. Terrasse.

Ce qu'il faut à l'écart de l'agitation du centre-ville, prendre le temps de bien vivre et de bien manger au Bistro Sauvage. Sauvage ici n'évoque pas la jungle, mais la nature dont l'homme s'est éloigné. Dans cette cantine de quartier hautement sympathique avec sa terrasse et sa salle sans chichi, accueil adorable d'Aurore et cuisine vivante d'Olivier. Le Bistro Sauvage, c'est un lieu de vie où l'on se sent tellement bien du matin au café aux assiettes de « Plartages » en soirée. Cuisine du cœur à base de produits de qualité et de saison, fournisseurs locaux et recettes savoureuses, comme ce délicieux pulled pork. Vins, bières, cocktails et softs dans le même esprit. Adresse réconfortante.

BISTROT - BRASSERIE

BISTROT DU PAQUIER

11, rue du Paquier
✆ 04 80 97 41 97
www.bistrotdupaquier.com
Ouvert tous les jours le midi et le soir. Formule midi.

L'emplacement est idéal à cette entrée de la ville depuis le Paquier. Terrasse charmante sur les pavés d'une rue où l'on peut s'abriter sous les arcades ou dans une salle chaleureuse. Mais comme à Annecy, le soleil est souvent de la partie... Un Bistrot (ou bistro, on ne sait comment l'écrire) de tradition où un Maître Restaurateur prépare au quotidien une cuisine artisanale composée de bons produits de saison. L'ardoise du jour offre un excellent rapport qualité-prix pour faire une pause gourmande. Un Bistrot ouvert tous les jours et tous les soirs, c'est rare, où l'on peut encore savourer une bonne côte de bœuf un dimanche en soirée... Bonnes quilles pour accompagner.

NEW

BISTROT - BRASSERIE

BLOOMER

14, rue Sommeiller ✆ 04 57 41 41 89
www.bloomer-annecy.com
Ouvert du lundi au vendredi de 9h30 à 23h. Service midi et soir. Plat du jour 15 €. Carte 30 € environ.

Hello Bloomer ! Ce nouveau bistrot à Annecy a réussi à nous séduire : intérieur simple et chaleureux, carte qui varie selon les saisons, à base de bons produits et bien exécutés. Pas de doute, on se sent bien chez Bloomer. La carte du soir, sous forme de tapas à partager, nous plonge dans un profond état de gourmandise à partager, tandis que la carte du midi permet de se faire plaisir à plus petit prix. Le soin apporté à la préparation des plats se voit dans la qualité et la présentation de ceux-ci : churros au parmesan, choux de Bruxelles aux noix et au lard ou encore potimarron rôti, parmesan et graines de courge. Le plus difficile, c'est de faire son choix !

BISTROT - BRASSERIE

BRASSERIE DES EUROPÉENS

Place de l'Hôtel-de-Ville ✆ 04 50 45 00 81
www.brasserie-des-europeens.com
Ouvert tous les jours midi et soir. Quotidienne à l'ardoise 29,50 € (plat 16,50 €). Menu 42,90 €. Terrasse.

Depuis plus de 30 ans, c'est la brasserie qui tend les bras à tous les visiteurs en provenance des bords du lac. C'est la brasserie qui affiche le niveau des prix les plus élevés d'Annecy... Et cette année ne déroge pas avec une augmentation conséquente, valable dans la plupart des restaurants d'une ville où il devient compliqué, voire impossible, de déjeuner à des prix abordables. Mais ne tirons pas sur la BDE, même si le service n'est pas toujours au niveau du standing voulu par cette brasserie haut de gamme. C'est l'un des rares endroits aux portes de la vieille ville où l'on peut manger des huîtres et des fruits de mer, plutôt qu'au Café de Paris, nom d'une sauce qui ne fait plus rêver.

BISTROT - BRASSERIE

BRASSERIE DU PARC

12, rue Centrale ✆ 04 50 23 53 85
www.brasserieduparcannecy.fr
Ouvert du lundi au samedi midi et soir. Brasserie ouverte 7j/7. Formule midi. Pizzas le soir.

À deux pas de la plage d'Albigny, une brasserie qui ouvre à de très larges horaires, proposant également un côté pizzeria en soirée au même niveau de qualité. La petite terrasse ombragée ou ensoleillée au choix est très prisée en été. C'est bien simple, toute la journée et en soirée, ça ne désemplit pas. Une carte de brasserie avec un plat du jour pour se restaurer dans un cadre sympathique. A l'ardoise, une salade Savoyarde, un Tartare de bœuf, un Fish and chips maison, un Burger ou une tartine végétarienne. Bien réserver le midi, car c'est l'heure du rush au déjeuner. Planches apéritives à partager côté brasserie. Une adresse victime de sa fréquentation, notamment en été.

BISTROT - BRASSERIE

BRASSERIE IRMA

Avenue du Petit Port ✆ 04 50 27 62 05
www.brasseries-bocuse.com
Ouvert tous les jours le midi et le soir. Ouvert non stop de 12h à 0h30. Formule : 29,70 € (3 plats).

Cette Irma-là n'est pas voyante, mais rend hommage à la mère du plus illustre des cuisiniers français, Monsieur Paul Bocuse, et elle est originaire d'Annecy. Une brasserie du groupe Bocuse qui nous invite sur les bords du lac. Terrasse pour boire des cocktails avec vue, salle contemporaine du meilleur goût aux touches bleutées pour savourer une cuisine de tradition parfaitement réalisée par le chef Aupetit qui met en avant les produits locaux, notamment les poissons de lac avec un filet de perche poêlé Belle Meunière ou une Quenelle de féra sauce homardine. Incontournables Gaufres Grand-Mère et tartes maison pour une parenthèse gourmande en plein après-midi. Brasserie gourmande.

L'AUTHENTIC

3, rue de l'Ile ✆ 06 32 65 42 35
www.lauthentic-annecy.fr

Ouvert tous les jours vacances d'été. Reste de l'année, fermé mercredi. Suggestions du jour 19 € et 23 €.

Un Authentic a qui le Futé remet une Toque. Un Authentic toujours au top avec toute une équipe animée par Laurent et Élodie qui nous réservent le meilleur accueil dans une ambiance joyeuse et décontractée pour profiter de chaque instant passé à table. Décor superbe, notamment dans la véranda avec vue sur le canal, pour savourer une excellente cuisine maison. Planche de l'Épicurien à partager pour commencer, plat du jour avec des viandes françaises et des producteurs locaux affichés, salades gourmandes, foie gras maison, spécialités savoyardes aux fromages affinés, nougat glacé maison pour terminer. Vins de propriétaire et bière artisanale Be Here en exclusivité. Authentiquement Futé.

BISTROT - BRASSERIE

L'ESTAMINET

8, rue Sainte-Claire
✆ 04 50 45 88 83
www.lestaminet-annecy.fr
Ouvert du mardi au samedi midi et soir et le dimanche midi. Plat du jour : 13,50 €. Suggestion week-end : 15,90 €.

© LESTAMINET

© LESTAMINET

Des estaminets du Nord, celui d'Annecy a pris toute la chaleur humaine, des salles pleines de convivialité, des bières (même des cocktails à la bière !) et quelques bonnes recettes avec des déclinaisons de moules-frites, une carbonnade flamande ou un waterzooï. Mais cet authentique Estaminet installé en plein cœur de la vieille ville aime surtout le terroir local et le chef Denis propose de délicieuses spécialités réalisées avec de bons produits : incontournable Panné Savoyard, l'Esta Burger Savoyard avec son reblochon fondu, les diots gratinés à la raclette, un filet de féra fumé maison (en hiver), jusqu'à la Tarte fine aux myrtilles maison. Association unique parfaitement réussie !

BISTROT - BRASSERIE

LA BRASSERIE SAINT-MAURICE

9, rue du Collège-Chapuisien ✆ 04 50 51 24 49
www.stmau.com
Ouvert tous les jours midi et soir. Formule du midi 18,90 € (16,90 €/2 plats). Menu 33 €.

56 ans que le Saint-Mau nous reçoit dans cette maison avec terrasse aux portes de la vieille ville. Une brasserie qui poursuit son histoire gourmande de la plus belle des manières en nous proposant tous les jours une cuisine mêlant tradition et créativité du chef. Qualité de la cuisine du chef Guillaume Roignant réalisée à partir de produits frais et de saison. A la carte, des salades repas, dont une Caesar façon Saint-Mau, un magret de canard rôti, le burger Saint-Mau, un poisson du jour ou des spécialités savoyardes. Carte des vins et cocktails. Belle et bonne brasserie.

BISTROT - BRASSERIE

THE CRAIC

1, place Marie Curie
✆ 04 50 33 54 59
Ouvert tous les jours le midi et le soir. Carte 28 € environ.

The Craic, c'est un refuge gourmand en pleine ville, un mode de vie autant qu'un restaurant. Pas de spécialité régionale ou d'assiette façon brasserie dans cet établissement coloré à la cuisine réfléchie. Idéalement situé entre le centre Courier et la gare SNCF, The Craic est un lieu de vie où l'on prend plaisir à se retrouver entre amis autour d'un verre et d'un plat proposé sur une carte vertueuse : circuit court, produits de saison, cuisine maison. Une cuisine qui répond aux attentes gourmandes locavores et healthy, mais qui sait aussi satisfaire une envie de burger avec des viandes de qualité. Carte des boissons de l'apéro au cocktail en passant par les bières et les vins.

BISTROT - BRASSERIE

BRASSERIE L'ABBAYE

4, rue du Pâquier ✆ 04 50 45 12 88
www.abbaye-annecy.com
Ouvert tous les jours de 12h à 23h. Formule midi 17,50 € (3 plats), 14 € (2 plats).

Au jeu des terrasses en zone piétonne, celle de l'Abbaye se place dans le peloton de tête. Salles chaleureuses et comptoir magnifique pour boire, entre autres, une Leffe. Une Abbaye dont la qualité de service - et ce n'est pas évident tous les jours avec la foule de touristes - se maintient, tout comme la cuisine reste à des prix qui n'avaient pas augmenté lors de notre visite, bravo ! Carte classique de brasserie en version continu entre moules poulettes, tartare de bœuf charolais au couteau, burger savoyard, tartiflette et plats végétariens. Planches à partager à l'apéro accompagnées d'une bonne Leffe, Kwak, Camden ou d'un verre de vin. Animations régulières dans cette Abbaye conviviale.

BISTROT - BRASSERIE

CAFE BICHETTE

9, rue Perrière ✆ 07 83 31 47 92
www.cafebichette.fr

Haute saison, tous les jours de 8h à 22h. Bowls 18,90 €. Tartines à partir de 14,50 €. Burgers à partir de 19,90 €.

Mieux qu'un concept : le Café Bichette ! C'est un lieu pour bien manger des plats maison parfaitement réalisés avec les produits des meilleurs producteurs - bio si possible - et artisans. Excellent feeling et excellente cuisine réalisée par un passionné du barbecue, multiple champion de France, qui met sa science de la cuisson au service des viandes et des poissons. Découverte de nouvelles saveurs dans de merveilleux burgers maison, un exceptionnel thon mi-cuit à la thaïe ou une spécialité de chez nous, comme ce demi-reblochon pané. Sans oublier les tartines gourmandes et les bowls à composer. Frites maison et vin maison également avec la Cuvée des Poulettes ! Coup de cœur pour Bichette.

© GUILLAUME DESMURS

© ALEXIABEUGNON

BISTROT - BRASSERIE

CAFÉ BRUNET

18, place Gabriel-Fauré
✆ 04 50 27 65 65
www.cafebrunet.com

Maître Restaurateur. Ouvert du mardi au samedi le midi et le soir. Menus de 33 € à 45 €.

Toute l'équipe du Café Brunet vous fait partager la plus belle des histoires. Une histoire de café-restaurant qui a commencé en 1875 dans une superbe maison de pays datant du XIVe siècle. Une histoire qui a pris un nouveau départ grâce à Laurent Petit et ses cafés culinaires, mis en lumière par Mathieu Fortin. Une histoire qui nous enchante en salle comme sur la superbe terrasse ombragée sous les marronniers centenaires. Une histoire qui émerveille nos papilles avec la cuisine canaille d'un chef qui sublime les produits de saison. Plats de partage avec des pièces entières à partager en toute convivialité, cocotte de légumes. Magnifique carte des vins. Une histoire à dévorer !

© GUILLAUME DESMURS

© ALEXIABEUGNON

© GUILLAUME DESMURS

BAR - CAFÉ

LES PALETTES

9, rue Royale
✆ 04 50 27 77 17
www.lespalettes.fr
Ouvert du mardi au samedi de 10h à 19h.

12 ans que Les Palettes font avancer une certaine idée du commerce. C'est là que les Annéciens ont découvert l'idée du concept store, ces boutiques qui ne se contentent pas d'une seule activité, mais qui multiplient les propositions. Avec le temps, Les Palettes ont évolué et Aurore Amenna consacre davantage ses espaces aux vêtements et accessoires qu'à l'activité salon de thé. Et c'est pour ça que la municipalité a voulu fermer sa terrasse… Non mais ! Pourquoi se priver de prendre un bon café dans le square de l'Évêché avant/après avoir fait un tour dans la boutique ? Heureusement, la terrasse sera toujours présente cette année et nous aussi pour boire un thé aux Palettes.

NEW

FOOD COURT

LA FILATERIE

16, rue Filaterie
https://lafilaterie.fr
Ouvert tous les jours le midi et le soir. Selon corners.

Annecy, une des capitales françaises de la food, a enfin son « food court ». Alors, qu'est-ce que c'est qu'un food court ? C'est un lieu qui rassemble plusieurs « corners » (anglicisme pour dire « comptoirs ») où l'on peut se ravitailler. En enfilade dans cette belle « traboule » (nos amis lyonnais apprécieront) annécienne qui démarre sous les arcades, chacun choisira selon son envie gourmande du moment entre des planches de charcuterie et de fromages, des fondues savoyardes, des poutines de l'espace, des ribs, une côte de bœuf du futur, des burgers aux différents fromages… Bar et bar plus clandestin, mais encore, et c'est original, un Comedy Club pour des shows de stand-up. Fun and tasty !

FROMAGES

LE SALON FRANÇAIS

26, rue Royale
✆ 04 56 72 62 73
www.lesalonfrancais.fr
Ouvert du mardi au samedi le soir. Planche du Salon 29 €.

Un bar à vin du meilleur goût, un lieu de vie et de partage pour savourer les bons produits de nos artisans et succomber aux plaisirs gourmands. Ambiance cosy pour repas réussis autour de bons verres de vin et des produits de qualité dans des assiettes à partager. Confort de sièges moelleux, le Salon Français est un bar à vin proposant de nombreux vins au verre. En accord avec les vins, des produits savoureux, des fromages affinés sélectionnés avec soin, un brie à la truffe maison, des pâtisseries de Patrick Agnelet, mais encore de délicieuses charcuteries… La Planche du Salon fait partie des incontournables. Un Salon que l'on peut également privatiser pour fêter un événement.

BISTROT - BRASSERIE

MIDGET

4, quai Madame de Warens
✆ 04 50 32 79 25
www.midget.fr
Ouvert jeudi et vendredi 14h-23h, du samedi au lundi 10h-15h et 18h30-23h. Plat du jour 14 à 17 €. Terrasse. Cave à vin.

© NICOLAS VILLION

© LRP

Coup de cœur confirmé pour le Midget, tout petit établissement trop mignon, trop gourmand, installé sur un quai charmant. Embarquement immédiat à bord de cette « cave à manger » pour partager la passion de Carine et Benjamin pour les bonnes choses. A de larges horaires, le Midget nous propose de belles émotions gustatives en associant bien boire et bien manger, le tout à savourer entre copines et copains en toute amitié. En terrasse, en salle, au comptoir, découverte d'une merveilleuse sélection de vins naturels et de bières artisanales, 600 références au total !, et d'assiettes composées de produits locaux pour se faire plaisir. Convivialité et gourmandise, le bonheur est chez Midget.

CRÊPERIE

LE CHALET À CRÊPES

1, rue Vaugelas
✆ 04 50 51 69 18
Ouvert du mardi au samedi.

© VALÉRIE PETROD

© VALÉRIE PETROD

Annecy dans tout ce que notre ville a de meilleur ! À commencer par la gentillesse, la bienveillance de l'excellent Patrick Salon qui porte bien son nom, puisqu'il tient un véritable « salon de crêperie » dans sa petite échoppe ouverte sur rue. Chaleur de l'accueil et conseils avisés, toujours avec une pointe d'humour bien placée, pour choisir sur la carte des crêpes, toutes plus délicieuses les unes que les autres (c'est pas grave, faut juste revenir souvent !). Qualité des ingrédients (pâte à crêpe moelleuse à tomber, caramel au beurre salé maison, différents types de pâtes à tartiner) et savoir-faire remarquable. Authentique chocolat chaud ou jus de fruits pressé pour d'autres plaisirs.

CRÊPERIE

BLEU DE TOI

2, place Saint-François-de-Sales ✆ 04 50 45 47 98
www.creperie-annecy.com
Ouvert du mercredi au dimanche (haute saison ouvert le mardi). Galette du jour.

La vieille ville abrite aussi ses adresses recommandées. Vous ne serez jamais déçu en faisant une pause gourmande chez Bleu de Toi. Ça commence par le sourire de l'accueil, la beauté d'une terrasse ouverte sur la place et l'efficacité d'un service aimable. Et ça continue par la qualité de la galette de sarrasin bien composée, des classiques à la Figueras, notre chouchou maison, au fromage de chèvre, aux figues et au jambon cru. Autres spécialités maison avec les crêpes flambées, dont une Bleu de Toi au Grand-Marnier ou une Rainette flambée au calvados. Cidre breton en accompagnement. La maison fait aussi salon de thé, à fréquenter toujours avec la même gourmandise.

CRÊPERIE

LA BOLÉE

41, rue Carnot ✆ 04 50 45 51 95
www.la-bolee.fr
Ouvert toute l'année. Du mardi au samedi de 12h à 22h30. Service continu. Réservation recommandée.

Des ingrédients frais et de saison, c'est tout ce que veulent les gourmands dans leur crêpe. Pas évident de faire une pause sereine rue Carnot où les adresses s'enchainent. Dans une séance shopping ou en balade en ville, pause gourmande à La Bolée, enseigne créée il y a plus de 40 ans. Cidre breton en bolée pour accompagner un large choix de galettes bretonnes de blé noir ou de crêpes au froment, version sucrées et sans gluten, le tout bien garni de produits de fournisseurs de qualité. Au 44 de la même rue, une autre belle terrasse signée La Bolée version glacier. Des glaces artisanales maison réalisées à partir de produits de qualité avec des saveurs originales. Une valeur sûre.

CRÊPERIE

LE TANOUE

3, rue de la Paix
✆ 09 81 88 83 50
Ouvert du lundi au vendredi 9h-18h, samedi 9h-19h. Service continu. Menu du jour : 22 €. Terrasse. À emporter.

On danse la gavotte en allant chez Le Tanoué. Une adresse bien installée dans le secteur piéton proche du centre Courier, mais aussi désormais ouverte aux Nouvelles Galeries 7j/7 avec brunch. Bienvenue en terre bretonne où les galettes et les crêpes sont réalisées avec des ingrédients de qualité : fromages, œufs, charcuterie, légumes, saumon ou les confitures de la maison Mary. Le menu du jour fait partie de nos « best of », mais c'est toute la carte qui nous enchante avec des compositions toutes plus délicieuses les unes que les autres. Petit déjeuner et brunch pour bien commencer la journée. Sélection de cidres et de bières. Le Tanoué, l'adresse qui réinvente la crêperie.

SAVOIE

LE 7 BISTROT PERRIÈRE

7, rue Perrière ✆ 04 50 45 79 90
https://le7bistrotperriere.com
Ouvert tous les jours le midi et le soir. Service en continu le week-end. Planche Savoyarde 22,50 €.

Quand on déambule dans la vieille ville, c'est pour être transporté dans le passé. Mais pas n'importe quel passé... Nous, on veut des vieilles pierres sous les arcades et des restaurants d'aujourd'hui avec de bons produits. Souvenez-vous qu'il y a quelques années, personne hormis les touristes n'allait manger rue Perrière. Aujourd'hui, ce n'est plus le cas grâce à des restaurateurs bien inspirés. Mais du passé, il reste quelques vestiges dont le 7 Bistrot Perrière qui ne fait pas grand-chose pour améliorer la qualité de ses plats et de son service. Et comme ça fait plus de 20 ans que ça fonctionne ainsi, il faut encore vous avertir qu'il y a bien mieux tout à côté !

SAVOIE

LA BASTILLE

3, quai des Vieilles Prisons
✆ 04 50 45 09 37
http://labastille-annecy.com
Ouvert tous les jours midi et soir. Formule des Aravis 24,90 €.

Rien de plus simple que d'attraper dans ses filets les touristes quand ce « restaurant » offre l'une des plus belles vues sur le Palais de l'Isle. Mais si l'extérieur ressemble à une carte postale du meilleur goût, le reste ressemble plutôt à un cauchemar culinaire. On sait bien que les produits de qualité sont chers, mais on ne savait pas que les produits de mauvaise qualité - à commencer par le « fromage » qui compose les fondues de la Bastille - servis dans les assiettes pouvaient coûter aussi cher... A la Bastille, les assiettes ne sont pas à la fête, le service reste approximatif et le lieu mériterait une bonne cure de jouvence pour que l'on s'y sente à son aise. A éviter.

SAVOIE

LA SALLE DES GARDES

Quai des Vieilles-Prisons
✆ 04 50 51 52 00
https://lasalledesgardes.fr
Ouvert tous les jours midi et soir. Plateau des Alpages 28 €.

Gardien de la meilleure des traditions, celle du bien manger. Et c'est encore plus important dans ce lieu d'exception, puisque la Salle des Gardes – dont les murs du XIIe siècle abritaient au Moyen Âge les repas des gardiens des anciennes prisons – offre l'un des plus beaux spots (influenceurs à vos smartphones !) de la ville face au Palais de l'Isle. Terrasse de rêve, salle chaleureuse à l'image du service et cuisine de belle tradition avec de savoureuses spécialités de nos montagnes : incontournable plateau des Alpages, tartiflette maison, gratin de crozets au sarrasin, fondues et raclettes. Profiteroles et tiramisu maison. Vins de Savoie au verre. Tout pour plaire et nous régaler.

SAVOIE

CHEZ MAMIE LISE

11, rue Grenette
✆ 04 50 45 41 18
www.mamie-lise.com
Ouvert tous les jours midi et soir. Plat du jour 19 €. Menu du jour 32,90 € (midi en semaine). Suggestions.

© VALÉRIE PETROD

© CHEZMAMIELISE

Cette Mamie Lise nous raconte une histoire gourmande comme on les adore ! Une histoire faite de terroir, de bons produits d'ici, mais aussi de gentillesse, de générosité, le tout dans un cadre absolument magique. Dans la vieille ville, une belle maison savoyarde toute de bois vêtue comme un refuge d'alpage chaleureux et réconfortant. Le regard émerveillé découvre les nombreux détails du décor et découvre la carte gourmande. Excellents produits de pays : plats du jour selon les produits du marché de saison, salades et plats à partager, filet de féra de Savoie au beurre blanc, viandes du boucher, tartares, sans oublier les spécialités fromagères. De vrais plaisirs à partager.

SAVOIE

LE LILAS ROSE

Passage de l'Evêché
✆ 04 50 45 37 08
Ouvert tous les jours le midi et le soir. Plat du jour 10,50 €. Menu 22,20 €.

© M. LILAS

© M. LILAS

Dans un décor de carte postale, le long du canal du Thiou, Martin et Céline continuent d'écrire la belle histoire du Lilas Rose. Une maison de tradition où l'on est toujours reçu avec le sourire. Terrasse au cœur de la vieille ville et salle chaleureuse avec feu de cheminée l'hiver pour savourer une cuisine maison réalisée à partir de bons produits. Comme ce mélange de fromages pour des fondues, spécialité maison, approuvé par tous les gourmands. Autres spécialités : la raclette à l'ancienne, des filets de perche et l'incontournable pierre à feu. Faisselle au miel de Haute-Savoie et délicieuse tarte aux myrtilles au dessert. Vins de petits propriétaires de la région. Pour rosir de plaisir.

CRÊPERIE

TI MAD

21, rue Royale
✆ 04 50 11 60 52
Gluten-free friendly. Ouvert du mardi au samedi midi et soir. Enfant 13 €. Formule midi 16 €.

© EMMANUEL SPASSOFF

© EMMANUEL SPASSOFF

Comment dit-on « crêperie bretonne » à Annecy ? On dit tout simplement « Ti Mad ». Destination la Bretagne gourmande, guidé par Laurent et Virginie aux commandes de cette belle maison mêlant la meilleure tradition bretonne et les saveurs d'aujourd'hui. Dans une salle à l'ambiance chaleureuse, accueil adorable, service parfait pour savourer d'authentiques galettes de blé noir et crêpes - à base d'une farine bio bretonne - garnies de bons produits. Délicieuses Saint-Jacques, galette du moment, incontournable caramel au beurre salé maison (vendu aussi en pot à déguster à la maison...) ou un far breton pour varier les plaisirs. Cidres bio et artisanaux. Maison naturellement gourmande.

SAVOIE

LE FRETI

12, rue Sainte-Claire
✆ 04 50 51 29 52
https://www.lefreti-annecy.fr/
Ouvert 7j/7 le soir. Du mercredi au lundi à midi. Fondues 19,10 € à 24,60 €. Brisgotte 27,50 €. Réservation recommandée.

On affréterait des avions, des bateaux pour venir jusqu'au Fréti et frétiller de plaisir ! S'il ne fallait recommander qu'une adresse pour manger une authentique spécialité fromagère de nos montagnes, ce serait bien sûr le Fréti. Ici, tout est bon. Accueil et service excellents d'une équipe réunie autour d'un passionné des bons produits, Hervé Collomb à la cuisine, qui met à l'honneur les bons produits du terroir savoyard. Du saucisson sec artisanal au bacon fumé artisanal, les charcuteries accompagnent à merveille les raclettes avec fromage à volonté. 16 fondues pour se faire vraiment plaisir et l'incontournable Brisgotte (en saison), spécialité maison. Le meilleur de la tradition.

© CPLUS-COMMUNICATION

© CPLUS-COMMUNICATION

PROVENCE

L'OLIVIER

10, rue Vaugelas
✆ 04 50 51 23 00
www.restaurantlolivier.com

Ouvert du mardi au samedi midi et soir (23h vendredi et samedi). Plat de midi du chef 11 €. Menu junior 12 €.

Un havre de paix et de gourmandise à deux pas de l'agitation de la rue la plus passante d'Annecy. Dans ce petit paradis qu'est la cour de Pré Carré, L'Olivier profite d'un cadre magique avec sa terrasse ombragée et sa salle chaleureuse. Chaleur et efficacité du service avec Léa et Barbara qui nous proposent la cuisine d'un autre duo de passionnés : Olivier et Stéphane. Des plats savoureux avec une Strate de chèvre au saumon aux légumes provençaux, superbes tartares de boeuf, viandes excellentes, noix de saint-jacques en persillade, grandes assiettes gourmandes. Baba au rhum, tiramisu du moment et vins dans le même esprit du Sud. Carte de fidélité pour se faire plaisir tous les jours.

© CPLUS-COMMUNICATION

© CPLUS-COMMUNICATION

© CPLUS-COMMUNICATION

LES MEILLEURES TERRASSES

Dans une ville où les intérieurs, surtout dans le vieil Annecy, ne sont pas bien grands, les terrasses sont essentielles pour nos bars et restaurants s'ils veulent accueillir le flot de visiteurs dans les meilleures conditions. Et puis, Annecy sans terrasse, ce serait un peu comme Venise sans gondole. Les terrasses, un sujet qui fâche et revient régulièrement dans l'actualité locale avec des habitants dérangés par les nuisances sonores et divers excès. Alors, pour continuer à profiter d'un repas avec vue sur un environnement exceptionnel, faisons moins de bruit et veillons à respecter le voisinage !

➤ **Abbaye de Talloires (Talloires).** La baie est un petit paradis ouvert sur le lac et les montagnes. Un paysage de rêve dont il faut profiter à la terrasse de l'Abbaye de Talloires.

➤ **Auberge du Lac (Veyrier-du-Lac).** Un ponton privé pour venir en bateau et profiter d'un cadre exceptionnel au bord de lac. Terrasse au fil de l'eau.

➤ **L'Auberge de Savoie (Annecy).** Le spot parfait pour profiter de la beauté de la vieille ville d'Annecy. Terrasse élégante face au Thiou et au Palais de l'Ile pour savourer une cuisine à la hauteur du décor.

➤ **Beau Site (Talloires).** Terrasse chic, presque les pieds dans l'eau, pour cet hôtel de charme et son restaurant gastronomique qui nous proposent la plage à la montagne.

➤ **Le Café des Arts (Annecy).** Au cœur de la carte postale qu'est le vieil Annecy, un Café des Arts et sa terrasse qui font partie du patrimoine local.

➤ **Le Clocher (Annecy).** Un cadre unique, celui d'une belle bâtisse dont les murs ont plus de 4 siècles, une terrasse sur les hauteurs d'Annecy-le-Vieux. Un air de guinguette à l'ombre des arbres

➤ **La Coupole (Annecy).** Sans doute la plus « locale » de cette sélection. Une terrasse urbaine au charme balnéaire faisant le lien entre la vieille ville et la ville commerçante, visiteurs et locaux, hier et aujourd'hui.

➤ **Ingall's (Annecy).** Une terrasse cachée dont Annecy à le secret. Un Jardin d'hiver pour une terrasse toute saison, véritable havre de paix et de sérénité au cœur de la ville.

➤ **Ricochet (Annecy).** Dans le cadre du Rivage Hôtel & Spa, Le Ricochet offre une magnifique terrasse ombragée face au lac. Dolce vita annécienne.

➤ **Les Terrasses du lac (Annecy).** Sur les premières hauteurs en direction du Semnoz, la plus belle terrasse pour profiter d'une vue panoramique plongeante sur le lac d'Annecy et les montagnes environnantes.

➤ **La Voile (Annecy).** Elégante terrasse en léger surplomb avec vue sur le lac et les jardins de l'Impérial Palace. L'impression d'être sur le pont d'un majestueux bateau.

© DR

© DR

© DR

ITALIEN ET PIZZERIA

LE NAPOLI

8, rue du Pâquier (2e étage)
✆ 04 50 51 76 06
www.restaurantlenapoli.com
Ouvert tous les jours sauf le dimanche midi et soir. Pizzas à partir de 11 €. Terrasse.

© MÉLANIE FOLLIET

© MÉLANIE FOLLIET

Si Naples est la capitale de la pizza en Italie, le Napoli est l'ambassadeur des pizzas à Annecy ! Une institution locale en place depuis près de 50 ans. Cuisine maison réalisée par des passionnés qui sélectionnent les meilleurs produits pour nous emmener dans un voyage culinaire de l'autre côté des Alpes. Installation sur l'agréable terrasse de la rue piétonne près du lac ou dans une salle à l'étage pour savourer les fameuses pizzas maison aux ingrédients frais et de qualité, mais encore des pâtes, de belles salades repas, un burger savoyard ou une escalope de veau milanaise. Tarte et gâteau maison, glaces pour terminer en douceur. Accueil et service adorables. Escale gourmande au Napoli.

ITALIEN ET PIZZERIA

L'ATELIER PIZZA

212, rue de la République - **FAVERGES-SEYTHENEX**
✆ 04 20 98 01 22 - www.latelierpizzafaverges.fr
Ouvert du lundi au samedi midi et soir, dimanche soir. Formule midi semaine 15 €. Sur place et à emporter.

En famille ou en amoureux, en balade autour du lac ou lors d'un séjour aux Sources du Lac, découvrez une véritable ambassade gourmande de l'Italie à Faverges. Changement de propriétaire avec Damien Novel, natif de Faverges, et sa compagne Maivys. Passionné par l'Italie, le chef Damien nous emmène de l'autre côté des Alpes avec des pizzas et plats traditionnels - délicieuse escalope de veau *all'amore* - préparés à partir de produits italiens. Excellentes pizzas réalisées avec de la farine italienne, de l'huile d'olive extra vierge, du sel, de la bonne eau de Faverges et du temps - pâte travaillée 48h. Irrésistibles desserts maison. Ambiance chaleureuse, cocktails et vins... italiens bien sûr !

ITALIEN ET PIZZERIA

CASA NOSTRA

2, rue Jean-Mermoz
✆ 04 50 66 23 82
Ouvert du lundi au samedi le midi et le soir. Carte : 40 € environ. Suggestions à partir de 14 €.

La dolce vita des bords du lac d'Annecy prend une dimension gourmande chez Casa Nostra. Une adresse aux couleurs et aux saveurs de l'Italie où le chef Silvio nous régale de ses plats signatures, comme ces pâtes au homard (sur commande). Egalement les pizzas maison, de la classique Margherita aux créations du pizzaiolo. Côté plats, à partager sur la terrasse de cette belle villa, les suggestions du jour permettent de varier les plaisirs avec des recettes réalisées à partir d'authentiques produits italiens. On peut craquer pour les raviolis ricotta, épinard, gorgonzola et champignons faits à la main ou l'entrecôte Don Corleone. Belle carte des vins, notamment siciliens.

ITALIEN ET PIZZERIA

LES QUATRE GOURMETS

16, rue Jean-Mermoz ✆ 04 50 23 70 41
www.les4gourmets.com
Ouvert du lundi au samedi midi et soir. Menu Presto à midi 24 €. Carte 40 € environ. Terrasse.

Quatre Gourmets, une adresse de caractère parmi les meilleures ambassades gourmandes de l'Italie. Deux terrasses magnifiques, deux salles dans le même esprit autour de matières brutes, un air design d'Italie et toute la beauté du site d'Annecy-le-Vieux. Mariage parfait pour mettre en valeur la cuisine d'un chef sublimant les produits en arrivage direct d'Italie. La carte des plats et des boissons nous fait voyager à travers l'Italie, du Piémont à la Calabre. Pâtes, poissons, viandes prennent une autre dimension et les spécialités nous font craquer autour du bar à *cicchetti*, sortes de tapas vénitiennes. Variations de Spritz pour notre plus grand bonheur. Repas privés et service traiteur.

© VALÉRIE PETROD

© VALÉRIE PETROD

ITALIEN ET PIZZERIA

L'OSTERIA

13, rue Royale
www.osteria-annecy.com
Ouvert du mardi au samedi le midi et le soir.
Pas de réservations. Carte 40 € environ.

Voyage culinaire extraordinaire vers l'Italie. A l'Osteria, tout est fait avec beaucoup d'amour et les meilleurs produits. Des produits sélectionnés par des passionnés, David et Agathe, comme ces pâtes fraîches mises en valeur dans de vraies recettes traditionnelles populaires. A la carte, des plats au goût unique à savourer dans une salle magnifique ou sur une terrasse aux airs de dolce vita. Tout commence par des antipasti à partager ou pas, avant de choisir entre les pâtes, comme ces *girasoli al tartufo* inoubliables, et les plats de viande ou de poissons, comme ces délicieux ragù. Tiramisù maison lui aussi exceptionnel. Vins italiens dans le même esprit. Les vraies saveurs de l'Italie.

© VALÉRIE PETROD

© VALÉRIE PETROD

© JIMINYOSTERIA

SAVEURS MÉDITERRANÉENNES

NEW

ITALIEN ET PIZZERIA

MIAMICI DELLE ALPI

Boulevard du Lycée ✆ 04 50 69 16 70
www.mi-amici.com

Trattoria mardi au samedi midi et soir. Comptoir à pâtes du lundi au samedi à midi. Suggestion 16 €. Pâtes à p. de 13 €.

Dans l'écrin rénové des Nouvelles Galeries, une nouveauté de taille qui nous permet de goûter aux plaisirs gourmands de l'Italie. Le chef Francesco De Stephano a mis dans ses valises le meilleur de son pays pour le transposer tel quel au Miamici delle Alpi. Décor mêlant avec bonheur lignes contemporaines, mobilier chaleureux et assiettes colorées. Véritable lieu de vie, ambiance festive en soirée et plaisir de partager des plats authentiques sur deux niveaux. Au rez-de-chaussée, le Comptoir à pâtes fraîches nous régale de nouvelles recettes chaque semaine. A l'étage, la Trattoria nous offre des plats 100 % italiens en accord avec le régime crétois. Bien vivre, bien manger à l'italienne.

ITALIEN ET PIZZERIA

PIZZERIA LA VOGLIA

16, rue de la République
✆ 04 50 11 23 67

Ouvert du mardi au dimanche le midi et le soir. Pizze de 8 € à 18 €. Menu enfant 10 €.

Prendre les escaliers à côté du parking Sainte-Claire et du Thiou pour accéder à cette adresse qui nous amène directement de l'autre côté des Alpes. Un restaurant qui veut (*voglia*) et qui réussit à nous rendre heureux avec d'authentiques pizzas napolitaines cuites dans un four de compétition qui fait autant la différence que : la recette de la pâte, les délicieux ingrédients en provenance directe d'Italie ou le tour de main du pizzaïolo italien. Accueil adorable, petite terrasse et salle pour savourer, unique sur Annecy, les « pizze fritte » comme à Naples. Une spécialité de street-food qu'il faut absolument essayer pour fondre de plaisir. Vins italiens bien entendu. Plaisirs à partager.

ITALIEN ET PIZZERIA

LA ROMANTICA

6, avenue du Rhône ✆ 04 50 45 12 09
www.laromantica-annecy.fr

Ouvert du mardi au samedi le midi et le soir. Pizza à partir de 11 €.

Oubliez un temps les pavés de la vieille ville pour succomber aux charmes de La Romantica. Authentique voyage gourmand dans une pizzeria d'exception où la cuisine est réalisée à partir des meilleurs produits en provenance d'Italie. Pour les *pizze*, pâte maison à base de farine italienne qui lève lentement 50h afin de développer arômes et saveurs, avant une cuisson au feu de bois. Parmi les compositions, coups de cœur pour la Miss Italia, l'Alpen ou la Sweat Sweat Savoy, base crème garnie de pancetta, oignons, Taleggio et fontina. Plaisirs variés avec des lasagnes maison, des pâtes et sauces elles aussi maison. Tiramisù au café ou Limonesù citron. Carte des vins italiens. Une perle gourmande.

LIBANAIS

LE VIEUX CÈDRE

10, rue de la Gare ✆ 09 74 56 22 09
www.levieuxcedre.fr

Ouvert du mardi au samedi, le midi et le soir. Assiette Mezze 21 €. Menus mezzes de 25,50 € à 34,50 €. A emporter.

La cuisine libanaise est un véritable trésor rempli de saveurs qu'il faut partager. À l'entrée de la vieille ville, le Vieux Cèdre vous emmène au Liban dans une ambiance chaleureuse. Déclinaisons de *mezze*, portions de plats chauds et froids, *houmos*, un taboulé venu d'ailleurs, les délicieuses feuilles de vigne farcies, la moussaka qui est servie froide. Côté plats chauds, ne pas manquer les *falafel*, les chaussons à la viande ou au fromage et des grillades de poulet, d'agneau ou les *kafta* de viande hachée. Des plats à savourer sur place dans une ambiance sympathique ou bien à emporter à la maison. Le plaisir reste toujours le même et le voyage culinaire des plus dépaysants.

ITALIEN ET PIZZERIA

LE SAPAUDIA

12, faubourg Sainte Claire
✆ 04 50 45 24 03
www.lesapaudia.fr

Ouvert tous les jours le midi et le soir. Pizzas à partir de 13 €.

Il n'est jamais trop tard pour découvrir le Sapaudia, enseigne italienne installée à Annecy depuis 1977 ! Si vous ne connaissez pas encore le plaisir de manger une délicieuse pizza, parmi les meilleures de la ville - dont une Pierre Gay et une autre imaginée par les clients lors d'une battle ! -, une merveilleuse escalope milanaise selon la tradition, des *mafaldine* à la truffe, au Sapaudia, il est temps de se faire vraiment plaisir... Tiramisù dans la même veine et carte des vins en harmonie. D'autres solutions s'offrent à vous avec la version Trattoria dans la cour du Pré Carré, la version Caffè pour un brunch dominical ou la version Express au Petit Port. *Forza Sapaudia.*

LIBANAIS

CASABLUE

7, avenue de Chavoires ✆ 06 76 80 86 20
https://casablueannecy.com

Fermé de mi-novembre à mi-mars. Horaires selon saison, fermé lundi, mardi. Plat environ 24 €. Menu dégustation 38 €.

Des rivages du Liban à ceux du lac d'Annecy, il n'y a qu'un plat (et un pas aussi...) à franchir savoureusement en découvrant le Casablue. Une escale libanaise qui nous ouvre sa terrasse avec vue et sa salle chaleureuse en compagnie du chef Taleb Daher. Voyage gourmand qui fusionne volontiers les merveilles de la cuisine libanaise et une cuisine française parfaitement réinterprétée par un chef formé à l'Institut Bocuse. Résultat surprenant mêlant des œufs meurette maison, calamars à la provençale, risotto rosso et petits légumes espuma de parmesan, assiette libanaise délicieusement colorée. Accueil adorable et service prévenant. Service traiteur pour tous vos événements privés.

© VALÉRIE PETROD

© EMMANUEL SPASSOFF

ITALIEN ET PIZZERIA

LA STRADA

24, rue de l'Euro
✆ 04 50 22 34 63

Ouvert tous les jours à midi, du jeudi au samedi le soir. Formule midi 20 €. Plat du jour 13 €.

Quel bonheur de prendre la direction tous les jours de la Strada, facile d'accès et de parking ! Toujours animés par la même passion, Tony et Vanessa nous reçoivent à la Strada depuis 14 ans. Sur la terrasse fleurie ou dans une salle chaleureuse, festive en soirée, chacun profite de cette version annécienne de la *dolce vita* italienne. Cuisine maison de qualité, menu du jour de saison, carpaccios, tartares, risotto, escalopes de veau milanaises, lasagnes et aubergines à la parmigiana, sans oublier les pizzas. Autres plaisirs à partager, les filets de perche à volonté jeudi soir et dimanche midi, et les cuisses de grenouilles vendredi soir. Tiramisu et Irish coffee. Bonheur complet.

© VALÉRIE PETROD

© VALÉRIE PETROD

© VALÉRIE PETROD

CHINOIS

BAMBOO

381, route des Rigoles - **ARGONAY**
✆ 04 50 45 98 25
https://bamboodimsum.fr

Ouvert lundi au samedi le soir, lundi au vendredi à midi. Dim sum à partir de 3,90 €. Carte 17 €. Vente à emporter.

Chez Bamboo, tout est fait maison. Une maison où tout est mis en œuvre pour votre bien-être, depuis la salle validée par un maître feng shui jusqu'à la gentillesse du service, et satisfaire votre gourmandise grâce aux fameux dim sum et bao. Toutes les pâtes sont faites maison, colorées avec des ingrédients naturels, garnies de produits frais sélectionnés avec soin, cuisinés sur place et cuits à la vapeur sous vos yeux. Le résultat est sans appel : délicieux ! En salle, en terrasse, à emporter (commande en ligne), une dizaine de recettes de dim sum, des brioches salées et sucrées pour se régaler à chaque bouchée. Enfin, Bamboo est aussi écoresponsable. Bamboo a tout bon !

JAPONAIS

LE KABUKI

9 bis, avenue de Chevesnes
✆ 04 50 51 79 01

Ouvert tous les soirs du lundi au vendredi, samedi midi et soir. Menus de 22 € à 49 €. Réservation conseillée.

© RÉGIS BRUGERE

Spectacle gourmand au pays du Soleil levant. Tous les soirs, depuis plus de 20 ans, le chef japonais Dara Inn vous propose de vous installer autour des fameuses tables chauffantes pour assister à une merveilleuse représentation de Teppan Yaki. Sur les plaques chauffantes grillent des produits de qualité - filets de bœuf, Saint-Jacques, crevettes, poissons, langoustes ou bananes flambées, sans oublier les légumes variés - dans une véritable chorégraphie digne d'un ballet gourmand. C'est impressionnant à regarder et c'est très bon quand les produits cuits arrivent dans nos assiettes comme par magie. Cuisine saine et savoureuse à partager en s'émerveillant à chaque instant.

JAPONAIS

MINAMI

19, faubourg Sainte-Claire
✆ 04 50 45 75 42

Ouvert du mardi au samedi midi et soir. Menu Découverte 33 €. Menu Kamonabe 37 €.

Une adresse que l'on pourrait basculer sans hésiter dans notre rubrique gastronomique tellement la cuisine traditionnelle du chef japonais Yasuki Oshima compte parmi les meilleures de la ville. Au Minami, accueil adorable de Juliette qui nous fait découvrir la culture japonaise et une autre façon de manger dont le menu Découverte offre une excellente porte d'entrée. Un vrai dépaysement et un vrai enchantement de tous les sens. Surprises gustatives à chaque bouchée, saveurs venues d'ailleurs avec des plats de tradition et de saison comme cette crêpe japonaise aux fruits de mer ou aux tendons de bœuf, une anguille caramélisée ou un assortiment de sashimis au retour du marché. Top adresse.

JAPONAIS

YATTA ! RAMEN

19, rue de Sansy ✆ 04 56 34 98 28
www.yatta-ramen.com

Ouvert du lundi au vendredi midi et soir. Ramen à partir de 9,90 €. Kaizen 19,90 €.

Le ramen est un plat à base de nouilles très populaire au Japon. Un plat sain, équilibré qui se décline en de nombreuses versions pour répondre à toutes les envies. Un plat « rapide » qu'il faut prendre le temps de savourer. Deux adresses à Annecy (Seynod et Annecy-le-Vieux) pour Yatta ! Ramen qui nous propose un large choix de ramen et domburi (avec un riz bio) qui ont le bon goût d'être composés, si possible, avec d'excellents produits du terroir local, comme ce porc fermier de Haute-Savoie braisé longuement ! Accueil et services sympathiques pour choisir son plat à la carte. Possibilité de manger sur place, à emporter ou en livraison. Se laisser tenter par le Mochi en dessert.

VIETNAMIEN

MAÏ COMPTOIR

36, avenue d'Albigny
✆ 04 50 65 18 36

Ouvert du mardi au samedi midi et soir, dimanche soir en été. Formules 12 à 15 €. Livraison. Vente à emporter.

Après la fermeture de l'adresse du centre-ville, continuez d'aimer Maï en découvrant sa version comptoir installée du côté d'Albigny. Toutes les saveurs de la cuisine vietnamienne traditionnelle avec les plats emblématiques : buns, nems, pho, sao, samoussas ou des plats cuits à la vapeur comme ces raviolis ou ces bao. C'est bon, chaleureux, vivant, parfumé, tout ce que l'on aime dans la cuisine asiatique. Le vrai goût des nems, le fameux pho qui réchauffe en hiver ou la salade bun pleine de fraîcheur. Cuisine savoureuse et équilibrée garantie. Et comme on ne peut pas se passer de Maï, nouveau comptoir aux Halles de Saint-Martin-de-Bellevue. Service traiteur et épicerie.

JOW

Encore une recette qui nous fait de l'œil mais dont il nous manque un ingrédient pour la réaliser. Pour pallier ce problème récurrent de nos foyers, Jow propose à la fois un moteur de recherches à base de ses propres recettes personnalisées par catégories et un panier de courses relié à notre enseigne. Les deux se synchronisent et le tour est joué. Plus aucune excuse pour ne pas cuisiner !

© VALÉRIE PETROD

© VALÉRIE PETROD

JAPONAIS

NEW BAMBOO - UDON CORNER

9 quater, avenue de la République
✆ 04 50 67 21 40
www.bambooudon.fr

Ouvert du lundi au vendredi le midi, du lundi au samedi le soir. Udon 11,90 € à 15,90 €. Sur place, drive, à emporter.

La Bamboo family s'agrandit avec l'ouverture du côté de Cran-Gevrier d'une adresse dédiée aux Udon. Alors, les Udon si vous ne connaissez pas, ce sont des nouilles traditionnelles japonaises que l'on retrouve dans les bouillons ou les salades mariées à d'autres ingrédients de qualité. Et la qualité des produits chez Bamboo, c'est aussi important que la gentillesse du service. C'est vous dire si l'on est bien reçu dans ce « Corner » où l'on peut manger sur place dans une salle chaleureuse, en drive (commande en ligne et récupération de sa commande sur une place de parking réservée) ou à emporter. 7 recettes de Udon, dont une végétarienne, pour se régaler. Bamboo, à tous les coups on aime !

© VALÉRIE PETROD

© VALÉRIE PETROD

© VALÉRIE PETROD

CAMEROUNAIS

LA TABLE D'ÉBÈNE

4bis, avenue d'Alery
✆ 04 50 05 81 45
Ouvert du mercredi au samedi midi et soir. Plats de 19 € à 26 €.

Pas très loin de la gare, une Table d'Ebène qui nous vers d'autres contrées, fusion des cuisines d'ici et des saveurs africaines. Salle lumineuse derrière les grandes baies vitrées, couleurs chaudes pour découvrir une cuisine « afro-fusion » selon l'inspiration d'une cheffe camerounaise qui nous emmène sur un continent d'une incroyable richesse culinaire. Ne pas hésiter à se faire aider dans le choix de plats aux saveurs méconnues. Les assiettes colorées sont vraiment surprenantes, composées de produits frais sur une carte qui change chaque semaine. Du fait maison où les épices se marient parfaitement aux produits, viandes et poissons mais aussi en version veggie et vegan. Salon de thé.

MEXICAIN

LAC CASA

12, avenue de Chambéry ✆ 04 50 45 14 03
www.lac-casa.com
Ouvert lundi, mardi, jeudi et vendredi le midi, lundi, mardi et du jeudi au samedi le soir. Menu midi 20 €.

Partir loin sans aller trop loin ! Direction le Mexique avec de véritables passionnés : Stéphanie, savoyarde d'origine, et Cuauhtli (que l'on peut appeler Co), d'origine mexicaine. Départ immédiat grâce à la chaleur de l'accueil et des spécialités remarquables. Dans un cadre mexicain coloré qui évite les clichés d'un pays fascinant, les gourmands découvrent la vraie cuisine mexicaine faite 100 % maison à partir de produits de qualité par une cheffe mexicaine. Ne pas manquer le menu servi tous les midis, sur place ou à emporter, renouvelé au rythme des produits de saison. Carte des alcools et cocktails qui mérite toute notre attention. Invitation à la découverte.

DANOIS

SØ KAFFE

34, rue Sommeiller ✆ 04 50 63 09 91
www.so-kaffe.com
Ouvert du mardi au samedi de 9h à 18h, dimanche de 9h à 15h. Lunch 15 €. Brunch 23 €.

L'adresse la plus réconfortante d'Annecy. Douceur et convivialité dès notre entrée dans cette ambassade danoise au cœur de la ville. Ne soyez pas surpris par la carte et quelques termes difficilement prononçables, toute l'équipe du Sø Kaffe est là pour vous guider. Salle et ambiance chaleureuses autour d'une équipe féminine, avec Ingrid et Alix en cuisine, qui nous reçoivent comme à la maison, mais en mieux ! Tout est fait maison à partir d'excellents produits : des Smørrebrød, petits pains de seigle recouverts de produits danois, aux pancakes à retrouver dans un fameux brunch. Enfin, ressentez l'*hygge*, ce sentiment indéfinissable de bien-être à la danoise. Coup de cœur confirmé.

VÉGÉTARIEN

KIA ORA

13, rue de la Gare ✆ 04 50 63 06 77
Ouvert du mardi au samedi le midi. Formule du midi : 19 € (plat et dessert). Plat du jour 15,90 €.

Kia Ora n'est pas une adresse exclusivement végétarienne, puisqu'elle accueille aussi les « mangetout ». Mais l'option VG est privilégiée dans une approche bienveillante. Bienveillance, c'est le mot qui nous vient à l'esprit quand on pense à Kia Ora (en maori : « Portez-vous avec santé »). Un coffee shop et resto tenu par deux femmes charmantes, Clémentine et Marie, qui nous emmènent manger autour du monde. Les destinations sur l'ardoise varient chaque semaine avec deux plats maison composés à partir de produits sélectionnés avec soin. Cuisine créative et savoureuse que l'on peut emporter dans des contenants consignés ou ses propres contenants. Brunch le samedi. Du plaisir pour tout le monde.

MEXICAIN

ADELITA

22, clos Domenjoud - **SÉVRIER** ✆ 04 50 52 63 86
www.adelita.fr
Ouvert tous les soirs, sauf mercredi. Plats à partir de 18 €. Fajitas à partir de 22 €/pers.

Des goûts et des couleurs, de la générosité et de la passion, c'est ça la véritable cuisine mexicaine à retrouver chez Adelita. José s'est inspiré de sa passion pour le Mexique, où il a vécu de nombreuses années, pour nous donner la meilleure version d'une cuisine méconnue. A découvrir avec Lynn et José, des plats à base de produits frais : des tostadas de poulet sauté ou de « Camarones », des queues de crevettes à la plancha sautées à l'ail, sans oublier les fajitas. Incroyable sélection de vins espagnols. Le repas se conclut comme au Mexique, dans la bonne humeur. Une cuisine qui ne triche pas, des produits de qualité pour des prix corrects, un service accueillant : un authentique mexicain.

750 GRAMMES

Recettes, tutos vidéo, conseils… Une application complète pour se mettre facilement derrière les fourneaux, impressionner ses invités ou tout simplement parfaire sa culture culinaire. Il y en a pour tous les goûts et tous les niveaux parmi plus de 80 000 idées. Les vidéos sont courtes, les recettes clairement expliquées et la recherche par ingrédients/thématiques nous fait gagner un temps fou.

BURGER

L'HEURE TOURNE

21, rue Président-Favre
✆ 04 50 45 23 63
www.lheuretourne74.com

Ouvert du mardi au samedi le midi, vendredi et samedi le soir. Carte 20 € environ. Terrasse. A emporter. Livraison.

© LHEURETOURNE

© LHEURETOURNE

Vous tournez en rond le moral en berne sans savoir quoi manger ? Allez tout droit à l'Heure Tourne ! Douze ans qu'Alain et Patrick vous redonnent le moral - bienveillance et réconfort à toute heure - et le goût de bien manger. Les meilleurs burgers de la ville sont préparés par Alain qui est à la fois boulanger, cuisinier et pâtissier. A partir de bons ingrédients des artisans et producteurs locaux - bun d'un artisan boulanger, viandes françaises, fromages par Pierre Gay -, il compose 15 burgers pour toutes les envies. Coup de cœur aussi pour les desserts maison avec une mousse au chocolat et des cookies. Excellent rapport qualité-prix, commande en ligne avec Smile Eat (entreprise locale).

BRUNCH

HAVEN

5, rue Filaterie ✆ 04 50 51 21 48
www.haven-annecy.fr

Restaurant tous les jours 9h-14h. Boissons pâtisseries tous les jours de 8h30 à 16h, dimanche 8h30-14h30. Brunch 27 €.

De Haven à heaven, il n'y a qu'une lettre que le *Futé* s'empresse d'ajouter. Entre le coffee-shop et le restaurant, Haven est une adresse australienne qui s'est vite fondue dans le paysage local avec sa terrasse sous les arcades de la rue Filaterie et une salle chaleureuse qui prend vie entre ses vieux murs rénovés. Convivialité et partage autour des tables pour savourer un brunch à la fois généreux et savoureux avec des plats mêlant recettes australiennes et produits d'ici. A découvrir : les œufs Bénédicte Aussie ou le Brekkie burger. Version sans gluten, sans lactose, végétarienne et végane pour accueillir tout le monde. Pâtisseries maison toute la journée. A réserver.

BURGER

LES BURGERS DE PAPA

11, rue du Président-Favre ✆ 04 56 34 73 48
www.lesburgersdepapa.fr

Ouvert tous les jours midi et soir, sauf dimanche midi. Samedi en continu de 12h à 22h30. Menus à partir de 14,90 €.

On est sans doute des Tanguy toujours à la maison, mais on n'est pas près de quitter notre Papa, le meilleur cuisinier de burgers au monde ! Chez ce Papa-là, on aime tout. À commencer par la convivialité, la bonne humeur et l'envie de partager de bons moments dans son adresse d'Annecy centre-ville. Dans les burgers aux noms rigolos, de bons produits de nos terroirs. Version bœuf pour les carnivores et galette de légumes pour les végétariens. Ça dégouline d'amour et de saveurs. Super frites maison taillées avec amour, bonnes sauces, nuggets, camemboules originaux, crousticlettes qui en jettent, salade César façon Papa, desserts gourmands… Binouze et limonade de Papa.

BURGER

THE ROSTER

42, rue Vaugelas
http://theroster.fr

Ouvert tous les jours midi et soir. Burgers à partir de 9,50 €. Combo à partir de 12 €. Sur place ou à emporter.

Ça roule grave pour The Roster dont les burgers dégoulinent de bonnes choses. 9 adresses dans la région dont 2 à Annecy centre et 2 autres pas loin. Une réussite bien méritée pour cette enseigne qui propose sans aucun doute les meilleurs burgers du secteur (et d'ailleurs, serait-on tentés d'ajouter…). Pas de prise de tête sur une carte ultra-courte, ultra-fraîche pour des burgers ultra-qualitatifs et délicieux. Patriot au bœuf, raclette, lard fumé ; Cheezy au bœuf, cheddar, oignons doux ; Redemption veggie au rösti, poêlée de champignons, cheddar, oignons confits et Lunatic qui change chaque semaine. Le tout accompagné de frites maison et d'un dessert lui aussi maison. Simple et bon.

© VALÉRIE PETROD

© VALÉRIE PETROD

NEW

JIMINY OSTERIA

2, passage Gruffaz ✆ 09 81 85 40 45
www.jiminy-osteria.fr

Ouvert tous les jours de 12h à 23h. Paninis, bruschettas, bowls à partir de 14 €.

C'est notre bonne étoile (les amoureux de Disney et de Pinocchio auront la référence) qui nous a guidés chez Jiminy Osteria. Une terrasse ombragée et une salle joyeusement colorée, animées par une équipe merveilleuse dans une atmosphère conviviale. Une salle aux références italiennes, à l'image d'une cuisine à savourer dès l'*aperitivo*. Cuisine gourmande et savoureuse, avec des paninis au pain pinsa, aérien et croustillant, garnis de bons produits, comme cette recette de ragù de bœuf ou cette version veggie, bowls et bruschettas. Des antipasti au tiramisu maison, c'est un régal. Belle carte de vins italiens et de cocktails italiens. Cafétéria tout l'après-midi, événements festifs en soirée.

© VALÉRIE PETROD

© JIMINYOSTERIA

© VALÉRIE PETROD

AUBERGE DU PELLOUX

41, rue du Centre - VILLY-LE-PELLOUX
✆ 04 50 08 72 62
www.auberge-du-pelloux.com
Restaurant du jeudi au samedi midi et soir. Boutique du mercredi au samedi 8h-19h. Traiteur, livraisons lundi au samedi.

Toutes les raisons sont bonnes pour découvrir L'Auberge du Pelloux. Installé depuis 12 ans entre Annecy et Genève, Florent Maitrepierre partage sa passion et son savoir-faire acquis auprès de grands chefs en nous faisant une triple proposition : restaurant, traiteur et boutique gourmande ! A partir des meilleurs produits locaux de saison, cet artisan du goût réalise des plats mêlant tradition et notes personnelles. Foie gras maison, pâté croûte maison servi avec ses pickles, mignon de veau aux morilles avec son gratin dauphinois. Sur place ou à emporter, en version traiteur jusqu'à 150 personnes, boutique de terroir pour se régaler à la maison... L'auberge gourmande par excellence.

À EMPORTER

AMMA TRAITEUR

13, rue Royale
✆ 07 88 35 90 82
www.amma-traiteur.fr
Ouvert du mardi au samedi de 11h à 19h. Pitas. Plats.

Plutôt que d'aller piocher dans le frigo de maman, va chercher ton bonheur chez Amma (qui veut maman...). Une adresse ouverte sur la cuisine du monde, de la street food de qualité et de savoureux plats traiteur aux saveurs d'ici et d'ailleurs. Beaucoup de bienveillance et de bon goût chez Amma pour découvrir la cuisine d'Amel. Une cuisinière qui prend soin de sélectionner des produits de qualité, dont certains locaux, pour réaliser des plats qui rendent notre quotidien meilleur. Merveilleuses lasagnes, curry vert, plat de saison à emporter, pitas gourmandes de la semaine en version menu à prix très raisonnable (dépêchez-vous d'y goûter !). Une découverte recommandée avec gourmandise.

VÉGÉTARIEN

GRANNY SMITH

4, rue Louis-Revon ✆ 09 50 14 11 67
www.grannysmithandco.com
Ouvert du lundi au vendredi 9h à 21h15, samedi 11h30 à 15h. Formule à partir de 13,50 €. Brunch samedi 22 €.

Depuis 8 ans, Granny Smith porte de belles valeurs en proposant une cuisine 100% végétale, créative et savoureuse tout à la fois, prônant l'anti-gaspi alimentaire et le zéro déchet. Un restaurant qui a changé de mains, avec Maëva aux commandes, mais qui n'a surtout pas changé de philosophie. Ce qui change tous les jours, ce sont les plats inspirés par les produits de saison. Des produits bio en provenance de producteurs locaux cuisinés avec amour pour des assiettes pleines de vitalité. Agréable terrasse, ambiance de haute convivialité, chacun se régale chez Granny Smith. Jus de fruits et légumes frais, smoothies frais maison, sélection de thés des jardins de Gaïa. Le samedi, c'est brunch.

NEW
À EMPORTER

LA CANTINE CLANDESTINE

13, avenue de Loverchy
✆ 04 50 10 61 67
www.lacantineclandestine.com
Ouvert du lundi au samedi de 9h à 17h. Plat du jour 13,50 €. Petit-déjeuner. Brunch 26 €. Goûter.

Pas si clandestine que ça, puisque nous avons pu tester cette cantine réconfortante située aux portes de la vieille ville. Créé par deux amies, Julia et Lola, ce coffee shop/ lieu de vie charmant s'ouvre à de larges horaires pour nous accueillir du petit-déjeuner au goûter en nous proposant des produits de qualité des artisans locaux (pain d'Aristide, yaourt des Frox, tous les deux dans le quartier) et du 100 % fait maison. Chocolat chaud maison pour se réconforter et belle sélection de café. Déjeuner avec un plat du jour de saison et une option végétarienne. Brunch toute la semaine. Zéro déchet en vue avec une consigne pour les plats à emporter. Une belle découverte.

BRUNCH

BAIDA MON AMOUR

8, passage de la Cathédrale
✆ 06 22 00 22 98
Ouvert du jeudi au lundi de 10h à 18h.

Le très discret passage de la Cathédrale a toujours abrité des adresses pleines de tendresse. Après la Piscine, voici Baïda Mon Amour. Ce qui ne change pas, c'est la beauté du lieu pour une terrasse que l'on voudrait garder secrète et un restaurant pas bien grand. Beaucoup de bienveillance à cette adresse ultra réconfortante que l'on aurait pu classer dans la rubrique des coffee-shops - Dirty Chaï Latte ou Black Latte tonifiant -, comme dans la rubrique des spécialités, puisque Baïda propose l'un des meilleurs brunchs d'Annecy, 100 % fait maison avec beaucoup d'amour. Mais Baïda a aussi la particularité de proposer une option végane et du pain *gluten free* pour le bonheur de tous. *Futé* aime.

TRAITEUR

TRAITEUR LE 76

76, avenue d'Aix-les-Bains
✆ 07 86 29 61 69
Ouvert du lundi au vendredi. Livraison possible. A emporter. Formule express midi 17 €.

76, c'est le bon numéro pour régaler vos invités et réussir tous vos événements personnels ou professionnels. Version traiteur, le 76 offre la même qualité que la brasserie du Mercure Annecy Sud, avec un service sur mesure adapté à vos envies. Le midi, choix simple avec une formule express pour un déjeuner complet à emporter. Des produits frais et de saison préparés par le chef Leman et son équipe. Le 76 sublime tous vos événements (mariage, anniversaire, baptême, repas de famille...) autour d'un buffet, d'un cocktail dînatoire ou d'un repas du meilleur goût. Formule brunch pour les week-ends, anniversaire avec animations, toutes les formules sont possibles, il suffit de les contacter.

© LASUITE

© LASUITE

TRAITEUR

TRAITEUR LA SUITE

5, route de Vouvray
✆ 04 50 33 80 75
www.lasuite-traiteur.com

Le Clocher, un de nos restaurants préférés, a de la Suite dans les idées, puisque vous pouvez vous régaler sur place, mais aussi en d'autres lieux pour tous vos événements professionnels ou particuliers. La Suite, c'est la version traiteur d'authentiques professionnels de la cuisine : Bruno Collomb, propriétaire du Clocher, le chef cuisinier Benjamin Schwab et la pâtissière Aurélie Schwab. Avec leur équipe, ils maîtrisent toute leur fabrication et personnalisent chacune de leur prestation selon vos goûts. Du sur-mesure pour être sûr de plaire à vos invités. Beauté des pièces et saveurs des mets se suivent à la perfection. Pour vos réceptions, suivez ce conseil, choisissez la Suite.

© LASUITE

© LASUITE

© LASUITE

LES 1SÉPARABLES

1, avenue Gantin - **RUMILLY**
✆ 04 50 77 80 41
www.restaurant-les1separables.com
Fermé le lundi, le dimanche soir et le jeudi soir. Menu jour 19 €. Menus de 35 à 55 €.

© JGRECO

© 1SEP

Unis par la passion, ils ne font qu'un ! Depuis 8 ans, Angélique et David, dont l'histoire d'amour a commencé à l'ouest de la France pour continuer à s'écrire dans les Savoies, ont ouvert les 1Séparables au cœur de Rumilly. Belle terrasse, salle élégante et conviviale à la fois, osmose parfaite entre le service du vin par David et les plats réalisés par Angélique. Une Osmose revisitée, plat signature, mais encore une délicieuse terrine de foie gras au magret fumé pour commencer. Angélique sublime les produits du terroir au rythme de 6 cartes par an. Le plateau de fromages offre une balade gourmande dans les villages alentour. Excellente adresse dont vous ne pourrez plus vous séparer.

AUBERGE À LA FERME DE BAJOLE

490, route de la Ferrande - **COPPONEX** ✆ 04 50 44 13 97
www.aubergedebajole.com
Ouvert du vendredi soir au dimanche midi. Réservation impérative. Carte 25 € environ. CB non acceptée. Jardin.

La vie est plus belle avec quelques virages, surtout quand ils nous conduisent à l'Auberge A la Ferme de Bajole. Superbe terrasse verdoyante loin de l'agitation urbaine dans cette ferme familiale où Caroline en salle et Lesly en cuisine cultivent l'amour des bonnes choses. Bonheurs simples à partager et plaisirs gourmands raffinés qui se renouvellent à la carte au rythme des saisons. Foie gras maison, gibiers de la chasse à l'automne, bœuf de Haute-Savoie, suprême de pigeonneau, surprenant burger savoyard, desserts maison. Du bien-être à déguster sans compter ! On adore !

AUBERGE DU CHÂTEAU DE CLERMONT

226, montée du Château - **CLERMONT** ✆ 04 50 77 14 10
Suivre le Château de Clermont, située sur le parvis.
www.auberge-chateau-clermont.fr
Ouvert du mercredi au dimanche le midi, du vendredi au samedi le soir. Menu du jour 16 €. Carte 35 € environ.

Ce n'est pas un petit détour de 5 minutes, dû aux travaux à Clermont, qui vous empêchera de prendre d'assaut cette Auberge. Une de nos adresses préférées pour son cadre exceptionnel, en terrasse comme en salle, mais aussi pour la cuisine d'un chef passionné : Philippe Junillon. Cuisine inspirée par des produits de saison de qualité pour se régaler en toute convivialité : risotto de blettes, sot-l'y-laisse de poulet, crème d'ail doux ; filets de perche en suggestion ; indétrônable crumble pour terminer. Le soir, planches de dégustation autour d'un bon verre de vin.

AUBERGE DU PELLOUX

41, rue du Centre - **VILLY-LE-PELLOUX**
✆ 04 50 08 72 62
www.auberge-du-pelloux.com
Restaurant du jeudi au samedi midi et soir. Boutique du mercredi au samedi 8h-19h. Traiteur, livraisons lundi au samedi.

Toutes les raisons sont bonnes pour découvrir L'Auberge du Pelloux. Installé depuis 12 ans entre Annecy et Genève, Florent Maitrepierre partage sa passion et son savoir-faire acquis auprès de grands chefs en nous faisant une triple proposition : restaurant, traiteur et boutique gourmande ! A partir des meilleurs produits locaux de saison, cet artisan du goût réalise des plats mêlant tradition et notes personnelles. Foie gras maison, pâté croûte maison servi avec ses pickles, mignon de veau aux morilles avec son gratin dauphinois. Sur place ou à emporter, en version traiteur jusqu'à 150 personnes, boutique de terroir pour se régaler à la maison... L'auberge gourmande par excellence.

L'AUBERGE DU PONT

991, route du Pont de l'Abîme - **GRUFFY**
✆ 09 77 97 57 93
www.auberge-abime.com
Ouvert du mercredi au samedi le soir, du jeudi au dimanche le midi. Formule midi 24 €. Menu 45 €.

Une « nouvelle » adresse qui ne peut laisser indifférent. Par son cadre grandiose, juste au bord du Pont de l'Abîme (qui porte bien son nom) et des gorges du Chéran. Par le caractère conservé de cet ancien hôtel-restaurant (longtemps fermé) rénové avec goût pour devenir un établissement gourmand où le jeune chef Maxime Ardin, natif du village voisin et formé aux meilleures tables, notamment chez Régis Marcon, exprime son talent créatif. Dans un décor apaisant, le paysage se suffisant à lui-même, une cuisine composée de produits de saison en provenance des producteurs locaux. Sur la terrasse ouverte aux beaux jours, plaisir infini de savourer de belles assiettes en dégustant de bons vins.

LE BOURGEON

8, place du Trophée - **ALBY-SUR-CHÉRAN**
✆ 04 50 33 01 52
www.restaurantlebourgeon.com
Ouvert du mardi au samedi le soir, du mercredi au samedi le midi. Déjeuner du Bourgeon 25 €. Menus de 35 € à 70 €.

Un nouveau Bourgeon a éclos dans le village médiéval d'Alby-sur-Chéran. Un travail remarquable pour installer ce restaurant sous les arcades du vieux bourg, mariant lignes contemporaines et vieilles pierres apparentes. C'est superbe - et nous n'avons pas encore testé la terrasse... - et c'est surtout très bon dans les assiettes d'une table « épicurienne et engagée ». En salle et au service de vins savoyards plutôt nature, Adrien Lavorel nous accueille en toute convivialité. En cuisine, Enzo Duchesne travaille les produits locaux de saison, mariant techniques et saveurs avec brio. Résultat : une récolte gourmande qui nous a enchantés. Rapport qualité-prix au top pour une graine de vainqueur.

LE CAP HORN

78, rue des Moulins - **CHAMONIX-MONT-BLANC**
✆ 04 50 21 80 80
www.caphorn-chamonix.com
Ouvert tous les jours midi et soir. Menus de 46 à 58 €. Formule midi 27 €.

Franchir la porte du Cap Horn au cœur de Chamonix pour se régaler d'une cuisine gastronomique servie dans un cadre absolument ravissant. A bord de ce magnifique navire dirigé par Wim Robberse et Laurence Claret-Tournier, voyageurs passionnés, les passagers gourmands sont autant émerveillés par la beauté d'une salle élégante et chaleureuse que par la cuisine de Lucie Claret, fille de Laurence. Mariage parfait entre terre et mer dans des assiettes créatives, comme ce saumon d'Ecosse laqué au miso. Saveurs du Japon avec des sushis faits minute à partir de produits frais et de qualité. Autre bonheur, la carte de 350 références de vin. Immenses plaisirs à partager en toute convivialité.

BISTROT - BRASSERIE

LA TAVERNE

Place de l'Hôtel-de-Ville - **ANNEMASSE**
✆ 04 50 84 46 80
www.la-taverne-annemasse.fr
Ouvert 7j/7 de 8h à minuit non-stop. Plat du jour 9,80 €. Formule du jour 16 €. Superbe terrasse.

© RÉGIS BRUGERE

© RÉGIS BRUGERE

Une Taverne qui fête ses vingt ans et continue de nous régaler à chaque visite. La terrasse s'impose naturellement comme l'une de nos préférées, le décor est chaleureux à l'image de l'accueil et du service. Dans sa Taverne, Paul Deletraz perpétue de belles valeurs qu'il partage avec le chef Stéphane Coffy. Cuisine de goût et de terroir dans cette brasserie de référence où terre et mer se répondent : saumon coupé au couteau, steak haché sur place pour les burgers, saint-jacques, rognons de veau à la crème de cassis, risotto à la sauce verte pour les végétariens, sans oublier les crustacés en direct du vivier, les plateaux de fruits de mer et les choucroutes. La Taverne du bonheur.

LES PETITS PLATS

133, route de Sillingy - **VAULX**
✆ 04 50 60 57 20
www.lespetitsplats.eu
Ouvert du mercredi au samedi midi et soir, dimanche midi. Menu du jour à midi en semaine 20 €. Menus : 39,50 et 59,50 €.

Petits Plats, grands moments. Petite escapade à 15 minutes d'Annecy, grande respiration dans le charmant village de Vaulx. Environnement champêtre pour cette maison gourmande, rénovée avec goût, tenue par un duo de cuisiniers passionnés : Séverine et Eric Durand. Accueil solaire pour se régaler d'une cuisine composée pour l'essentiel de produits locaux de qualité. Sur la terrasse ombragée ou dans une salle chaleureuse, des assiettes pleines de saveurs avec un œuf de Savoie en cuisson parfaite, un foie gras, un délicieux magret de canard entier poêlé ou un risotto au parmesan et à la truffe végétarien. Belle carte des vins. Petits et grands événements à célébrer sur place.

CUISINE RÉGIONALE

RESTAURANT GAUTARD

Plateau des Glières - **FILLIÈRE** ✆ 04 50 24 40 71
https://restaurantgautard.fr
Ouvert du jeudi au dimanche à midi uniquement. Menu 25 €. Terrasse. Parking gratuit pour les clients.

Notre paradis, c'est ici. Sur le plateau des Glières, une ancienne ferme d'alpage entre paradis blanc l'hiver et paradis vert le reste du temps. Dans cet environnement exceptionnel, quel bonheur de retrouver pour le déjeuner (mais quel déjeuner !) Nathalie, gardienne des meilleures traditions et recettes gourmandes de nos montagnes. Prendre son temps, profiter de l'instant (sans smartphone) pour savourer d'authentiques plats du terroir : gibiers et viandes en sauce, gratin de pommes de terre aux cèpes, pot-au-feu, raclette individuelle sur réchaud, desserts maison. Du pur bonheur à partager dans une ambiance chaleureuse et conviviale. Réservation plus que conseillée.

GASTRONOMIQUE

L'ARBORESCENCE

22, route d'Allonzier - **CERCIER** ✆ 09 84 41 71 64
www.arborescence-restaurant.fr
Ouvert du mercredi au dimanche le midi, vendredi et samedi le soir. Formule du midi 25 €. Carte 60 € environ.

Sans mauvais jeu de mots ni mauvais esprit, disons que Laurent Petit aura fait... des petits. Des petits qui tracent leur propre voie et sont déjà grands à L'Arborescence. Jennifer – en salle et au service du vin – et Loïc Deletraz – en cuisine – se sont rencontrés au Clos des Sens avant d'ouvrir leur restaurant gastronomique dans le charmant village de Cercier. Une belle maison dont les portes ouvrent dès 8h pour prendre un café vraiment gourmand. Comme à la maison, le chef compose à midi un menu éphémère qui suit le rythme des bons produits de saison. Quant à la carte, elle est courte et savoureuse, toujours alimentée par les produits locaux. Cours de cuisine et d'œnologie.

LA CLEF DES CHAMPS

Lieu Dit le Mont-Sion - **SAINT-BLAISE**
✆ 04 50 44 13 11
www.laclefdeschamps-restaurant.com
Ouvert du mercredi au dimanche midi, du mercredi au samedi le soir. Plat du jour midi 18 €. Menus de 42 € à 70 €.

Coup de cœur gourmand confirmé, au col du mont Sion, entre Annecy et Genève. Tenue par la même famille depuis 1955, une belle maison où les gourmands se délectent, dans un décor raffiné, de la cuisine gastronomique du chef Laurent Rey, 3e génération de cuisinier. Un chef passionné qui travaille des produits frais de grande qualité pour réaliser des plats mêlant technicité gastronomique, créativité personnelle et saveurs de saison. Parmi les temps forts, les gibiers en automne ou la féra de lac en été. Desserts maison dans le même esprit d'excellence. Parfaite sélection de vins. Service adorable. Comme nous, évadez-vous, régalez-vous en prenant la Clef des Champs.

HÔTEL-RESTAURANT LES ROCHERS

24, route de Paris - **LA BALME-DE-SILLINGY**
✆ 04 50 68 70 07
www.hotellesrochers.fr
Ouvert du mardi au dimanche et les jours fériés le midi. Menu du marché 25 €. Menu gastronomique le dimanche 52 €.

Tout est beau à croquer aux Rochers ! Le décor contemporain du meilleur goût, mais surtout les assiettes du chef Michel Puthod qui nous régale de son savoir-faire et de sa créativité. Les plus pressés feront une pause gourmande en savourant les suggestions, toujours à partir de produits de qualité et de saison. Mais prenez votre temps pour déguster le menu du chef : foie gras frais, quenelle de brochet et ses demoiselles d'eau douce et une autre spécialité maison, le cygne glacé. Belle carte des vins. Gourmandise à partager également au Café de mon Père.

L'ÔTREMENT

770, avenue de Bonnatrait - **SCIEZ**
✆ 04 50 17 37 14
www.lotrement.com
Ouvert du mardi au samedi midi et soir. Formule midi 28 €. Plats à emporter, possibilité de commander en ligne.

Tout près du lac Léman, le chef Cédric Plassat n'a pas attendu la mode du locavorisme pour proposer les meilleurs produits locaux. A commencer par les poissons du lac selon la pêche du jour de Sébastien Ansart et Jean-Pierre Jordan, deux pêcheurs professionnels. Des poissons préparés par un passionné qui n'a pas attendu la mode de la bistronomie pour appliquer des techniques gastronomiques à des produits de qualité : filets de perche du lac Léman au beurre blanc comme nulle part ailleurs, une truite entière soufflée à partager ou un carré de porcelet confit 48h, cuit à basse température. Cuisine ouverte pour admirer le travail d'un chef engagé. Belle carte des vins. L'excellence accessible.

© HANGAR 8

© HANGAR 8

BISTROT - BRASSERIE

L'AUBERGE DU CLOCHER

48, route d'Aix-les-Bains - **SAINT-FÉLIX**
✆ 04 50 27 72 05
www.auberge-du-clocher.com
Ouvert du lundi au samedi midi, vendredi et samedi le soir. Formule midi semaine 17,50 €. Menus de 32 € à 35 €.

Comme l'église est au centre du village, l'Auberge du Clocher est au cœur de nos escapades gourmandes. Une Auberge qui a tout bon puisqu'elle met à l'honneur les produits du terroir grâce au travail de deux passionnés, Corinne, aux petits soins dans une salle contemporaine chaleureuse, et Gérard, aux petits oignons en cuisine. Cuisine de tradition à partir de produits régionaux de qualité, comme ce burger des Aravis maison, les poissons de lac selon les arrivages, les cuisses de grenouilles en persillade, les fondues savoyardes et le Cèpe de l'Auberge. Suggestions en semaine et, en supplément, les distributeurs de pizzas sur place, à Frangy et Rumilly. Excellent rapport qualité-prix.

© HANGAR 8

© HANGAR 8

© HANGAR 8

JE FAIS MON MARCHÉ

Faire son marché dans le Grand Annecy, c'est une évidence, et pas juste pour des bobos en quête du fameux « petit producteur qui vend un fromage formidable », mais aussi pour ces cuisiniers, anciens et nouveaux, étoilés ou pas, qui font le marché pour trouver les meilleurs produits de saison au meilleur prix. Faire son marché à Annecy, c'est profiter d'un approvisionnement régional de qualité entre les fruits – notamment pommes, poires et fruits rouges –, les légumes des maraîchers, les salaisons et fromages qui sont les grandes spécialités de nos montagnes avec de belles et savoureuses AOP. À ce marché de proximité, il faut ajouter toute la richesse de la région Aura, à commencer par nos voisins savoyards et leur excellent vignoble. La tendance du marché, c'est bien sûr le naturel, pour ne pas dire le bio avec une multiplication des enseignes estampillées de labels divers et variés, même si les prix deviennent un frein à ce développement. Incontournables pour faire son marché, les petits commerces de proximité tenus par des passionnés qui vous feront découvrir les meilleurs produits.

© ALAINMICHEL

FROMAGERIE - CRÈMERIE

ALAIN MICHEL ARTISAN FROMAGER

3, rue du Lac
✆ 04 50 45 19 31
www.alainmichel-fromager.com
Du mardi au jeudi 8h-12h30 et 15h-19h, vendredi 8h-12h30 et 14h30-19h, samedi 8h-13h et 14h30-19h. Dimanche 9h-12h15.

Les meilleurs fromages moins chers qu'en grande distribution... c'est le défi relevé et réussi par Alain Michel ! Fort de son expérience, 4e génération de fromager affineur, de sa passion, plus de 50 ans au service des fromages de la région et des autres terroirs, Alain sélectionne et affine dans sa cave d'Annecy des fromages d'exception à savourer au quotidien. Incontournables reblochon fermier Le Michel et Fondue Michel prête à l'emploi, le meilleur de Savoie et d'ailleurs, selon les saisons. Boutique de terroir et conseils de dégustation pour se régaler sans compter.

© ALAINMICHEL

© ALAINMICHEL

© ALAINMICHEL

FROMAGERIE - CRÈMERIE

CRÈMERIE DES CHARMILLES

205, route d'Annecy ✆ 04 50 09 03 60
www.cremeriedulac.com
Ouvert du mardi au jeudi 8h-12h30 et 15h-19h, vendredi 8h-12h30 et 14h30-19h, samedi 8h-13h et 14h-19h.

Une crèmerie signée Alain Michel. Sur cette place commerçante de Pringy, avec parking, toute l'expérience et le savoir-faire d'Alain Michel - plus de 50 ans à partager sa passion pour les fromages -, le sourire et les conseils de toute une équipe. Dans une boutique gourmande, sélection des meilleurs fromages affinés aux prix justes. Des fromages de saison avec des fromages d'exception accessibles à tous les plateaux. Parmi les fromages régionaux, ne pas manquer le fameux reblochon fermier Le Michel, mais aussi l'une des spécialités maison : la Fondue Michel prête à l'emploi. Fromages entiers ou à la coupe, fromages d'ici et d'ailleurs, produits laitiers, charcuteries et de vins de qualité.

FROMAGERIE - CRÈMERIE

CRÈMERIE DU PARC

2, rue Centrale ✆ 04 50 23 51 56
www.alainmichel-fromager.com
Ouvert du mardi au jeudi 8h-12h30 et 15h-19h, vendredi 8h-13h et 14h-19h, samedi 8h-13h et 14h30-19h.

Une adresse signée Alain Michel, fromager affineur d'exception depuis plus de 50 ans. A la boutique d'Albigny, vous trouverez des fromages affinés comme il se doit par un passionné. Honneur aux fromages régionaux avec le beaufort, l'abondance, le reblochon fermier - avec le fameux « Le Michel » -, les persillés, la tome des Bauges... Mais aussi des comtés du Jura aux âges différents, des fromages à la truffe aux saveurs uniques et l'incontournable Fondue Michel. Conseils avisés et adorables pour composer le meilleur plateau de fromages de saison selon ses goûts. Et pour compléter votre panier, la Crèmerie du Parc vend également d'excellents produits laitiers fermiers et une sélection de vins.

FROMAGERIE - CRÈMERIE

CRÈMERIE DU THIOU

11, avenue de la République ✆ 04 50 62 39 80
www.alainmichel-fromager.com
Du mardi au vendredi de 9h à 12h et de 15h à 19h ; le samedi de 8h à 13h et de 14h30 à 19h ; le dimanche de 9h à 12h15.

Tout le bonheur, tous les plaisirs de découvrir une crèmerie signée Alain Michel, artisan fromager passionné. Succombez à la tentation de découvrir l'univers de ce fromager affineur d'exception depuis plus de 50 ans ! Des fromages sélectionnés avec passion par un artisan qui rencontre chaque producteur. Un artisan qui a su former son équipe pour avoir le même niveau d'exigence à ses 5 adresses. Parmi les incontournables : le fameux reblochon fermier Le Michel, un beaufort Chalet d'Alpage, mais surtout les Fondues Michel prêtes à l'emploi. Les fromages changent avec les saisons, mais la qualité reste toujours la même. La cave permet de composer de belles associations fromages et vins.

FROMAGERIE - CRÈMERIE

FROMAGERIE GAY

47, rue Carnot
✆ 04 50 45 07 29
https://pierre-gay.business.site
Ouvert tous les jours, sauf dimanche et jours fériés (sauf fin d'année). Anglais et italien parlés couramment

© LUC BUFFARMOREL LBM PICTURES

© LUC BUFFARMOREL LBM PICTURES

Transmettre le goût des bonnes choses, c'est l'un des nombreux talents de Pierre Gay. Avec son épouse Sophie et toute une équipe de passionnés - dont le jeune directeur Paul que Pierre Gay forme à reprendre la fromagerie -, l'un des Meilleurs Ouvriers de France perpétue le meilleur de la tradition. Dans une boutique à admirer du sol, avec la cave d'affinage visible en sous-sol vitré, au plafond, il faut se laisser guider avec bonne humeur et professionnalisme pour choisir ses fromages selon les saisons. Plateaux aussi beaux à voir que délicieux. Excellent rapport qualité-prix, pour une adresse gourmande de confiance, à retrouver sur les cartes des meilleurs restaurants de la ville !

EPICERIE

IBERICO & CO

10, rue de la République
✆ 04 56 20 05 78
Ouvert du mardi au samedi de 10h30 à 19h, dimanche de 10h à 12h30.

© SERVANE

Donnez plus de goût à tous vos repas en poussant la porte de cette ambassade du terroir espagnol. Chez Iberico & Co, Servane partage depuis 6 ans sa passion pour l'Espagne en nous proposant des produits exceptionnels. A commencer par les jambons fabriqués à partir de porcs exclusivement nourris aux glands, élevés par la même famille depuis 1918 dans la région de Salamanque. Des jambons affinés minimum 2 à 3 ans pour des saveurs incomparables. Découpe au couteau en boutique, avec mise à disposition d'un maître coupeur pour tous types d'évènements. D'autres charcuteries, des fromages, une sélection de bières et de vins espagnols, des plateaux réalisés par Servane tout prêts pour l'apéro !

FROMAGERIE - CRÈMERIE

LAITERIE URBAINE

13, rue de la Gare - 74000 Annecy (France)
✆ 04 50 11 59 37 - contact@lesfrox.com
Ouvert du mardi au vendredi de 9h à 13h et de 15h30 à 19h, samedi de 10h à 13h et de 15h à 19h.

On ne va pas en faire tout un fromage ! Eh bien si ! A deux pas de la gare TGV, ceux qui s'appellent avec beaucoup d'humour les Frox (contraction de François et Roxanne, deux passionnés de fromages) ont ouvert une laiterie en ville pour que les citadins se croient un peu plus à la campagne (ou en montagne) et assistent, à travers une vitre, à la fabrication de bons produits laitiers, fromages frais, crèmes et yaourts. Sans oublier les fromages fermiers (et la charcuterie locale) que l'on peut également retrouver sur des planches à savourer en terrasse à l'apéritif. Ateliers pour apprendre à fabriquer son fromage, toujours avec le sourire. Plateaux à emporter. Miam gourmand.

FROMAGERIE - CRÈMERIE

CRÈMERIE DU TREIGE

527, avenue d'Aix-les-Bains
✆ 04 50 46 61 91
www.la-cremerie-du-treige.fr
Ouvert du mardi au samedi de 8h à 12h30 et de 15h à 18h30.

Dans cette enclave gourmande sur la route d'Aix-les-Bains, une excellente crèmerie tenue par un ancien affineur de reblochon, Laurent Griot, passionné de fromages fermiers qui nous fait fondre de plaisir. Les fromages de pays sont sa spécialité : tommes fermières ou fruitières, comté, beaufort, abondance... pour la plupart affinés sur place. Les connaisseurs apprécieront le beaufort d'alpage. On en oublierait presque les autres produits : miel du papa, vins, confitures maison, charcuterie... Laurent et Karine vous proposent des plateaux raclettes aux 5 fromages avec charcuterie ou une fondue de saison, toujours avec le petit conseil qui va bien. Adresse à partager sur un plateau.

FROMAGERIE - CRÈMERIE

LA FERME DE L'ANGELIE

115, route de Paravis - **POISY** ✆ 04 50 57 53 26
www.fermedelangelie.com
Ouvert du mardi au jeudi 14h30-19h, vendredi et samedi 9h30-12h et 14h30-19h.

La passion des fromages savoyards et des produits du terroir. Les vaches de Carole Depigny et Laurent Chatel produisent un lait transformée en tomme blanche, fromages frais ou affinés, petits bouchons apéritif, tomme fermière... Pour mieux valoriser le travail de la ferme, Carole nous accueille dans sa boutique. Dans une joli petit chalet de bois, elle propose ses productions fromagères maison comme le P'tit Quentin Cœur ou les Colinettes, en vente directe, et d'autres produits du terroir : yaourts, confitures, saucissons.... Une belle escale gourmande, d'autant que Carole est chaleureuse et partage volontiers ses astuces de cuisinière. Parfait pour préparer un pique-nique de terroir.

FRUITS - LÉGUMES

LE POTAGER SAVOYARD

67, avenue de Genève
✆ 04 50 57 06 72
Ouvert du mardi au samedi de 8h45 à 12h30 et de 14h30 à 19h, dimanche de 8h45 à 12h.

Les bons fruits et légumes frais issus des productions de Patrice Tranchant, maraîcher depuis plus de 25 ans à Marcellaz Albanais et Sales. Des fruits et légumes de qualité à retrouver sur les marchés de la vieille ville d'Annecy, d'Annecy-le-Vieux, de Seynod, de Cran-Gévrier, de Rumilly... La passion de Pascale Mugnier pour ce métier l'a conduite à ouvrir sa boutique pour offrir aux urbains un accès quotidien au meilleur de sa sélection. Le service est efficace et attentionné pour chaque client qui reçoit des conseils pour cuisiner. Primeurs de saison avec des fruits et des légumes mûrs, odorants et au goût excellent. Du local et du bon à prix corrects pour les amateurs du goût !

VIANDES - VOLAILLES

BOUCHERIE DANIEL VIRET

1, rue Centrale ✆ 04 50 23 31 35
www.traiteur-viret.com
Ouvert du mardi au samedi de 7h30 à 12h30 et de 15h30 à 19h30, dimanche de 7h30 à 12h30.

La passion du bon, ça se transmet chez les Viret. Daniel Viret incarne fièrement la deuxième génération d'artisan de haute qualité à cette enseigne qui accueille les amoureux des produits de qualité depuis plus de 70 ans ! Mettant tout son savoir-faire, son expérience et sa sensibilité savoyarde pour nous proposer d'excellentes viandes au quotidien, mais encore des plats préparés et de nombreuses réalisations maison pour nous régaler en toutes circonstances, Daniel Viret et toute son équipe travaillent à notre bonheur. L'autre grande spécialité de la maison consiste en un service traiteur, l'un des meilleurs, pour vos réceptions, cocktails, buffets et tous vos événements privés.

VIANDES - VOLAILLES

BOUCHERIE DERUAZ

7, rue Carnot
✆ 04 50 45 03 74
Ouverte du mardi au samedi de 8h30 à 12h30 et de 16h à 19h (fermée mercredi après-midi).

Une enseigne de référence installée à cette adresse depuis plus de 20 ans. Quand certains courent vers la modernité dans une rue Carnot en mouvement permanent, Deruaz reste le gardien de la tradition. Parmi les spécialités de la maison, du bœuf charolais et Limousin, l'agneau de Sisteron, le porc de Savoie ou le veau de Corrèze. Délicieux jambons de pays, dont un jambon cuit à l'os, saucissons à choisir, pâté en croûte à l'ancienne, une savoureuse choucroute et sa garniture, du boudin blanc ou préparé à la crème, à moins que l'on ne succombe à un sauté d'agneau à l'ail. Plutôt que d'avaler un sandwich à midi, prenez un plat cuisiné. Une adresse gourmande au cœur du quartier commerçant.

VIANDES - VOLAILLES

BOUCHERIE VEYRAT

2, rue de l'Île
✆ 04 50 45 01 73
Ouvert mardi et samedi de 8h à 12h30 et de 15h à 19h, du mercredi au vendredi et dimanche de 8h à 12h30.

Le bon goût de la viande dans l'une des meilleures adresses de boucherie d'Annecy, située en plein cœur de la Vieille Ville et pourtant comme neuve. Cette boucherie-triperie-charcuterie dont l'étal n'hésite pas à s'offrir à la rue (où la file d'attente déborde souvent, surtout les fins de semaine) nous propose parmi les meilleurs produits de la place. Aux heures qui précèdent les repas, les cuisiniers et cuisinières maison viennent chercher parmi les meilleurs morceaux de viande toujours au top. Pour un barbecue ou une préparation plus soignée (classique ou du terroir comme ces diots), la boucherie Veyrat ne manque jamais de bonnes idées. Qui vivra bien Veyrat !

BOUCHERIE

BOUCHERIE DU TREIGE

527, route d'Aix-les-Bains
✆ 04 50 46 07 43
www.boucherie-charcuterie-seynod.fr
Ouvert du mardi au samedi de 8h à 12h30 et de 15h à 18h.

© VALÉRIE PETROD

© VALÉRIE PETROD

La viande n'est pas un produit comme les autres. Ça tombe bien, Simon Henry n'est pas un boucher comme les autres ! Meilleur Apprenti de France 2000, Champion d'Europe des Jeunes Bouchers 2003 et Champion d'Europe des Maîtres-Bouchers 2004, ce passionné choisit ses bêtes dans les fermes locales, les découpe et propose les meilleures viandes à des prix qui ne flambent pas. Excellent rapport qualité-prix et conseils d'un ambassadeur gourmand toujours de bonne humeur. Viandes savoureuses, saucisses marinées pour un barbecue d'été, saucisses de montagne, boudin à l'ancienne ou charcuteries maison. Petite boutique traiteur, vins. Boucherie du Treige, le goût de bien manger.

FRUITS - LÉGUMES

LE P'TIT PRIMEUR

38, avenue du Parmelan
✆ 04 50 51 60 97

Ouvert du mardi au samedi de 6h à 12h30 et de 15h à 19h30.
Ouvert le dimanche matin.

© VALÉRIE PETROD

© VALÉRIE PETROD

Un P'tit Primeur toujours meilleur ! Et ça fait 41 ans que M. Villaret, 80 printemps au compteur cette année, nous régale dans son P'tit Primeur à l'heure de faire notre marché et de remplir notre panier des meilleurs fruits et légumes de saison. Une sélection de produits - très majoritairement bio - cultivés en pleine terre par des agriculteurs responsables, des produits clairement sourcés, issus du terroir local si possible. Accueil adorable et conseils avisés avec des idées de recettes. Si vous n'avez pas le temps de cuisiner, soupes, compotes, salades de légumes ou de fruits, sauces maison à disposition. Produits d'épicerie fine. Le P'tit Primeur, l'adresse gourmande par excellence.

POISSONS - FRUITS DE MER

LES CONTES DE LA MER

38, avenue du Parmelan
✆ 04 50 51 65 05
www.lescontesdelamer.com

Ouvert du mardi au samedi de 8h30 à 12h30 et de 15h30 à 19h.

Yoann Conte est né à Brest. Et s'il aime la montagne, la Bretagne et l'océan lui manquent. Le chef a amarré son bateau au Parmelan pour nous ouvrir les portes d'une poissonnerie de qualité mêlée d'une épicerie fine du même tonneau, le tout dans un cadre ravissant. Les Contes de la Mer se racontent aux amoureux des bons produits de notre pêche française. Des poissons et fruits de mer aux origines claires, issus d'une pêche respectueuse et responsable. Dans le même esprit écoresponsable, les poissons sont travaillés pour être entièrement consommés avant d'être emballés dans des contenants recyclables. Plateaux d'exception, plats préparés de la mer, bar à huîtres pour se régaler sur place.

POISSONS - FRUITS DE MER

POISSONNERIE DE L'OCÉAN

9, rue des Pommaries ✆ 04 50 32 56 64
www.annecy-poissonnerie.fr

Ouvert du mardi au jeudi 7h45-13h et 15h-19h, vendredi et samedi 7h45-19h, dimanche 8h30-12h30.

Le lac a ses pêcheurs, mais l'océan n'est pas à côté. Un peu à l'écart des grands axes, dans le quartier des Pommaries, souffle un vent iodé sur cette belle poissonnerie. Dominique Febvre, natif de la côte atlantique, n'hésite pas à donner les meilleurs conseils pour bien préparer des poissons d'une grande fraîcheur. Arrivages quotidiens, provenances directes des ports français et des bateaux de petite pêche. Poissons entiers de grande qualité, filets désarêtés, notamment de féra du lac d'Annecy. Coquillages et crustacés composent des plateaux de fruits de mer d'exception. Plats cuisinés de la mer, saumon fumé et morue salée maison. Autre adresse aux Halles de Saint-Martin-Bellevue.

PROVENCE

PLACE AUX ÉPICES

4, rue Jean-Jacques-Rousseau
✆ 0450109014

Ouvert mardi et vendredi 9h30-12h30/14h30-19h30, mercredi, jeudi et samedi 10h-12h30/14h30-19h, dimanche 9h30-12h30.

Une boutique qui donne du goût. La cuisine ne peut se concevoir sans les parfums des épices. A cette entrée de la Vieille Ville, une boutique que l'on ne peut manquer si l'on a l'odorat un tant soit peu aiguisé. Une place ouverte qui nous présente une incroyable variété d'épices du monde entier et de nombreux produits pour relever nos plats : huiles, vinaigres, sels, poivres, arômes... En plein cœur du Vieil Annecy, on pourrait se croire ailleurs en regardant et en respirant les parfums d'anis étoilé, de colombo, de coriandre, des currys, de muscade, de paprika... Sans oublier les mélanges maison pour mettre des saveurs (couscous, créole, grecque, barbecue...) dans sa cuisine.

BOULANGERIE

LE BOULANGER DU FAUBOURG

11, faubourg Sainte-Claire
✆ 04 50 45 01 22
https://leboulangerdufaubourg.fr
Ouvert tous les jours, sauf mercredi, de 7h à 19h.

En passant dans la vieille ville, impossible de ne pas se retourner et de se laisser tenter par la superbe vitrine de cette boulangerie. Par quoi commencer ? Une baguette « Vieille Ville » au quotidien ou un pavé « Vieille Ville » pour tenir plus longtemps. Une baguette savoyarde lardons-emmental ou une baguette au chocolat selon son appétit à l'heure du goûter. Mais les maxi Croix de Savoie au sucre nous font aussi envie, alors que les meringues jouent sur les couleurs pour nous séduire. Accueil adorable et produits d'excellente qualité réalisés par David Mollier-Sabet. Sandwichs bien composés, quiches et tartines... Le tout en formules à emporter sur un banc au soleil. Adresse gourmande.

NEW

BOULANGERIE

BOULANGERIE CAMPAGNE

6, rue Président-Favre
✆ 04 50 45 41 86
Ouvert du lundi au samedi de 7h à 19h30.

Ce n'est pas vraiment une nouveauté, mais plutôt un changement de propriétaire et d'enseigne pour cette boulangerie qui continue de nous régaler de bons pains et d'excellentes pâtisseries (avec toujours les mêmes délicieux cookies...). Alexis Jobard reprend donc la boulangerie Perchat pour nous proposer, dans un nouveau décor, sa vision d'une boulangerie « fertile ». Au programme : du 100% maison, toujours de la qualité avec des pains réalisés à partir de farines bio et conventionnelles avec, entre autres, une tourte de meule bio, notre péché mignon. Autres coups de cœur pour les viennoiseries, de super croissants, et les pâtisseries maison réalisées à partir de bons produits. A redécouvrir.

BOULANGERIE

COMME À LA MAISON

31, route de Frangy ✆ 04 50 22 38 68
https://bcalm.fr
Ouvert du lundi au vendredi de 6h30 à 19h30 ; le week-end et les jours fériés de 7h à 19h30.

Mieux que les réseaux sociaux, les deux adresses de Comme à la Maison. Pour voir la vie en rose, il faut non seulement savourer les bons produits préparés par toute une équipe de joyeux boulangers gourmands de la vie, mais aussi faire de vraies rencontres dans de vrais lieux de vie. Ici, tout est fait maison par des passionnés autour de l'infatigable Alexis Daudin. Né dans la boulangerie familiale, il a conservé la passion de son métier tout en le réinventant avec des pains toujours plus sains (moins de sel) et toujours plus gourmands. Pâtisseries dans le même esprit, dont des choux trop choux, des flans pas ordinaires, et des sandwichs qui te font kiffer ton repas. Adresse craquante.

BOULANGERIE

LE COMPTOIR DU PAIN

23, rue Georges-Martin ✆ 04 50 23 72 61
www.lecomptoirdupain.net
Ouvert du lundi au samedi de 6h30 à 19h, dimanche de 6h30 à 18h.

Au Comptoir du Pain, des pains réalisés selon des principes simples : des farines de qualité, des levains naturels et des temps de levage respectés, de la bonne eau et un peu de sel de Guérande. Après, il faut choisir : pains classiques, de la ficelle au paillasson, pains de tradition française à base d'une farine Label Rouge, pains aux céréales, pains à la farine complète, pains d'été et pains d'hiver, sans oublier les fameux pains plaisirs... Viennoiseries au beurre A.O.C. d'Isigny, superbes pâtisseries artisanales et chocolats délicieux. Une des plus belles aventures gourmandes vous attend au bout de la rue depuis plus de 15 ans. Autre adresse et mêmes plaisirs au Treige.

BOULANGERIE

MAÎTRE ARTISAN ROUGE

3, rue du Lac
✆ 04 50 69 40 23
www.boulangerierouge.com
Ouvert du mardi au samedi de 7h à 19h, dimanche de 7h à 16h.

Rouge met des saveurs dans votre pain. « Artisan du goût depuis 1927 », les gourmands découvrent chez Rouge une ambiance flamboyante. Car le rouge est bien présent dans cet univers gourmand où l'on est toujours servi avec le sourire et un petit mot gentil, même le dimanche. Cet artisan boulanger, dont la réputation n'est plus à faire sur Annecy depuis 2 générations, propose toujours des produits de grande qualité. La simple baguette craque délicieusement sous la dent. Les pains aux multiples céréales ou farines spécifiques séduisent d'emblée le client. On se pâme devant la brioche aux pralines roses et les tartes de saison. Une adresse qui nourrit notre quotidien de beaux et bons produits.

BOULANGERIE

MARMILLON

11, rue Sainte-Claire
✆ 04 50 45 08 69
Ouvert du mardi au vendredi de 7h30 à 19h, samedi de 8h à 19h, dimanche de 8h à 13h.

Une adresse mythique au cœur de la vieille ville, tenue par la même famille depuis 1920. Un petit coin gourmand, coquet et soigné qui propose un grand choix de pains, de pâtisseries crémeuses, ainsi que le fameux gâteau de Savoie. Le gâteau de Savoie fut inventé en 1358 à Chambéry où le comte de Savoie Amédée VI recevait à sa table son suzerain Charles IV. Le comte demanda à son pâtissier de concevoir un gâteau léger comme une plume, afin de plaire à l'empereur. Le gâteau fut cuit dans un plat en bois. Ce mauvais conducteur de chaleur permettait une cuisson plus douce, donnant à la pâte le temps d'acquérir sa légèreté. Pour la petite histoire, cela ne suffit pas à amadouer Charles IV !

© CÉCILEROLAND

BOULANGERIE

BOULANGERIE ARISTIDE

5, rue de la Gare ✆ 04 50 32 69 78
www.boulangeriearistide.com
Ouvert du mardi au vendredi de 10h à 19h et samedi de 9h à 18h.

Le pain, c'est la vie ! Rendez votre vie plus belle chez Aristide. Un vrai lieu de vie où ça discute, ça chante sur une bonne musique, ça danse même. Un vrai lieu gourmand où toute une joyeuse équipe de passionnés fabrique les meilleurs pains à base de produits issus de l'agriculture bio et locale. Chez Aristide, on sent l'amour des bons pains au levain naturel, à lente fermentation, de ceux qui se gardent longtemps et qui nous régalent toujours. Des pains qui se déclinent selon les créations maison, mais encore un panettone aux fruits confits maison, des brioches, des tartes au sucre, des cookies sans gluten, un surprenant shokupan (pain au lait japonais). Plaisirs à partager.

© VALÉRIE PETROD

© VALÉRIE PETROD

© VALÉRIE PETROD

CHOCOLATIER

PATRICK AGNELLET

17, rue Centrale ✆ 04 50 23 14 30

www.patrickagnellet.com

Ouvert du lundi au samedi de 8h30 à 19h, dimanche de 8h30 à 12h30.

Le chocolat, c'est de l'émotion pure. Pour vivre et partager vos plus belles émotions, direction le cœur d'Annecy chez Patrick et Louis Agnelet. Artisans d'émotions au pluriel, père et fils composent des tablettes de cacao rare en provenance de Madagascar, du Mexique et du Ghana. Les pâtisseries provoquent autant d'émotions que les créations gourmandes. Des spécialités ? Le Savoy'Age, tout en chocolat ou le Grospiron, dédicace au champion olympique tout aussi explosif que cette boule entourée de chocolat au lait. On craque aussi pour les cakes maison et les goûters. L'établissement est à recommander pour les mariages et autres célébrations avec des créations personnalisées.

CHOCOLATIER

LES ROSEAUX DU LAC

6, rue du Lac

✆ 04 50 45 04 70

www.lesroseauxdulac.fr

Ouvert du lundi au samedi de 8h à 19h.

Les Roseaux du Lac® sont l'une des spécialités qui font la réputation gourmande d'Annecy. Chocolat, sucre et liqueur en équilibre, un délice à offrir dans un joli coffret pour être certain de faire plaisir. Au cœur de la ville, la maison tenue par Christophe Arechavala perpétue le meilleur de la tradition depuis plus de 80 ans. En plus de cette spécialité incontournable, toute une gamme de chocolats, des palets d'or aux rochers, et de pâtisseries que l'on peut aussi déguster en terrasse dès les beaux jours. Large déclinaison de chocolats en pâtisserie. Un maître pâtissier chocolatier que l'on apprécie sous les arcades de la rue du Lac dans un décor sobre et de bon goût.

NEW

PÂTISSERIE

COSMIC DONUTS

1, avenue de Loverchy

Ouvert du mardi au vendredi à 9h, le week-end à 10h, jusqu'à épuisement des stocks. Donuts 3-4 €, boissons jusqu'à 5 €.

Un nouvel ogni -Objet gourmand non-identifié- débarque à Annecy ! Aux portes de la vieille ville, Cosmic Donuts s'est installé dans une petite échoppe avec quelques tables pour nous proposer toute une gamme de donuts gourmands : nature ou glacé, Kinder ou fruit, les donuts sont frais, ultra régressifs et ultra réconfortants (même s'il y a un trou dedans). Et si ça ne suffit pas, cap sur la carte des boissons ; en plus des traditionnels cafés, Cosmic Donuts propose des classiques revisités tel le choco cookies macchiato, ou encore des sodas qu'on ne voit nulle part ailleurs. Une belle adresse pour les envies plus ou moins contrôlées de plaisirs sucrés ! A consommer sans modération.

BOULANGERIE

PAN & GATÔ

6, rue du Pré-d'Avril

✆ 04 50 23 25 03

www.pan-et-gato.fr

Ouvert tous les jours de 6h30 à 19h30.

C'est tellement simple de se faire plaisir quand il suffit de remplir son panier gourmand chez Pan & Gâto. Des termes du patois savoyard pour une boulangerie-pâtisserie de quartier qui fait venir tout Annecy à elle ! Normal quand on goûte à la qualité des pains maison fabriqués pour la plupart à partir de farines bio, comme cette tourte de meule, cette Fleur nutrition de grand épeautre et de froment, ce pain de seigle ou ce rustique de maïs. Viennoiseries 100 % pur beurre et l'on ne parle même pas des cookies aux noix de pécan... Et pour nous faciliter la vie, Pan & Gâto a mis en place un « click & collect » hyper pratique pour commander pains et pâtisseries en ligne 24h/24.

CAFÉ - THÉ - TISANE

CAFES BRAND

16, rue Jean-Jacques-Rousseau ✆ 04 50 45 09 41

www.cafes-brand.fr

Ouvert lundi d 14h à 19h, du mardi au vendredi de 8h à 12h15 et de 14h à 19h, samedi de 8h30 à 12h15 et de 14h à 19h.

Toute l'expérience et le savoir-faire d'une maison installée depuis plus d'un demi-siècle dans son art et sa passion pour le café. Chez Brand, artisan torréfacteur depuis 1959, les cafés, soigneusement sélectionnés et assemblés, sont torréfiés selon un procédé artisanal garantissant toute l'authenticité de l'arôme et un goût unique. Chez Brand, on trouve des arabicas des quatre coins du monde pour nous apporter leurs spécificités de terroir avec 35 variétés torréfiées sur place. C'est délicieux, à l'image de l'accueil et du conseil qui nous font voyager et nous présentent une belle sélection de thés nature ou aromatisés pour continuer le voyage sur un petit nuage.

CAFÉ

LE PANIER A CAFE

805, route des Futaies - **VILLAZ** ✆ 06 60 76 38 46

www.lepanieracafe.fr

Atelier à Villaz ouvert du lundi au vendredi 9h-12h30 et 14h-18h. Sur les marchés d'Annecy (voir site Internet).

Pas de doute, ce torréfacteur a un grain ! Dans son « panier à salade » Citroën transformé en « coffee-truck » - tous les matins sur les marchés d'Annecy - et sur son site Internet - achat en ligne -, Fabien Roguet nous fait partager sa passion pour les cafés de spécialité. Parcourant le monde à la recherche de cafés d'exception, Fabien les torréfie avec un grand savoir-faire artisanal et toute l'envie d'un passionné gourmand du café pour nous livrer des cafés de gastronome servis aux meilleures tables d'Annecy et d'ailleurs. En grain ou moulu, une gamme de cafés 100 % arabica de petits producteurs torréfiés artisanalement à Annecy pour tous les goûts et une qualité parfaite. Coup de cœur.

NEW

CAFÉ

SHOUKA

25, avenue du Parmelan ✆ 04 50 33 05 20
https://shouka-chamonix.fr
Ouvert du lundi au vendredi de 10h à 19h30, samedi de 10h à 20h.

Dans la galerie des Nouvelles Galeries réaménagées s'est installé Shoukâ. Une enseigne - et une marque - née du côté de Chamonix il y a 3 ans sous la direction de Christian et Nathalie Duperrier. Une marque qui pourrait avoir deux entrées dans cette rubrique des Produits Gourmands, puisqu'elle est à la fois spécialisée dans le chocolat, de la fève à la tablette (fabriquée sur place), et dans le café, du grain à la tasse. Chez Shoukâ, transparence totale sur la provenance des produits bruts, notamment pour les cafés de spécialité, dont quelques-uns en bio, que l'on peut déguster directement au coffee shop avec un chocolat maison. Une belle boutique gourmande à croquer.

CHOCOLATIER

AU FIDÈLE BERGER

2, rue Royale
✆ 04 50 45 00 32
http://aufideleberger.fr
Ouvert du mardi au samedi de 9h30 à 19h.

Au Fidèle Berger, c'est plus de 100 ans d'histoire à Annecy. Une institution locale, l'ancêtre de tous les salons de thé de la ville, qu'il ne faut pas se contenter d'admirer de l'extérieur. Dans un style cosy qui pourrait faire ressembler les lieux à une maison de poupées, les gourmands se retrouvent entre gens de bonne compagnie pour savourer un thé, un café, même si la spécialité maison c'est le chocolat chaud accompagné d'une gourmandise maison... elle aussi chocolatée ! On ne vante plus les mérites de la célèbre cloche « la Savoyarde » qui nous réconforte dans les pires moments de l'hiver. L'été on vient savourer une glace maison en terrasse. Le meilleur de la tradition.

CHOCOLATIER

MEYER

4, place Saint-François-de-Sales
✆ 04 50 45 12 08
www.chocolatier-annecy.com
Ouvert du mardi au samedi de 9h à 19h.

L'une des références de l'artisan chocolatier à Annecy depuis 38 ans ! Chez Meyer le chocolat n'est pas une gourmandise mais un raffinement qui se décline en une centaine de variétés. Bruno Meyer est pointilleux sur le choix des fèves de cacao en provenance de Côte d'Ivoire, du Mexique ou du Brésil. On rencontre le chocolat sous toutes les formes : rocher, cœur, aiguillette, granits… On hésite entre les Granits des Alpes, les Délices des cimes, Palais de l'Isle, le Petit Ramoneur (spécialité maison à la framboise) ou encore les traditionnels Roseaux d'Annecy. Ici la pâte à tartiner maison remplace avantageusement les pâtes à tartiner industrielles. Atelier boutique à Poisy.

BOULANGERIE

Ô BON PAIN

20, rue des Marquisats
✆ 04 50 09 36 00
www.hotel-lepelican.fr
Ouvert tous les jours de 6h30 à 20h.

© MATTHIEU CELLARD

© MATTHIEU CELLARD

Ô Bon Pain, l'autre adresse réconfortante de l'hôtel Le Pélican ! Une authentique boulangerie dans un hôtel 4 étoiles. Des bons pains, de la ficelle du petit-déjeuner aux nombreux pains spéciaux - tourte au petit épeautre, pavé, montagnard, pain aux noisettes et cranberries... -, pour se régaler. Que l'on soit client de l'hôtel, de passage pour une baignade aux Marquisats, habitant du quartier, on peut choisir de consommer sur place sous la canopée ou d'emporter les viennoiseries, de délicieux sandwichs et des pâtisseries, ainsi que des spécialités saisonnières (soupe, galettes des rois, bugnes, œufs de Pâques…). Et pour compléter notre panier, de bons produits d'épicerie d'ici.

PÂTISSERIE

LIBER'TART

41, rue Vaugelas
✆ 04 50 44 79 23
www.libertart.fr
Ouvert du lundi au samedi de 10h à 19h.

Tout le monde à le droit à la gourmandise. Un immense bravo à Liber'Tart qui est non seulement une pâtisserie gluten free et healthy, mais aussi une cantine aux influences japonaises, mêlant dans tous les cas les saveurs d'ici et d'ailleurs. Franck Moulard ne se contente pas de proposer une délicieuse tarte Tatin, une tarte aux myrtilles ou une tarte aux agrumes, il offre encore une large carte de sandwichs, tartes salées, soupes et plats de cantine japonaise réalisés par Yukiko. Possibilité de réaliser des repas pour les personnes intolérantes au gluten et au lactose, autres allergies et régimes alimentaires (végétariens ou végans). Vive la liberté de bien manger !

GLACIER

GLACIER DES ALPES

16, rue Perrière ✆ 04 50 51 08 86
https://glacierdesalpes.fr
Ouvert de février à novembre. Horaires selon saisons. Haute saison, ouvert tous les jours de 11h à 1h.

Parmi les meilleurs glaciers de France, une pause gourmande incontournable lors d'un passage en vieille ville. De grandes baies vitrées ouvertes sur la rue piétonne attirent votre regard vers le lieu de toutes les tentations. Difficile de manquer le rendez-vous avec des cornets maison, des glaces fabriquées artisanalement sur place depuis 57 ans. 45 parfums de crèmes glacées et sorbets pour toutes les envies et les découvertes, sans oublier les compositions maison, dont la Perrière ou la Caramélac. Avec l'aide des vendeuses, toujours souriantes malgré la grande fréquentation des lieux, les gourmands composent leur douceur glacée sur un cône. Institution délicieusement rafraîchissante.

GLACIER

YOGOLICIOUS

25, rue Sainte-Claire ✆ 09 87 74 44 25
http://yogolicious.fr
Ouvert selon saisons. Haute saison, tous les jours de 11h30 à 22h30.

Depuis 10 ans, Yogolicious nous régale de fraîcheur et de bonne humeur avec sa version du yaourt glacé. Le yaourt glacé, c'est tout aussi frais qu'une glace, mais bien plus sain et léger, surtout si vous ne noyez pas votre yaourt sous les toppings sucrés (choisissez les fruits…). Ambiance ultra sympa dans un décor qui sent bon le propre et le bio. Yaourt glacé pauvre en matières grasses (1,5 %) et en calories (-50 %) par rapport à une glace traditionnelle. La vingtaine de parfums changent avec les saisons et permettent de se régaler la conscience (presque) tranquille. A personnaliser avec la trentaine de toppings. Bubble Waffle, smoothie et milkshake pour varier les plaisirs.

THÉ

CHA YUAN

18, rue Sommeiller ✆ 09 53 64 00 25
www.cha-yuan.com
Ouvert le lundi de 14h à 19h, du mardi au samedi de 10h30 à 12h45 et de 14h15 à 19h.

C'est toujours un vrai bonheur de rentrer dans la boutique Cha Yuan en plein cœur d'Annecy. A l'intérieur : un espace entièrement dédié au thé avec plusieurs « univers ». A l'entrée, avec les superbes boîtes rouges soigneusement alignées, le comptoir de vente où l'on peut choisir parmi les quelque 250 références de thés sélectionnés par la maison, nature ou aromatisés. Face au comptoir, des étagères où l'on découvre des accessoires indispensables pour servir le thé : théières, tasses, bouilloires... Et, plus au fond de la charmante boutique, un espace dégustation où l'on nous sert les meilleurs thés selon les règles d'un art ancestral, comme dans une authentique maison de thé.

NEW

THÉ

LES NOTES DE THÉ

12, rue Jean-Jacques Rousseau ✆ 04 85 46 24 80
www.lesnotesdethe.com
Ouvert du mardi au vendredi de 10h à 13h et de 14h à 18h30, samedi de 10h à 18h30

Ce n'est pas tout à fait une nouveauté, mais la reprise d'une enseigne qui proposait déjà les fameux thés signés Mariage Frères. Aujourd'hui, c'est Frédérique qui nous accueille dans cette belle maison de thé dont l'enseigne est inspirée par la proximité du Conservatoire de musique et les notes des merveilleux thés contenus dans les jolies boîtes. Que vous sachiez exactement ce que vous voulez ou que vous soyez à la recherche du thé qui correspond à votre humeur, envie du moment, laissez-vous guider parmi les 150 références de thés. Des thés noirs, verts, blancs, Oolong, pu-ehr, fumés, mais encore rooibos et infusions. Accessoires pour préparer votre thé comme il se doit.

THÉ

ORIGINES TEA & COFFEE

2, rue Centrale ✆ 04 50 52 50 37
www.originesteaandcoffee.com
Ouvert du mardi au samedi de 9h à 12h30 et de 14h30 à 19h, dimanche de 9h à 12h30.

A l'origine, cette enseigne est née à Bordeaux. Mais cela fait déjà quelques années qu'elle s'est installée à Annecy-le-Vieux dans le quartier d'Albigny. Lieu idéal pour faire une pause en terrasse pour déguster une boisson maison. A commencer par les thés et tisanes avec un choix de qualité, avec des produits 100 % issus de l'agriculture biologique, sans colorants ou conservateurs, à des prix accessibles. Toutes les origines - Chine, Japon, Inde, Ceylan, Corée du Sud, Brésil, Rwanda, Laos -, des thés pour tous les goûts, des thés de saison, et toujours les conseils avisés de Shephali et Arnaud pour nous guider dans nos choix. Également une sélection de cafés dans le même esprit.

© FRED DUTANTET

© FRED DURANTET

PÂTISSERIE

PHILIPPE RIGOLLOT

1, place Georges-Volland
✆ 04 50 45 31 35
http://philipperigollot.com
Ouvert le lundi, le mardi et du jeudi au samedi de 8h à 19h, dimanche de 8h à 13h. Fermeture le mercredi.

Philippe Rigollot embellit nos vies avec ses créations gourmandes. Toujours le même bonheur de savourer les pièces originales réalisées par un des Meilleurs Ouvriers de France 2007, Champion du Monde de la pâtisserie 2005, Award du savoir-faire en chocolat en 2015. Entouré de son épouse Elodie, qui nous accueille à la boutique avec le sourire, du chef Fabien Carré, de son fils Antoine, de Ludovic qui prépare le concours des MOF, Philippe Rigollot présente les incontournables de la maison - Mr Smith, Caracas, Saint-Honoré vanille, Choco-chocolat - et une collection de saison. Chocolats exceptionnels, macarons, gâteaux de voyage, nounours guimauve, sujets inédits pour Pâques. Craquant !

© FRED DURANTET

© FRED DUTANTET

© VALÉRIE PETROD

BIO
AQUARIUS
10, rue de la Paix
✆ 04 80 94 50 40
Ouvert du lundi au samedi de 9h à 19h30. Livraison à domicile à vélo.

Membres du réseau Biocoop, les quatre magasins coopératifs Aquarius en appliquent la philosophie écologique et citoyenne. Priorité est donnée aux relations directes avec les producteurs, ce qui permet aux exploitants de moins rogner sur leurs marges et aux milliers de coopérateurs, ainsi qu'à de nombreux « non sociétaires » de consommer régional. Le choix est intéressant dans tous les rayons. Des fruits et légumes irréprochables, de la viande – parce que bio ne signifie pas végan –, des produits laitiers, du vin sans sulfate, de la bière locale et du pain de qualité. Une enseigne qui veille depuis plus d'une trentaine d'années sur notre bien-être alimentaire.

BIO
LA SOURCE
49, avenue Gambetta
✆ 04 50 23 87 23
Ouvert du lundi au samedi de 7h à 20h.

Cette aventure verte ne date pas d'hier. Elle a commencé en bio il y a plus de 20 ans. En plus de la boulangerie, La Source propose une sélection de produits biologiques, parfois locaux : des produits alimentaires d'épicerie et des produits frais, mais aussi des aliments diététiques pour les régimes particuliers et de cosmétiques. Chacun y fait son petit marché avec des fruits et légumes frais et bio, et l'arrêt au rayon boulangerie permet de repartir avec un bon pain bio. Du 100 % bio à tous les rayons ! Ne pas manquer les plats du jour, les sandwichs maison, des salades pleines de saveurs de saison. Une véritable source de bien-être pour notre corps et notre esprit.

BIO
BIOFRAIS ANNECY
25, avenue du Parmelan
✆ 04 28 38 11 60
https://biofrais.com
Ouvert du lundi au samedi de 9h à 20h30, dimanche de 9h à 13h.

Dans les nouvelles « Nouvelles Galeries » (cette répétition n'est pas inutile étant donné la complète rénovation des lieux), les Annéciens découvriront peut-être l'enseigne BioFrais, créée en 2008 du côté de Saint-Julien-en-Genevois par un maraîcher bio d'Annemasse. Une belle et grande épicerie 100 % bio, privilégiant les producteurs locaux des Savoies (sans s'interdire de proposer des produits d'autres terroirs français), pour bien se nourrir toute l'année. Fruits et légumes de saison, vrac pour mieux consommer, très belle sélection de vins, produits frais et d'épicerie, sans oublier les cosmétiques. Le choix est large et les prix sont raisonnables. Kiosque de sushis bio faits sur place.

CONSERVES
DOMAINE DES ORCHIS
705, route de l'École-d'Agriculture - **POISY** ✆ 04 50 46 46 06
www.domainedesorchis.fr
100% BIO. Accueil au Domaine les mercredis et vendredis de 17h30 à 19h30, les samedis de 9h à 12h30 ou sur RDV.

Tout près d'Annecy, à 15 minutes du lac, les gourmands peuvent se fournir directement chez le producteur pour trouver d'excellents produits du terroir typiquement français : des vins de qualité réalisés avec des cépages locaux (altesse et mondeuse) élevés sans engrais et des escargots. Sur son domaine, Philippe Héritier cultive la vigne et élève les escargots pour le bonheur des gourmands se régalant de l'un avec l'autre ! Comme le raisin grandit dans une démarche bio, les escargots sont élevés dans les meilleures conditions sur l'exploitation. Il ne reste plus qu'à les emporter (en surgelé ou en bocaux) pour les déguster à la maison avec une bonne bouteille du Domaine des Orchis.

BIO
L'EAU VIVE
4, avenue des Romains ✆ 04 50 57 17 56
www.eau-vive.com
Ouvert du lundi au samedi de 9h à 19h30, dimanche de 9h à 12h30.

Cette supérette bio de 250 m² a l'avantage d'être accessible à pied depuis le centre-ville. Une boutique de produits biologiques et naturels où l'on trouve tout le nécessaire pour se nourrir et prendre soin de soi. Il faut dire que l'enseigne Eau Vive bénéficie d'une expérience de plus de 30 ans. Outre les rayons thématiques permettant de trouver toutes les familles de produits, on aime les conseils donnés par des vendeurs vraiment concernés par la démarche d'une enseigne mettant le bio à notre portée. Autre adresse dans la zone commerciale d'Epagny, avec 600 m² dédiés aux produits bio, toujours dans la même philosophie, avec une touche de modernité en plus : le drive bio (service gratuit).

PRODUCTEUR
C'NOS TERROIRS
67, avenue des Neigeos
✆ 04 50 33 56 45
www.cnosterroirs.fr
Ouvert du mardi au vendredi de 9h à 19h ; le samedi de 9h à 13h.

Voici l'adresse idéale pour faire son marché de bons produits du terroir vendus en direct par les producteurs eux-mêmes. Ici, les consommateurs retrouvent le goût de produits apportés par une quinzaine de producteurs passionnés, des exploitations souvent familiales où l'on respecte la nature. Légumes et fruits de saison, fromages régionaux de vache et de chèvre, lait, yaourts, fromages blancs, viandes et charcuteries, œufs, confitures, soupes, miel, vins et bières de Savoie ou jus de fruit. De quoi remplir son panier, sans compter que les producteurs invitent d'autres vendeurs afin de proposer d'autres produits de même qualité : chocolat, noix, pâtes, poissons du Léman, escargots...

CAVISTE

ONO'VINO

22, rue de la Gare
✆ 04 50 11 47 75
www.onovino.com

Ouvert du mardi au jeudi de 10h à 13h et de 14h30 à 20h. Vendredis et samedis de 10h à 20h non-stop

Le vin, c'est bien plus qu'un produit : ce sont des hommes, des rencontres et du partage. Sommelier de métier, passé par de belles maisons, passionné des vins du monde entier, Thibault Voinçon a naturellement ouvert sa cave dans sa ville d'Annecy. Chez Ono'Vino, de vrais coups de cœur avec une sélection de qualité, de jeunes vignerons audacieux, des méthodes artisanales respectueuses des terroirs. De belles découvertes des vignobles français et étrangers pour se laisser surprendre. Accords mets et vins parfaits. Il faut se laisser guider par un homme d'une grande convivialité qui n'a qu'une envie, transmettre sa passion. Spiritueux, liqueurs et bières. Soirées dégustation. Coup de cœur.

BRASSERIE

ARTMALTÉ

1, boulevard Bellevue ✆ 06 74 74 44 21
www.artmalte.com
Ouvert le mardi de 17h à 21h ; du mercredi au samedi de 17h à 23h.

Futé espère que la Petite Fabrique de Stéphanie Altermatt ne connaît toujours pas la crise ! ArtMalté, c'est une microbrasserie artisanale (au numéro 7), mais encore une cave et un bar dédiés aux bières artisanales de la région où se retrouvent les meilleurs becs à bière du coin. Parmi les bières fabriquées sur place, des bières que l'on pourrait dire « classiques », comme cette Pils, une blonde rafraîchissante, cette bière de garde ou cette blanche particulièrement réussie. Bières de l'Instant : plus originales, elles célèbrent différents instants de l'année... Des bouteilles à personnaliser et des bières à savourer, avec un atelier de dégustation à faire entre amis.

YUKA

Star des applications à avoir en poche au quotidien, Yuka est notre meilleur allié pour se repérer dans la jungle des produits qui nous sont proposés. Avec elle, on sait ce qu'on met dans nos assiettes et sur notre peau, répertoriant 1,5 million de produits alimentaires et 500 000 produits cosmétiques en les évaluant selon des critères bien précis (niveau de risque, présence d'additifs, etc.).

CAVISTE

LA CAVE DU PARMELAN

38, avenue du Parmelan ✆ 04 50 51 65 67
www.caviste-annecy.com
Ouvert du mardi au samedi de 9h à 12h30 et de 14h30 à 19h. Soirées dégustation.

Quand on peut avoir le flacon et l'ivresse de se laisser guider vers les meilleures bouteilles ! Cela fait plus de 15 ans que la Cave du Parmelan partage ses découvertes avec les amoureux du vin et les nouveaux venus qui viennent demander conseil. Dans une cave claire et bien rangée, près de 500 références de tous les terroirs attendent de se marier avec d'autres gourmandises. Envie d'un bel apéro autour d'un rosé, d'un rouge pas trop puissant pour ne pas écraser votre plat, d'un blanc idéal avec le poisson de lac, d'un champagne pour accompagner votre fête ? Vins et spiritueux – belles gammes en whisky, rhum, cognac, armagnac... – sont conseillés par Éric, guide passionné et passionnant.

CAVISTE

LA JAVA DES FLACONS

49, avenue du Petit Port ✆ 04 50 23 31 39
www.lajavadesflacons.com
Ouvert du mardi au samedi de 10h à 20h. Animations et dégustations. Livraison possible (vente directe et en ligne).

Bruno Bozzer est un marchand de vin qui a la passion des flacons jeunes et anciens, petits et grands. Sommelier, il débute très jeune dans la restauration, puis travaille au contact de grands chefs (avec Guy Martin, puis 10 ans chez Marc Veyrat), avant d'ouvrir La Java des Flacons, synthèse de toutes ses expériences. Sa cave de dégustation se remarque grâce à un fourgon Citroën vintage. Une plongée sympathique dans une époque dont Bruno a gardé l'ambiance tout en proposant des services actuels. Sélection avisée de grands crus et de petites maisons d'un rapport qualité-prix abordable avec près de 2 500 flacons pour toutes les envies. Des dégustations thématiques sont régulièrement organisées.

MICRO-BRASSERIE

LA DEMARRANTE

21, avenue des Îles
✆ 04 50 67 24 53
Ouvert du lundi au samedi de 17h30 à 0h.

La Démarrante sait nous régaler de bonnes bières artisanales et de bons pains faits sur levain des bières maison (cercle vertueux). Rendez-vous en fin de journée à ce « rendez-vous houblonné » pour partager bonne ambiance, bonne bande-son et... bonnes bières. Des bières qui se déclinent selon l'inspiration des brasseurs pour des blondes à la levure de boulanger ou une Marilou sous la neige, une ambrée épices et agrumes. Un lieu convivial et festif où l'on peut casser la croûte en mangeant du bon pain, notamment les samedis avec une cuisine maison inventive façon street-food, et des bons produits toujours dans le même esprit. Créativité et gourmandise d'un lieu au goût du jour.

CAVISTE

GUYOT

36, rue Sommeiller ✆ 04 50 69 22 04
www.guyot-vins.com
Ouvert lundi 15h-19h, mar et mer 10h-13h30/15h30-19h, jeu et ven 10h-13h30/15h30-19h30, samedi 9h30-13h30/14h30-19h30.

Maison de négoce en vins depuis 1919 bien connue dans la région, Guyot est installée en plein cœur d'Annecy. Une adresse lumineuse avec un millier de bouteilles pour les passionnés du vin qui se régaleront dans toutes les couleurs et pour les néophytes qui se laisseront guider avec plaisir. Vins de la vallée du Rhône en priorité, mais pas seulement pour cette enseigne ouverte sur les vignobles français – bouteilles rangées par régions – et étrangers, mais encore des spiritueux ou des champagnes. Dégustations avec des vignerons et animations toute l'année pour découvrir d'autres terroirs. Coffrets cadeaux pour les particuliers ou les entreprises. Livraison à domicile sur demande.

© LABOUCHONNERIE

© VALÉRIE PETROD

LA BOUCHONNERIE

7, rue du Président Favre
✆ 04 80 97 38 93
www.cave-a-vins-annecy.com
Ouvert du lundi au jeudi de 10h à 13h et de 15h à 20h ; le vendredi et le samedi de 10h à 20h ; le dimanche de 10 à 13h.

Pas de bon vin sans grande passion. La passion, c'est ce qui anime le jeune caviste Damien Petraz, mais aussi Eric et Lou qui nous reçoivent à la Boucheronnerie. Des cavistes qui partagent avec nous une autre passion, celle des vignerons pour leurs terroirs et leurs vins. 1 400 références, des petits domaines aux grands crus, avec de belles références en Savoie ou dans le Beaujolais. Proximité avec les vignerons sélectionnés, des vins bio ou en biodynamie pour respecter la nature. Dans le même esprit, des bières artisanales de microbrasseries, des whiskies, des rhums de toutes origines et des spiritueux. Belle surprise avec l'ouverture d'une seconde adresse à Sevrier. Coup de cœur assuré.

© HUGO LANIER

© VALÉRIE PETROD

© VALÉRIE PETROD

© LABOHEME

© LABOHEME

MICRO-BRASSERIE

BRASSERIE VEYRAT

210, impasse des Prés-aux-Biches
MARCELLAZ-ALBANAIS ✆ 07 69 40 46 19
www.brasserie-veyrat.com
Ouvert vendredi et samedi en fin d'après-midi, horaires selon saisons. Dégustations sur rendez-vous.

Notre brasserie préférée est aussi notre distillerie préférée ! La Brasserie Veyrat, c'est l'union de deux passionnés, artisans du bon goût : Manu qui, revenant d'un tour du monde à vélo, a eu la bonne idée de fabriquer ses bières avec du houblon bio et de l'orge cultivés à la ferme de Marcellaz-Albanais, et Aline, sportive amoureuse de la montagne. *Futé* leur décerne toutes les médailles en plus des 3 obtenues au Concours Général Agricole pour leurs bières La Blanche et l'Ambrée, ainsi que leur Limoncello Méditerranéen. Autres bonheurs avec le whisky maison, le gin et des ateliers pour fabriquer son propre gin ! Visites et dégustations incontournables pour cet immense coup de cœur.

© LABOHEME

© LABOHEME

© E. VEYRAT

© BIERONOMY

CAVE À BIÈRES

BIERONOMY

1152, avenue d'Aix-les-Bains
✆ 04 50 57 17 91
https://bieronomy.com
Ouvert du mardi au samedi de 10h à 12h30 et de 14h à 19h.

Parce qu'Annecy ne se limite pas au centre-ville, rendez-vous au lieu-dit Chaux-Balmont (pas loin de la sortie Seynod sud de l'A41) à la découverte d'une adresse dédiée au monde brassicole. Un lieu facile d'accès (vaste parking), deux espaces - une boutique et un bar - et une passion à partager pour les bières artisanales issues de microbrasseries. Tenu par d'authentiques passionnés, des cavistes indépendants qui organisent des événements autour de la bière, Bieronomy propose environ 800 références parmi lesquelles on se laisse guider. Au bar, dégustation de bières bouteille et pression sans pression. Pour les amoureux de la bière et ceux qui veulent découvrir cet univers en bonne compagnie.

© BIERONOMY

© BIERONOMY

© BIERONOMY

JE SORS JE ME CULTIVE

Sortir, se cultiver, c'est l'essence même de la vie. En fait-on trop ou pas assez ? Pas facile de le dire en toute objectivité. Ce qui est certain, c'est que la ville d'Annecy s'est posé des questions concernant la réglementation des terrasses… trop bruyantes au goût de certains, surtout en soirée quand la fête se prolonge sous les fenêtres bien après minuit. Je sors, mais en respectant la tranquillité de chacun. Tranquille, c'est l'impression que l'on peut avoir dans ces véritables « concepts » où l'on vient boire et faire mille choses, notamment travailler ! Côté sorties nocturnes, Annecy peut compter sur ses valeurs sûres qui animent les nuits en attendant de nouveaux modèles qui permettraient de sortir la jeunesse de son lit et de ses écrans... Nous, on aime et on soutient les grands écrans, comme le Pathé Annecy qui met le cinéma au cœur de la ville. La vitalité des scènes dans tous les genres, des plus classiques aux plus modernes, des plus musicales aux plus théâtrales, les festivals qui se succèdent aux beaux jours et les expos, montrent l'importance de la culture à Annecy.

VOTRE GUIDE DEVIENT
INTERACTIF

TAPEZ PETITFUTE.APP
DANS LE NAVIGATEUR DE VOTRE SMARTPHONE.

PRENEZ UNE PHOTO DE LA PAGE DÈS QU'ELLE A CE PICTO !

COFFEE SHOP ET SALON DE THÉ

CAFES BRAND

16, rue Jean-Jacques-Rousseau ✆ 04 50 45 09 41
www.cafes-brand.fr
Ouvert le lundi de 14h à 19h, du mardi au samedi de 8h à 12h15 et de 14h à 19h.

Une merveilleuse maison experte dans l'art de la torréfaction depuis 1959. Chez Brand, les cafés soigneusement sélectionnés et assemblés sont torréfiés selon un procédé artisanal garantissant toute l'authenticité de l'arôme et du goût. Des arabicas qui viennent des 4 coins du monde pour nous apporter leurs spécificités de terroir et l'on voyage à travers les odeurs et les saveurs dans sa tasse de café ! C'est délicieux à l'image de l'accueil et du conseil, avec Delphine et son équipe, qui ne manquent jamais de nous faire voyager dans ce monde à part, et de nous présenter une belle et imposante sélection de thés natures ou aromatisés, pour continuer le voyage sur un petit nuage de lait.

COFFEE SHOP ET SALON DE THÉ

AU FIDÈLE BERGER

2, rue Royale ✆ 04 50 45 00 32
http://aufideleberger.fr
Ouvert du mardi au vendredi de 9h30 à 18h45, samedi de 9h à 19h.

La fidélité, certains vous diront que c'est une utopie. Nous, on y croit plus que jamais quand on pousse la porte du Fidèle Berger. Depuis 1918, des artisans du bon goût nous proposent de délicieuses gourmandises dans un charmant salon de thé. Une adresse qui fait partie du patrimoine local. Une adresse où les grands-mères rencontrent leurs petits-enfants en salle cosy ou en terrasse. Une adresse où tout le monde se régale des cloches en chocolat « La Savoyarde », des roseaux d'Annecy, de bonbons de chocolat, de pâtisseries fines et de macarons. Le chocolat chaud à l'ancienne parfumé réchauffe toutes les générations. Un Fidèle Berger défiant le temps. Un incontournable.

NEW

COFFEE SHOP ET SALON DE THÉ

HIATUS COFFEE

5, passage des Cordeliers
✆ 04 50 19 51 72
www.hiatus-coffee.com
Ouvert du mardi au samedi de 8h30 à 18h.

Des lieux pour boire un bon café, il en existe quelques-uns à Annecy. Mais ce tout nouveau Hiatus Coffee rassemble quelques avantages que les autres n'ont pas, à commencer par une belle terrasse sur la place des Cordeliers. Ensuite, parce que Hiatus Coffee ne prépare, selon plusieurs techniques, et ne sert, avec le sourire, que des cafés de spécialité. Des cafés de producteurs aux notes et aux saveurs remarquables. Enfin, et c'est une grande qualité, parce que l'on y sert aussi un petit déjeuner, un brunch et un lunch toujours à base de bons produits. Du granola maison au pimped banana bread, du BLT sandwich au lard paysan à sa version veggie, c'est simple et c'est juste excellent.

COFFEE SHOP ET SALON DE THÉ

AU PACCARD GOURMAND

215, route de Piron - **SÉVRIER** ✆ 04 50 52 47 11
www.musee-paccard.com
Ouvert tous les jours de 8h30 à 18h30, sauf l'après-midi le dimanche et les jours fériés.

A toute heure, les cloches sonnent la pause gourmande chez Paccard, le célèbre fondeur de cloches installé sur les bords du lac d'Annecy. Près de la fonderie et du musée, un espace pour se régaler tous les jours à de larges horaires. Et ça commence dès le petit déjeuner servi avec une cloche en chocolat noir ou au lait réalisée par Cocoa Valley, fabricant local de qualité. Pour les sodas, ce sont les Brasseurs Savoyards qui représentent la région, mais encore Yaute Cola ou un thé glacé savoyard, Yaute & Tea. Thé en vrac que l'on ne trouve pas forcément ailleurs et macarons à l'ancienne pour accompagner. Visite du musée avant ou après, c'est encore meilleur.

COFFEE SHOP ET SALON DE THÉ

LA ROSE DES NEIGES

2, rue Jean-Jacques Rousseau
✆ 09 67 36 16 24
www.philipperigollot.com
Ouvert du lundi au samedi de 10h à 19h, dimanche de 10h à 18h.

Cueillez, tous les jours à la belle saison, tous les plaisirs gourmands de Philippe Rigollot à La Rose des Neiges. Une Rose des Neiges pour fondre de bonheur avec les créations d'un pâtissier d'exception - Champion du Monde de Pâtisserie et Meilleur Ouvrier de France - qui nous propose une véritable bonbonnière toute de rose vêtue. La petite terrasse est habillée dans les mêmes tonalités douces pour nous proposer, façon salon de thé, des merveilles de petits gâteaux à savourer sur place ou à emporter. De la pavlova aux fruits rouges à la feuille d'été qui nous a régalés accompagnée d'un thé glacé maison, il faut revenir souvent pour ne rien manquer. Une Rose merveilleuse.

NEW

COFFEE SHOP ET SALON DE THÉ

SLAKE

29, rue Sommeiller ✆ 04 50 05 16 51
www.slake-coffee.com
Ouvert du lundi au vendredi de 8h30 à 18h, samedi de 8h30 à 18h30, dimanche de 8h30 à 17h.

En quête de réconfort ? Ce qui est super avec Slake, qui a pris la place d'une fameuse Bicyclette Rose, c'est que l'on peut y étancher sa soif et sa faim tous les jours de la semaine à de larges horaires. Lieu de vie chaleureux où l'on se sent bien dès le petit matin pour savourer un café de spécialité - l'une des spécialités de la maison - et d'autres boissons à base de café (mais pas que). Extractions douces, espresso, les baristas mixent textures et saveurs pour préparer cappuccinos, mocaccinos... avec de superbes dessins de latte art. Thés, infusions peuvent s'inviter au petit-déjeuner, lunch ou goûter avec des pâtisseries maison (avec option sans gluten et sans lactose).

BAR - CAFÉ

14% VOL

14, rue Perrière

✆ 04 50 66 35 10

Ouvert du mardi au dimanche de 11h à 15h.

Sous les arcades de la partie la plus touristique de la ville, voici un bar à vin qui affiche la couleur et les degrés avec 14% Vol. Lieu pas bien grand - on ne vous parle pas de monter à l'étage... -, c'est la configuration du bâtiment qui veut ça, mais qui s'agrandit d'une terrasse ouverte sur les pavés pour s'aérer ou faire les commères, on ne se refait pas. Lieu idéal pour s'arrêter et s'hydrater entre deux visites, deux balades, deux... ce que vous voulez. Ce bar accueillant propose des planches pour tous les goûts, de la charcuterie et du fromage bien entendu, mais aussi des produits asiatiques, ce qui est moins courant et pas plus difficile à marier avec des vins bien sélectionnés.

BAR - CAFÉ

L'AMNESIE ANNECY

37, avenue des Barattes ✆ 09 54 72 46 81

www.amnesiepub.com

Ouvert du mardi au vendredi de 12h à 14h et de 17h à 1h et samedi de 17h à 1h

À Annecy, quand on se fait une Amnésie, on peut s'en souvenir longtemps ! Non pas une, mais trois adresses (Pringy et Sevrier en complément) pour cette enseigne décalée comme on les aime et que l'on aurait pu classer parmi les restaurants, puisqu'on y mange bien autant que l'on y boit bien. Dans ce quartier légèrement excentré, au pied d'un immeuble, un lieu de vie volontiers animé, voire festif en soirée, boire de bons cocktails – dont un Annecy Mule à tester –, des bières – dont quelques bières maison à tester aussi – ou un verre de vin à déguster avec une planche de cochonailles ou de from'ton (uniquement le soir). Un karaoké en privé ? Pas de problème, Kaboom ! Ambiance fun.

BAR - CAFÉ

BAR DU PONT MORENS

9, quai de l'Île

✆ 04 50 05 38 12

Ouvert du jeudi au mardi.

Au cœur du secteur médiéval – le pont Morens fut le tout premier pont de pierre franchissant le Thiou au XIIIe siècle –, le Bar du Pont Morens fait partie du patrimoine annécien. Certains qualifieront l'endroit de « piège à touristes », car le service reste à la hauteur de l'amabilité de certains touristes, les tarifs peuvent paraître démesurés et il vaut mieux éviter la cuisine... Mais le Bar du Pont Morens est bien plus que cela et c'est pour cela que l'on y croise des habitués qui ne peuvent pas prendre leur café ou leur apéro ailleurs. Aux saisons calmes, venez et embrassez votre chéri(e) en regardant les cygnes. Une adresse patrimoniale qui dit beaucoup de choses de la ville.

BAR - CAFÉ

LE BAR ROUX D'HEURE & LA BRUNE

6, rue Fliaterie

✆ 06 87 26 13 77

Ouvert du mercredi au samedi de 10h à 23h, le dimanche de 9h30 à 14h30.

Un Roux et une Brune ont installé dans le paysage gourmand annécien leur univers sans stress fait de brocante et de bonnes choses à savourer toute la journée. Ça commence dans le milieu de la matinée et ça se termine en fin de soirée – encore plus en été – sous les arcades de la rue Filaterie. Ça se régale autour d'une planche de charcuterie et de fromage, d'un brunch (jusqu'à 18h30 s'il vous plaît), d'une carte de restauration non-stop et de bonnes boissons. Des pancakes aux brownies, un régal à partager. Agréable terrasse pour prolonger le plaisir. Adresse réconfortante.

BAR - CAFÉ

BRUMES

2, passage des Bains

✆ 04 57 09 77 89

www.brumes-annecy.fr

Ouvert le mardi et du jeudi au samedi de 8h à 18h.

Déconnectez-vous dans ce coffee-shop sans ordinateur où il faut prendre le temps de partager, de savourer un café préparé avec amour par d'authentiques passionnés. Le café, une délicieuse spécialité qui prend une dimension supplémentaire chez Brumes. Lieu charmant, avec une adorable terrasse juste ce qu'il faut à l'écart de l'agitation tout en profitant du décor de carte postale, pour savourer des cafés d'exception signés principalement du torréfacteur Château Belleville, dont un excellent assemblage. Régulièrement, des torréfacteurs invités pour d'autres découvertes. Pour les amoureux, demandez un petit cœur dans la mousse de lait. Snacking de qualité dès le petit-déjeuner.

BAR - CAFÉ

LA BUVETTE DU MARCHÉ

20, faubourg Sainte-Claire

✆ 04 50 45 02 23

Ouvert du mardi au dimanche de 7h30 à 1h.

Inclassable, incontournable, c'est là que tout commence et c'est là aussi que tout se termine depuis... 139 ans ! Autant dire que la Buvette du Marché compte parmi les institutions de la ville. Un lieu à la fois pittoresque et atypique. Pittoresque, mais la Buvette n'est pas désuète et s'en trouve encore plus belle, encore plus chaleureuse pour nous accueillir dès l'aube quand un café serré s'impose pour commencer la journée avant de faire son marché ou d'aller au travail. Une journée qui se prolonge entre la terrasse animée à toute heure et le bar où l'on goûte au bonheur de faire des rencontres. Service parfait et bonne humeur garantie pour cette Buvette inscrite au patrimoine annécien.

ET SI ON PRENAIT UN VERRE ?

BAR - CAFÉ

CAFE BUNNA

17, rue Jean-Jacques-Rousseau ✆ 06 37 85 18 30
www.cafebunna.com

Ouvert du mercredi au samedi de 8h à 15h ; le dimanche de 8h à 12h.

Le Café Bunna, dans une rue finalement discrète et charmante à l'abri du flux incessant des rues voisines, c'est un peu un lieu « bohème » où l'on aime s'arrêter. Attention, ce n'est pas bien grand, dehors comme dedans, et l'on n'est jamais assuré de trouver une place. Mots d'ordre : convivialité, bien-être et bonnes choses autour de tables plus ou moins improvisées avec de jolies planches de bois. Dans cet « Espresso bar », d'excellents cafés préparés par un authentique barista qui s'amuse à faire des dessins dans notre mousse crémeuse, une sélection de thés pour toutes les occasions et pour accompagner vos boissons des pâtisseries qui ont du goût. Lieu hautement sympathique.

BAR - CAFÉ

CAFE CURT

39, rue Sainte-Claire
✆ 04 56 71 36 41

Ouvert tous les jours de 11h à 1h

Il fait partie du décor de la vieille ville d'Annecy depuis... le XIXe siècle à vrai dire). Enfin, disons que sa devanture en bois fait partie du patrimoine architecturale de la ville (inscrite à l'inventaire des Monuments historiques). Une institution locale, qui n'appartient plus à la famille Curt, mais qu'il faut absolument fréquenter pour profiter de sa terrasse sur les pavés et de son esprit d'autrefois, de sa convivialité et de sa chaleur. Dans ce bistrot historique ouvert tous les jours et tard le soir (1h l'hiver, 2h l'été), on vient profiter de la douceur de vivre locale en buvant une bonne bière ou un alcool plus rare au comptoir. Tournois de fléchettes et bonne bande son.

BAR - CAFÉ

CAFÉ DES ARTS

4, passage de l'Isle
✆ 04 50 51 56 40

Ouvert toute l'année. Du dimanche au mercredi de 10h à 0h, du jeudi au samedi de 10h à 1h.

Le café des Arts dispose d'une terrasse au cœur de la Vieille Ville à l'entrée du Palais de l'île. On ne saurait trop vous conseiller de venir à cette enseigne pour prendre un café croissant alors que la ville est encore calme et que les ombres s'étirent sur le canal. Poésie d'Annecy... Si la salle ne manque pas de charme, la terrasse est le meilleur atout pour un déjeuner léger ou un apéro pas en solo. Dans tous les cas, si vous attendez vos amis, n'hésitez pas à profiter des bandes dessinées et des livres mis à votre disposition. Tous les mois, une exposition d'objets, de photographies, de peintures ou de sculptures vous fait découvrir des artistes en vogue.

BAR - CAFÉ

CAFÉ DES DUCS

5, quai des Vieilles-Prisons
✆ 04 50 51 12 42

Ouvert tous les jours de 7h30 à 1h.

Un café idéalement situé dans la vieille ville, si proche des Vieilles Prisons qu'on y respire le charme d'un établissement qui a vécu des siècles à l'abri de ses murs épais. Un café plein de vie et d'énergie, tellement fréquenté qu'on vit ici le temps présent et à venir en partageant de bons moments. Ambiance bistrot dans un décor authentique, le tout profitant d'un service efficace et rapide pour un café italien parfait que ce soit un espresso ou un macchiato. Des saveurs qui accompagnent parfaitement brioches, croissants et tartines… Car ici on y prend aussi le petit-déjeuner en groupe ou en famille. Carte de snacking pour une pause dans ce décor de carte postale.

BAR - CAFÉ

LA CAVE

8, rue du Pâquier ✆ 04 50 09 45 93
www.barlacave.fr

Ouvert du lundi au mercredi de 18h à 0h, du jeudi au samedi de 18h30 à 1h.

Une Câve avec accent où se régaler d'un apéro dînatoire – cuisine étonnante par un véritable chef qui concocte de délicieux plats à partager… – ou passer une soirée entre potes. Avec une carte des vins digne de connaisseurs, La Cave sert des vins au verre – plus de 40 vins au verre avec des grands crus ouverts régulièrement – ou propose des bouteilles encore plus rares (environ 500 références), avec un bon vin de Savoie ou un grand cru de Bourgogne, sans oublier les bulles et les spiritueux, autour d'une table bien à l'abri des passants de la rue du Pâquier à deux pas du lac. Quant aux patrons, ils donnent le ton avec toute leur énergie et leur humour décalé. Concerts certains soirs.

NEW

BAR - CAFÉ

EL PUEBLO

33, rue Sommeiller ✆ 06 25 03 80 34
https://elpueblo-annecy.fr

Ouvert le mardi et le mercredi de 12h à 23h, du jeudi au vendredi de 12h à 1h, samedi de 14h à 1h.

Si vous avez encore votre monture du Poney Club ou si vous avez envie d'une nouvelle destination ensoleillée, départ immédiat pour El Pueblo. Un lieu de vie inspiré par les voyages de trois baroudeurs qui ont rapporté dans ce décor, dans l'ambiance, dans les verres et les assiettes, leurs trouvailles venues d'ailleurs. Un lieu chaleureux, réconfortant, hybride, où l'on se sent bien pour partager les saveurs du monde. Côté cuisine, le chef propose des tapas gastronomiques en petites ou grandes quantités selon votre appétit, avec un étonnant ceviche de bar au charbon végétal par exemple. Côté bar, des créations maison pour des cocktails qui nous font voyager. Super spot.

BAR - CAFÉ

FINN KELLY'S

10, faubourg des Annonciades ✆ 04 50 51 29 40
www.finnkellys.com
Ouvert du dimanche au jeudi de 17h30 à 2h ; le vendredi et le samedi de 17h30 à 3h. Wifi gratuit.

Depuis plus de 20 ans, à l'entrée de ce faubourg du Vieil Annecy, le Finn Kelly's nous invite à poursuivre l'exploration gourmande de ce temple de la bière irlandaise. Ici le fruit du houblon coule à flots et encore plus pour la Saint Patrick ! On se glisse dans ce bar tout en longueur pour se laisser tenter par une partie de fléchettes entre deux pintes de Guinness… Le Finn Kelly's est équipé d'un écran géant qui diffuse en direct les grands événements sportifs. C'est le lieu idéal pour vivre avec convivialité sa passion du rugby ou du foot les jours de grands matchs. Le tournoi des 6 nations ou les grandes compétitions estivales sont toujours des moments forts à partager !

BAR À BIÈRE

BEER O'CLOCK

18, faubourg Sainte-Claire ✆ 04 56 34 25 08
www.beeroclock.fr
Ouvert du lundi au vendredi de 17h à 1h, samedi de 16h à 1h, dimanche de 16h à 0h.

Beer O'Clock ! Après l'heure du vin, c'est l'heure de la bière, breuvage longtemps cantonné aux buvettes de stade de foot, justement élevé au rang de boisson à déguster (toujours avec modération) dans des bars spécialisés. Chez cette « Place to Beer », de ce côté animé et gourmand du Faubourg, les amateurs viennent découvrir en toute liberté (cartes prépayées) des bières d'ici et d'ailleurs grâce aux 12 tireuses alignées sur un joli comptoir en bois. Rien de meilleur à notre goût qu'une bière pression servie par des passionnés. Des bières du monde entier, des plus classiques aux bières artisanales rarissimes, qui changent régulièrement avec de nouvelles saveurs. Rencontres avec les brasseurs.

BAR - CAFÉ

LE OUISTITI À ROULETTES

31, rue Sommeiller ✆ 09 81 69 67 67
www.leouistitiaroulettes.com
Ouvert du lundi au samedi de 17h30 à 1h. Restaurant du lundi au vendredi au déjeuner. Cave à bières.

7 ans que l'on apprécie ce Ouistiti. Un petit singe tout mignon qui nous accueille dans une salle chaleureuse, avec une cave à bières pour s'alimenter même quand le bar est fermé. C'est juste derrière le centre Bonlieu qu'il faut venir boire une mousse locale artisanale, les craft beers sont à l'honneur ou un verre de vin bien sélectionné accompagné d'une bonne planche de charcuterie artisanale et de fromages fermiers. Rhums et whiskies sont aussi de la partie et les cocktails sont délicieux. Au déjeuner en semaine, une cuisine maison raisonnée pour se faire le plaisir d'un poulpe sauce chimichurri et spaghettis à l'encre de seiche et d'un brioche perdue. Concerts et esprit festif.

NEW BAR À BIÈRE

BIERONOMY

14, rue Sainte-Claire
https://bieronomy.com
Ouvert tous les jours, sauf mardi, de 14h à minuit.

Un tout nouveau lieu, et c'est tant mieux, dédié à la bière artisanale créé par Bieronomy. Tellement nouveau que le *Futé* a eu à peine le temps de le découvrir à son ouverture, mais connaissant déjà la cave Bieronomy de Seynod, il n'a aucun doute sur la qualité de cette adresse indépendante tenue par d'authentiques passionnés des craft-beers. Dans un espace chaleureux où il fait bon partager les après-midi, les fins de journée et les soirées aussi - pas vraiment d'heure pour une bonne mousse -, une belle sélection de brasseries artisanales en canettes, bouteilles et pression avec des roulements réguliers sur les 7 becs. Ambiance conviviale et planches pour accompagner les bières.

BAR - CAFÉ

SAVOIE BAR

1, place Saint-François-de-Sales
✆ 04 50 45 11 29
Ouvert tous les jours de 8h à 18h. Restauration le midi en semaine à partir du mardi et le samedi soir.

Difficile de faire plus authentique ! Au Savoie Bar, personne ne triche ou ne joue la comédie. Sur une place où il serait si tentant de prendre des touristes dans ses filets, le Savoie Bar ne fait pas de compromis pour nous faire partager une passion pour les bonnes choses de la vie. Alors, il faut absolument s'installer en terrasse pour admirer la belle devanture savoyarde et savourer le bon air local. Quand les températures descendent, on en profite pour discuter au comptoir autour d'un café noir ou déguster un excellent verre de vin de Savoie à l'apéro ou un vin chaud à l'ancienne pour se réchauffer. Le midi et le samedi soir on y sert une cuisine familiale faite maison.

BAR À COCKTAIL

LA QUEUE DU COQ

10, rue Vaugelas
✆ 09 81 26 95 00
Ouvert du mardi au samedi de 18h à 1h.

La Queue du Coq – dites plutôt LQDC – abrite de véritables champions de la mixologie, comme Alexandre Girard nommé dans la catégorie « Bartender français le plus influent » (la classe, non ?) aux Awards du Bar. Décor chaleureux aux airs « indus », ambiance conviviale pour partager un peu plus qu'un simple verre, une boisson d'exception. Il y en a pour tous les goûts sur une carte qui ne cesse d'évoluer, des cocktails et mocktails (sans alcool) réalisés avec art à partir de produits de qualité, notamment des fruits frais. Du *Bon baiser de Russie* à la classique *Margarita* tellement meilleure que nulle part ailleurs à Annecy. À consommer avec modération. Une Queue de Coq qui nous enchante.

ET SI ON PRENAIT UN VERRE ?

BAR À COCKTAIL

SHELTER

6, rue Vaugelas
✆ 06 10 13 94 99
https://shelter-bar.fr
Ouvert du mardi au dimanche de 18h à 1h.

Depuis 4 ans, le Shelter s'est imposé comme l'un des bars les plus en vue d'Annecy. Son architecture design, ses lumières tamisées, ses murs et son plafond végétalisé offrent une atmosphère conviviale et cosy, un véritable refuge urbain. La carte des boissons nous fait voyager vers des destinations différentes à chaque cocktail maison, de véritables créations concoctées à partir de bons produits. Chaque smoothie est également à base de fruits frais, ou de jus pressés. Et pour ne pas boire le ventre vide, planches pour toutes les envies, même véganes. Les soirs de week-end le Shelter se fait encore plus festif : avec ses DJ sets et ses jeux de lumière, le bar se transforme en club !

BAR À VIN

VIN CHEZ MOI

4, rue Centrale
✆ 04 50 27 72 50
Ouvert du mardi au samedi de 18h à 1h.

Si toi aussi tu veux partager de bons moments autour de bons verres de vin dans un bel endroit, va au Vin chez moi. Parce que « chez moi », c'est à la fois chez Anthony Colon, alias Kéké, le précurseur des bars à vin à Annecy (since 2008), et un peu chez toi. Un lieu cosy et chaleureux qui ne se limite pas qu'à un comptoir, mais aussi à de petits coins plus intimistes où l'on aime venir à deux partager une ardoise de produits de qualité, mais encore des plats plus étonnants, raffinés, autour d'un verre ou d'une bouteille avec une très belle sélection de toutes les régions de France. Et si tes pieds te démangent, le dancefloor t'ouvre les bras avec du bon son. Bonne bouffe, bonne bringue !

BAR À VIN

BON PAIN BON VIN

17, rue Filaterie
✆ 04 50 45 25 62
www.bonpainbonvin.fr
Ouvert tous les jours de 10h à 1h.

Savez-vous encore ce qu'est une buvette ? Un lieu convivial pour boire de bons coups ! Le Bon Pain Bon Vin, adresse jeune dans l'esprit mais qui aime regarder dans le passé, remet la tradition du bar à la française au goût du jour. Ici, les serviettes sont comme les nappes à carreaux et l'on aime bien cette France « d'avant » où l'on savait bien boire, bien manger… Ambiance bistrot festif sur une cuisine ouverte qui n'a rien à cacher. Larges horaires pour se retrouver entre amis autour d'un bon verre sur une carte sérieusement sélectionnée et de bons petits plats généreux façon harengs pommes à l'huile. Une adresse fort sympathique qui fait honneur à l'art de vivre français !

BAR À WHISKY

CAPTAIN PUB

11, rue du Pont-Morens ✆ 04 50 45 79 80
www.captain-pub.fr
Ouvert tous les jours de 11h à 3h. Cuisines fermées mardi et mercredi.

De quel bois est-il fait ce Captain Pub ? Du meilleur tonneau qui font les barriques les plus solides répondront les habitués d'un lieu qui abreuve les amoureux de bonnes bières ! Eh oui, depuis 23 ans, le Captain Pub est sur le pont et sur le trajet de toutes les bonnes soirées. Ambiance chaleureuse garantie et service souriant pour déguster une – ou plusieurs – des 14 bières pression, des bières en bouteille, une centaine de whiskies du monde, des cocktails ou une Chartreuse pour varier les plaisirs. Dans ce pub aux tonalités irlandaises, de la musique rock, grands écrans pour des retransmissions sportives et de la joie de vivre. Moules-frites servies à volonté, fondue et desserts maison.

BAR À VIN

LA VERRIERE

12, faubourg des Annonciades ✆ 04 38 80 05 64
www.laverriereannecy.com
Ouvert du lundi au vendredi de 16h30 à 0h30, week-end de 11h à 0h30.

A la Verrière, on peut tout faire ! Est-ce que l'on partage un verre en mangeant un petit plat ou est-ce que l'on partage un plat en buvant un verre ? La question n'est pas très importante puisque dans les deux cas l'essentiel reste le partage. Une belle adresse, avec sa terrasse à deux pas du lac, sa fameuse verrière et une salle plus grande qu'elle n'en a l'air avec son bar en majesté dès l'entrée, pour organiser un apéro réussi. Un afterwork qui se prolonge volontiers autour d'assiettes à partager, avec des options veggies et gluten free. Cocktails maison dans le même esprit de partage et de découverte. Une adresse pleine de fraîcheur et chaleureuse en diable.

BAR LOUNGE

L'A-CÔTÉ

20, place Gabriel-Fauré ✆ 04 50 23 09 90
www.le-clocher.com
Ouvert de juin à septembre selon météo. Ouvert du lundi au samedi de 18h à 23h30.

Plaisir es-tu là ? Oui, mille fois oui. Alors que vous avez rêvé d'une terrasse pendant tout l'hiver, sortez en été ! Direction les hauteurs d'Annecy à l'assaut de l'A-Côté. C'est l'espace terrasse, façon vacances, de l'incontournable restaurant le Clocher. Ambiance lounge avec de confortables canapés et un petit jardin japonais pour venir profiter de la belle saison sans aucun nuage à l'horizon. Belle carte de vins, bières, apéritifs et cocktails, ainsi qu'une carte de « finger food » pour savourer des tapas pendant un apéro qui se prolonge jusqu'à la partie de pétanque selon l'envie du moment. Privatisation pour célébrer tous les événements de la vie personnelle ou professionnelle.

THÉÂTRE

BONLIEU SCÈNE NATIONALE

1, rue Jean-Jaurès
✆ 04 50 33 44 00
www.bonlieu-annecy.com

Tout est bien reparti et les spectacles se suivent sans jamais se ressembler sur la grande scène nationale de Bonlieu. Une salle de 900 places pour assister aux spectacles dans les meilleures conditions. Au cœur de la ville, tout à côté du lac, un véritable lieu de création où peut s'épanouir le spectacle vivant. La programmation 2023 ne déroge pas à la règle avec du théâtre, de la danse, de la musique, des arts du cirque... Une exposition consacrée à Robert Combas que l'on a adorée, des conférences, des ateliers, des événements gratuits, en attendant la présentation de la saison 2023/2024 fin juin et toujours les festivals à ne pas manquer. Une scène plus vivante que jamais.

CINÉMA

CINÉMA LA TURBINE

Place Chorus ✆ 09 64 40 04 71
https://laturbine.annecy.fr
Ouvert tous les jours. Labellisée Art et Essai ainsi que jeune public.

Reprise des activités à la Turbine avec une réouverture réalisée par phases successives pour les 3 entités. Le cinéma a pu rouvrir ses portes et illuminer nos vies avec une sélection toujours aussi passionnante de films pas vus ailleurs. Labellisé « Art & Essai », « Jeune Public », « Recherche et Découverte » et « Europa Cinémas », La Turbine joue l'engagement avec la programmation de festivals et de rencontres et de films et documentaires engagés. Mais rassurez-vous, on y verra aussi les derniers dessins animés avec toute la famille ! De plus, on s'y assoit dans de grands fauteuils confortables dans les meilleures conditions et on profite d'une haute qualité de son et d'image.

DAILYART - DOSE D'ART

Choisir sa langue parmi les 16 disponibles, l'heure à laquelle on souhaite recevoir les notifications et la laisser nous guider à la découverte de 4 000 œuvres et 1 000 artistes. Chaque jour, un concentré d'art, sans avoir besoin d'ouvrir un livre ou d'aller au musée. L'art vient à nous sous forme de petite pastille visuelle accompagnée d'un texte explicatif, consultable en seulement 5 minutes !

JAZZ

JAZZ CLUB D'ANNECY

69, avenue de France ✆ 04 50 23 75 74
www.jazzclubannecy.com
Fermé en août. Concert le 2ème mercredi du mois à 20h30. Entrée : 12 €. 5 € pour les membres de l'association.

Avec 30 ans d'existence et une nouvelle saison pour remettre du jazz dans nos cœurs. Concerts, festivals, l'association de musiciens et mélomanes, passionnés et bénévoles, perpétue une tradition de culture Jazz et Blues très vivante à Annecy. Le Jazz Club sait faire la place aux musiciens les plus talentueux comme aux plus prometteurs dans différents lieux (programmation sur FB). Grâce à l'énergie et la passion de ses membres, le Club est bien ancré dans le paysage musical de la scène annécienne : des concerts chaque deuxième mercredi du mois) et tous les ans le Festival au Château de Clermont. Programmation de qualité dans une ambiance chaleureuse et décontractée.

CONCERT

LE BRISE-GLACE

54 bis, rue des Marquisats ✆ 04 50 33 65 10
www.le-brise-glace.com
Ouvert du mardi au vendredi de 14h à 19h. Ouvert le samedi après-midi si concert le soir.

Être sur la scène, sauter dans la fosse, vibrer par la musique au Brise-Glace d'Annecy. Au bord du lac, à 10 minutes à pied du centre-ville, cette scène de musiques actuelles est installée un superbe bâtiment contemporain de 1 500 m². C'est au Brise-Glace que l'on prend l'air du temps, le vent des musiques d'aujourd'hui avec une programmation de folie. Deux salles, des studios, pour un véritable lieu de vie ouvert à tous les publics, même les plus jeunes qui profitent d'une programmation adaptée. Que vous soyez hip-hop, électro, rock ou folk, vous ne serez jamais déçu et vous ne serez pas à l'abri d'une belle rencontre ! De belles soirées pour amplifier notre bonheur.

CONCERT

L'ARCADIUM

38, boulevard du Fier
✆ 04 50 88 38 74
www.arcadium-annecy.fr

C'est la grande salle de concerts pour artistes à dimension nationale ou internationale. Anciennement Hall des Expos, l'Arcadium est né après des travaux de rénovation titanesques réalisés il y a plus de 10 ans dans le respect des normes HQE et un investissement de 9 millions d'euros. Elle peut abriter des expositions, des congrès, des galas sportifs et surtout des spectacles vivants (une quarantaine par an). Elle peut accueillir jusqu'à 3 300 personnes avec une programmation qui mêle humour, danse, musique. Déjà des dates à réserver pour 2024 avec Artus, Naïm, David Castello-Lopes ou *Flashdance* au mois de mars, le retour du *Lac des Cygnes*, mais aussi Thomas Marty ou Jarry.

© PATHEANNECY

© PATHEANNECY

PATHÉ ANNECY

7, avenue de Brogny
www.cinemaspathegaumont.com
Ouvert tous les jours. Entrée 13,60 €. Enfant 7,50 €. Cinepass illimité à partir de 16,90 €.

Un film, ça se partage en se regardant sur grand écran. Au cœur battant de la ville, le Pathé Annecy met le meilleur du cinéma à la portée de tous. Dans un multisalle contemporain, vivez l'expérience du cinéma en famille, entre amis ou en amoureux dans l'une des 10 salles (1 832 places et sièges numérotés). Son d'exception pour être dans l'action et projection en très haute définition pour être au cœur des images. Avant-première, des équipes venues présenter leur film, mais encore des concerts ou du théâtre en direct ! Plus grand mur de bonbons de France. Espace cocktail privatisable pouvant recevoir jusqu'à 200 personnes. Le cinéma autrement, le spectacle tout le temps !

© PATHEANNECY

© XAVIER GRANET

© PATHEANNECY

DISCOTHÈQUE

LE MARACAIBO

130, impasse des Prés d'en Bas
ARGONAY
Ouvert du jeudi au samedi de 23h à 5h30.

Annecy se rapprocherait-elle du Venezuela ? Dans tous les cas, le Maracaibo - après plus de 25 ans au bord du lac d'Annecy - nous emmène du côté d'Argonay pour continuer à faire vibrer nos nuits et les rendre plus folles. Connu pour son ambiance festive depuis 7 ans, le Maracaibo, animé par toute son équipe, n'attend plus que vous pour vous faire vivre une expérience unique à base d'un cocktail de bonne humeur et de bonne musique. Jusqu'au bout de la nuit, on danse ensemble sur un style musical 100 % généraliste qui convient à tous les styles, pourvu que vous sachiez vous lâcher et vous amuser dans cette ambiance festive. Voyage au bout de vos envies festives.

DISCOTHÈQUE

LE POP PLAGE

30, avenue d'Albigny
✆ 04 50 19 19 73
www.popplage.com
Ouvert d'avril à octobre. Ouvert du jeudi au samedi.

Qui n'y a jamais mis un pied, une tong, une basket, toute autre partie de son anatomie et de son vestiaire n'est pas tout à fait du coin. Pour la saison 2023, l'institution Pop Plage nous annonce un nouveau concept... qui restait encore à découvrir au moment où nous écrivions ces lignes. Il nous semble que l'offre de restauration pouvait monter en gamme, mais qu'il ne faut pas changer grand-chose de l'ambiance boîte de nuit gentiment déjantée. En attendant le concept et la liste des belles soirées, qui commencent dès l'apéro pour se terminer au petit matin, notre guide sera entre vos mains ! La fête et l'été vibreront toujours plus fort au Pop Plage pour une nouvelle « party ».

DISCOTHÈQUE

TELEPHONE ROSE

8, faubourg des Annonciades
✆ 06 11 22 32 30
www.le-telephonerose.fr
Ouvert du jeudi au samedi de 23h à 5h30.

La ligne la plus hot d'Annecy pour des soirées inoubliables. Le Téléphone Rose répond toujours et encore avec de nombreux événements qui permettent d'enchaîner les soirées de fin de semaine en écoutant du bon son tout en tapant du pied. A l'entrée du Faubourg, une enseigne amusante, petite icône locale qui a fait récemment peau neuve pour sortir nos nuits d'une certaine léthargie (tout en respectant la tranquillité du voisinage) avec une programmation à la fois pointue et accessible pour que tout le monde puisse danser et s'amuser. DJ sets à découvrir sur une page FB bien alimentée en continu pour mieux voir la nuit en rose. Que la force de la piste de danse soit avec nous !

DISCOTHÈQUE

LE GARAGE

36, rue Sommeiller
✆ 04 50 45 69 40
www.discotheque-legarage.com
Ouvert du jeudi au samedi de 23h à 6h. Entrée : 20 €. Entrée gratuite avant 1h.

© LEGARAGE

© FOUDIMAGES

Si un ami vous invite à le suivre au Garage en début de soirée ce n'est pas pour entretenir votre voiture ! C'est pour passer la meilleure des nuits dans cette discothèque idéalement située au cœur d'Annecy. Un havre de divertissement pour s'amuser, partager du bon temps dans une ambiance festive jusqu'au petit matin en écoutant du bon son lancé par les DJ résidents et guests - programmation pour tous les styles -, mais aussi en admirant des performers live. Haut degré de coolitude dans ce lieu parfaitement tenu où chacun est en totale sécurité pour danser et boire des verres en bonne compagnie. Privatisation possible pour vos événements. Les fins de semaine sont plus belles au Garage.

COURS DE CUISINE

L'ECOLE DES SAVEURS DES BOIS

880, route des Champs Blonds - **GRUFFY**
✆ 06 17 61 84 94
www.lecoledessaveursdesbois.com
Fermé de décembre à mars. 35€ à 110€.

L'homme urbanisé a oublié le nom des plantes, celles qu'il peut manger sans danger, celles qui ont du goût, celles qui lui font du bien. Pour retrouver notre âme de cueilleur (parce que chasseur, c'est autre chose...), partons en balade dans la nature avec l'Ecole des Saveurs des Bois. Découvrons comment nous nourrir sainement avec ce que notre environnement nous propose lors d'une promenade dans les Bauges en remplissant son sac de plantes comestibles et médicinales. Enfants comme adultes adorent ! Cuisine « sauvage » pour réaliser un menu entier avec votre cueillette.

COURS DE MUSIQUE

CONSERVATOIRE À RAYONNEMENT RÉGIONAL

10, rue Jean-Jacques-Rousseau
✆ 04 85 46 76 50
https://crr.annecy.fr

Le Conservatoire à Rayonnement Régional (CRR) se situe dans le bâtiment de l'ancien Evêché ou palais épiscopal d'Annecy et date de la fin du XVIIIe siècle. Il n'est pas rare de passer dans la rue Jean-Jacques-Rousseau et d'entendre les notes de musique s'échapper par les fenêtres. Le CRR a pour vocation d'assurer l'enseignement de la musique, de la danse et du théâtre, associé à la diffusion et à la création. Cet enseignement prend des formes diverses, de l'initiation pour amateur à l'acquisition d'un métier. Master classes et Festival Sons d'Automne au mois de novembre.

DISQUAIRE

VINYL & COFFEE

9, avenue de Loverchy
✆ 06 51 21 53 64
Ouvert du mardi au samedi de 13h à 19h.

Si le vinyle est en vogue sur les platines, les boutiques de vinyles se font rares. Alors quand on tient le dernier disquaire de Haute-Savoie, il ne faut pas le lâcher ! Pour le moment, dans sa boutique vintage d'un temps que les moins de..., Franck continue de nous proposer 15 000 vinyles - à la louche - de tous les styles, de toutes les époques, de la soul au hip-hop. Des perles de tous les pays, des sons chaleureux à partager en ôtant son casque, à découvrir en prenant son temps, un verre sur la table, pour faire son choix et se laisser inspirer par les titres diffusés. Un disquaire qui bouscule les codes et nous redonne le goût du vinyle, c'est « so good ».

MUSIQUE

MUSIC LEADER

17, avenue du Rhône ✆ 04 50 52 74 28
www.music-leader.fr
Ouvert le lundi de 14h à 19h, du mardi au samedi de 9h à 12h30 et de 14h à 19h. Parking gratuit à l'arrière du magasin.

Depuis plus de 20 ans, véritable institution, Music Leader International fait partie du paysage musical et continue de distribuer les meilleures marques pour le plus grand plaisir des zicos débutants et professionnels. Pour celles et ceux qui veulent encore saigner sur les Gibson, Dobro, Fender, Alvarez, Ibanez et autres Gretsch ; pour ceux qui veulent revivre la passion des concerts en tapant sur leur Sabian ou leur Pearl ; pour les pianistes qu'ils soient Korg, Roland ou Yamaha et pour tous les autres, notamment les passionnés des musiques électroniques, tous le matériel et les conseils résonnent sur mesure ! Sonos de haute qualité et librairie de choix. Leader dans son domaine.

MUSIQUE

VÉRAN MUSIQUE

11bis, avenue d'Aléry
✆ 04 50 45 09 53
www.veran-musique.fr
Ouvert du mardi au samedi de 9h à 12h et de 14h à 19h.

Véran Musique, un nom qui résonne dans toutes les oreilles d'Annecy et de la région depuis plus de 60 ans ! C'est le spécialiste des instruments, que vous soyez musiciens avertis ou que vous ayez simplement envie de vous lancer dans la musique. Une boutique (sans oublier l'adresse de Thonon et celle de Marignier) spécialisée dans la vente d'instruments à vent avec un atelier de réparation performant, alors que l'enseigne principale se trouve vers l'avenue d'Aléry. Toutes les plus grandes marques pour tous les styles de musique, y compris les musiques actuelles qui font l'objet d'un soin particulier. Sur place ou en ligne, possibilité de trouver des instruments d'occasion à petits prix.

PEINTURE

LE COQUELICOT BLEU

267, chemin de la Ravoire - **MARCELLAZ-ALBANAIS**
✆ 06 71 02 06 04
www.lecoquelicotbleu.com
Atelier ouvert pendant les heures de cours ou sur rendez-vous.

Un joli Coquelicot Bleu qui pousse du côté de Marcellaz-Albanais grâce au talent d'Estelle Juge. Un atelier-boutique chaleureux et tout joli en pleine campagne où l'on vient suivre des cours de peinture sur bois – mais aussi sur d'autres supports (toile, métal, verre, mais aussi confection de mosaïques...) – avec une véritable artiste. À la boutique, ouverte sur rendez-vous ou aux heures de cours, on découvre tout un univers fait de boiseries brutes et peintes. Si Estelle Juge réalise de superbes peintures stylisées et animalières « régionalistes », son inspiration s'élargit vers d'autres horizons, notamment asiatiques. Une adresse confidentielle pour s'évader du quotidien.

LIBRAIRIE

CULTURA

120, rue des Peupliers - **EPAGNY METZ-TESSY**
✆ 04 50 24 69 49
www.cultura.com
Ouvert du lundi au samedi de 9h à 20h.

Lire, apprendre, comprendre, partager ses connaissances, mais aussi se divertir, s'amuser..., Cultura a réussi le pari de mettre la culture à la portée de tous dans de grandes surfaces où l'on pourrait passer des journées. Chez Cultura, on se gare facilement sur le vaste parking et on entre par curiosité avant de s'attacher à tous les univers proposés. Impossible de lister tout ce que vous pourrez trouver ici tant le choix est incroyable. Côté livres, des étagères à n'en plus finir, des romans classiques aux dernières BD (superbe rayon en la matière), en passant par le rayon des guides de voyage. Beaux-arts, musique... Offrez-vous la culture sans (trop) compter.

LIBRAIRIE

DECITRE

19, rue Sommeiller
✆ 04 50 33 00 02
www.decitre.fr
Ouvert du lundi au samedi de 9h30 à 19h.

C'est quoi Decitre ? Créée en 1907 à Lyon, Decitre est la référence rhônalpine des librairies qui étend aujourd'hui son réseau à travers 10 librairies dans la région et deux librairies en région parisienne. C'est qui Decitre ? Ce sont plus de 180 libraires et papetiers passionnés qui vous conseillent et vous guident dans votre recherche d'ouvrages dans tous les genres, d'un roman à dévorer à la BD à offrir. C'est où Decitre ? C'est au cœur d'Annecy pour mettre la lecture et la culture à portée du plus grand nombre dans un lieu chaleureux. Autres accès via le site Internet avec des services performants. Sur place, rencontres avec les auteurs. Toujours le goût de lire chez Decitre.

LIBRAIRIE

ESPACE CULTUREL E.LECLERC

60, route des Creuses ✆ 04 50 69 30 46
www.e-leclerc.com/cran-gevrier
Ouvert du lundi au vendredi de 8h à 20h, dimanche de 8h à 12h30.

Chez E. Leclerc, il y a de la place pour se cultiver. Parce que la culture doit être accessible à tous, E. Leclerc ne propose pas des livres moins chers - rappelant que le prix du livre est unique dans toutes les librairies -, mais un large choix et une belle sélection d'ouvrages : romans, polars, nouveautés littéraires, bien-être, jeunesse, BD, mangas ou parascolaires et étudiants. Un rayon guides de voyage/tourisme. Rayon multimédia bien fourni. Un personnel dynamique et à l'écoute saura vous conseiller. Possibilité de commander en ligne et de retirer sur place.

LIBRAIRIE

FNAC

65, rue Carnot
✆ 08 25 02 00 20
www.fnac.com
Ouvert du lundi au samedi de 10h à 19h30.

La culture à la portée de tous. Au cœur du centre commercial Courier, la Fnac s'adresse à tous les publics à travers de nombreux univers, à commencer par les livres et la papeterie. Un large choix d'ouvrages pour tous les goûts, dans tous les styles (littérature, jeunesse, BD, pratique, etc.), des vinyles qui reviennent en force dans les rayons, mais aussi des produits multimédias (appareils photo, caméras, ordinateurs, gaming, télévisions, matériel Hi-fi...) mais encore du petit électroménager (robots, cafetières...). Billetterie pour assister à tous les événements dans la région et en France. Temple de la culture, la Fnac se renouvelle pour proposer toujours plus de choix.

LIBRAIRIE

JOIE DE LIVRE

14, rue Royale ✆ 04 50 11 24 71
https://librairie-joiedelivre.fr
Ouvert du mardi au jeudi de 9h30 à 12h30 et de 13h30 à 19h, vendredi et samedi de 9h30 à 19h.

Au cœur battant d'Annecy, une libraire à la croisée de deux univers : la santé et le bien-être. Même si ce n'est pas une librairie généraliste, c'est bien une librairie indépendante en plein centre-ville, un véritable commerce de proximité comme on les aime avec sa propre identité ! Joie de Livre s'adresse à tous les lecteurs curieux qui pourront découvrir des petits éditeurs et des thématiques qui nous emmènent vers de larges horizons comme le bien-être, la santé, la psychologie - sujets vastes et très tendance -, mais aussi le yoga ou l'éducation. Ici beaucoup de bienveillance dans une librairie où il faut prendre le temps de discuter, de partager et de découvrir.

LIBRAIRIE

LIBRAIRIE IMAGINAIRE

4 bis, rue de la Poste
✆ 04 50 51 75 17
https://librairieimaginaire-annecy.fr
Ouvert le lundi de 14h à 19h, du mardi au samedi de 9h à 19h.

Lire est essentiel. Et pour affronter une réalité qui dépasse parfois la fiction, la Librairie Imaginaire est plus que jamais nécessaire. Sur tous les fronts depuis plus d'un quart de siècle, Catherine et ses livres nous emmènent dans des univers parallèles où il faut se laisser guider et transporter. Des murs couverts de livres jusqu'au plafond pour une librairie spécialisée en littératures française et étrangère. Du dernier prix Goncourt au guide de voyage en passant par l'ouvrage spécialisé, chacun trouve son bonheur. Coup de chapeau pour les paquets cadeau. L'Imaginaire est aux commandes d'une librairie qui nous propose quelque chose de plus que des livres : une autre vie.

LIBRAIRIE

LIBRAIRIE RUE DE VERNEUIL

11, faubourg des Balmettes
✆ 04 50 66 36 05
www.librairieruedeverneuil.com
Ouvert du mardi au samedi de 10h à 12h30 et de 14h30 à 19h.

Lire est essentiel, partout, tout le temps. Des livres pas croisés ailleurs pour ouvrir nos horizons, libérer notre imaginaire. Dans une librairie pas tout à fait comme les autres, et qui a la bonne idée de nous réserver des places de parking, l'aventure commence par une belle rencontre. Une libraire géniale qui nous conseille avec passion et gourmandise. Du plaisir, même quand on vient pour chercher ses livres scolaires et que l'on repart avec un roman ou une BD. Sélection faite avec passion, poésie et émotion. Bonne humeur contagieuse autour de la passion du livre.

BD

BD FUGUE CAFÉ

1, rue Jean-Jaurès
✆ 04 50 45 22 80
www.bdfugue.com
Ouvert le lundi de 14h à 19h ; du mardi au samedi de 10h à 19h.

Plus de 40 ans que BD Fugue alimente notre bédéphilie et ce n'est pas fini ! L'âge, c'est dans la tête ! Et celle de Jean-Jacques Roby, le fondateur toujours aux commandes, est bien faite. Ce passionné de BD a fait le pari osé de monter une librairie spécialisée dans un genre autrefois moins apprécié qu'aujourd'hui. Autre pari qui a fonctionné, celui du centre Bonlieu au cœur de la ville. Au fil du temps, avec l'ajout de Vincent Poirier et d'une équipe passionnée elle aussi, BD Fugue est devenue une référence. Lieu étonnant où l'on découvre tout ce qui se fait en BD et des figurines qui donnent vie à nos personnages préférés. Café pour partager ses impressions et séances de dédicaces.

BD

LIBRAIRIE 9E QUAI

75, rue Carnot
✆ 04 50 51 09 04
www.momie.fr
Ouvert du lundi au samedi de 10h à 19h.

Après 10 ans de collaboration, les Momies sont parties, mais l'aventure de 9e Quai se poursuit plus de 20 ans après sa création par d'authentiques passionnés du monde de la BD. Toujours deux adresses, l'une consacrée à la BD et aux comics au numéro 75, l'autre aux mangas au numéro 55 de la rue Carnot. Plongez dans les 120 m² de cette librairie hors norme ! Le décor vous met dans l'ambiance. Au milieu des personnages historiques ou actuels, on discute entre passionnées de BD, alors que les fans de mangas se réjouissent de la sortie d'un nouvel opus. Les trésors sont nombreux, les figurines superbes, les dédicaces fréquentes, les enfants s'en mêlent volontiers. Un monde de BD.

JEUNESSE

L'ÎLE AUX LIVRES

9, rue Royale ✆ 04 50 51 35 58
www.librairie-ileauxlivres-savoie.com
Ouvert du mardi au vendredi de 9h à 12h30 et de 14h30 à 19h, samedi de 10h à 12h30 et de 14h30 à 19h.

Il n'est jamais trop tôt pour rêver, s'émerveiller, entendre de belles histoires et faire des découvertes en tournant les pages d'un livre. A l'abordage de l'île de Chantal Rossetti, une libraire indépendante qui transmet sa passion aux enfants dès le plus jeune âge. Il faut l'entendre lire des histoires à nos petites têtes blondes et donner les meilleurs conseils lecture aux parents. Un lieu magique pour les séances de dédicaces d'écrivains jeunesse lorsque les enfants savent encore s'émerveiller et poser des questions. En plus des livres, l'Ile abrite des jeux éducatifs et familiaux pour partager d'autres moments merveilleux. Une librairie pour les tout-petits qui deviendront des géants !

RELIGIEUX

LA PROCURE D'ÉTINCELLES

3, rue Jean-Jacques-Rousseau ✆ 04 50 45 25 95
www.laprocure.com
Ouvert lundi de 14h à 18h, du mardi au vendredi de 9h30 à 12h30 et de 13h30 à 18h, samedi de 9h30 à 18h.

Située entre la rue Jean-Jacques-Rousseau et les quais du Thiou, voici une authentique librairie qui fait partie de la vie des Annéciens depuis le début du siècle dernier ! Spécialisée dans la littérature empreinte de spiritualité, notamment religieuse, La Procure met en bonne place des éditions commentées des textes sacrés, des ouvrages de découverte à destination des petits comme des grands. Mais la librairie La Procure d'Annecy est aussi généraliste et dispose d'un incroyable rayon d'ouvrages contemporains dans toutes les matières, jeunesse y compris. Des libraires passionnés ajoutent leur gentillesse et leur professionnalisme pour nous guider sur le chemin du livre et de l'esprit.

CULTURE - BIBLIOTHÈQUE

L'ACADÉMIE FLORIMONTANE

10, rue Jean-Jaques-Rousseau
✆ 04 50 51 02 19
www.academie-florimontane.fr

Héritage exceptionnel que cette Académie florimontane. Une véritable académie, qui fait partie de la Conférence nationale des Académies et de l'Union des Sociétés Savantes de Savoie, digne héritière de la première académie de langue française créée en 1607 par deux illustres Savoyards : François de Sales et Antoine Favre. Cette première académie ne fleurit que trois saisons, mais elle donna de beaux fruits qui revinrent nourrir les esprits au XIXe siècle. Aujourd'hui, cette académie publie annuellement la *Revue savoisienne*, gère le château de Montrottier et une bibliothèque, ouverte le jeudi matin, de 12 500 ouvrages anciens et récents sur la Savoie et Royaume de Piémont-Sardaigne.

RADIO

ODS RADIO

51, route de Thônes
✆ 04 50 52 15 15
www.odsradio.com

Les 2 savoies. Radio n° 1 à Annecy. Annecy et Bassin Annécien 101.5

Au sommet ! ODS radio est la première radio des Alpes. Créée en 1996, ODS radio émet dans toute la région en faisant la part belle à l'actualité locale, les bons plans et les jeux, notamment le célèbre Appel Cash ! ODS radio est la radio familiale par excellence. Tout au long de la journée, la musique pop-rock domine et se diffuse dans les 2 Savoie et dans l'Ain. La journée débute dans la bonne humeur avec Gilles Corentin dans Le Grand Réveil ODS radio (6h-10h). L'AfterAlpes entre 16h et 20h pour faire le plein d'infos et de cadeaux avec Adrien. Partenaire des plus gros événements en Haute-Savoie, Savoie et dans l'Ain, ODS radio est l'un des médias majeurs de la vie locale !

RADIO
CHÉRIE FM

5 ter, avenue des Trois-Fontaines
✆ 04 79 68 51 45
www.cheriefm.fr
Annecy : 96.0.

La radio de « La plus belle musique » pour se détendre les oreilles qui n'en peuvent plus du « bruit » des autres radios FM. Chérie FM, ça commence en semaine par une matinale intitulée Le Réveil Chérie avec Alexandre Devoise et Tiffany Bonvoisin. On enchaîne avec de la bonne musique. Tous les artistes que l'on aime avec des titres d'hier et d'aujourd'hui, des titres que l'on fredonne forcément avec Clara Luciani, suivi d'un Michael Jackson, d'un Adele, d'un Calogero ou le dernier Ed Sheeran. Club Chérie avec Jérôme Bognaux. De nombreuses webradios thématiques : zen, frenchy... Chérie FM, la radio qui ne nous prend pas la tête mais qui nous met de bonne humeur et de la musique plein la tête !

RADIO
FRANCE BLEU PAYS DE SAVOIE

1, rue Jean Jaurès
✆ 04 50 52 97 50
www.francebleu.fr

Intégrée au groupe Radio France, France Bleu s'appuie sur ses antennes régionales réparties sur le territoire. Grille de programmes mêlant informations nationales, régionales et locales. En semaine, les émissions déclinent l'essentiel de l'actualité complétés de chroniques. On aime France Bleu Pays de Savoie pour ses émissions telles que *Passion Montagne, L'Assiette Savoyarde* ou *Circuits courts en Pays de Savoie*. Le FC Annecy a aussi son émission tous les lundis pour commenter les résultats du week-end. Toute l'information de proximité des Alpes.

RADIO
NRJ

5 ter, avenue des Trois-Fontaines
✆ 04 79 68 51 44
www.nrj.fr
Alpes : 102.8.

Toujours Hit Music Only pour cette station emblématique du paysage radiophonique libre français. Mais comment NRJ fait-elle pour rester en tête des classements et la radio des jeunes ? Recettes éprouvées avec des hits, des hits et encore des hits. Sur l'antenne, on commence la journée en fanfare avec Manu dans le 6/10, dès 15h C'Cauet la semaine, avant la hit list NRJ. Vendredi et samedi, c'est grande musique version dancefloor avec le mythique Extravadance et ses DJ super stars. Entre temps, des hits, des hits, des hits. NRJ, c'est aussi un radio 2.0 avec pas moins de 150 radios digitales, des vacances au fitness, sur le net pour écouter la musique que l'on aime vraiment.

RADIO
LA RADIO PLUS

51, route de Thônes
✆ 04 50 66 12 12
www.laradioplus.com
De Thonon à Annecy.

Une radio de proximité créée à Thollon-les-Mémises en 1982. Cette radio franco-suisse appartient à Espace Group depuis les années 2000 et rayonne sur les Alpes. La Radio Plus diffuse aujourd'hui depuis le studio d'Annecy-le-Vieux une programmation musicale et transmet une information locale suisse et française avec plus de 20 flashs infos par jour ainsi que 3 grands rendez-vous quotidiens : Plus de Caféine de 6h à 10h, Plus d'Afternoon de 16h à 20h et Radio Plus Club de 20h à 23h. Des rendez-vous 100 % bonne humeur qui passent en revue l'actu locale, people et musicale. Nombreux jeux tout au long de la journée. Émission musicale le samedi et les prédictions du dimanche matin !

RADIO
RADIO SEMNOZ

5, chemin du Panorama
✆ 04 50 45 45 69
www.radiosemnoz.com
Annecy : 91.5 - Rumilly : 97.9.

Une radio associative aux valeurs fortes qui émet depuis plus de 40 ans, 24h/24 et 7j/7, toujours ouverte à toutes les idées. Radio Semnoz produit la grande majorité de ses programmes : du spirituel, du culturel, de l'associatif, du naturel, du biologique... La radio diffuse chaque jour le Journal International de Radio-France. Avec de nombreuses émissions thématiques pour tous les goûts (chroniques sur la vie quotidienne à l'actualité protestante en passant par la cuisine), elle consacre 60 % de sa diffusion musicale à des œuvres classiques. On peut avoir accès au direct par Internet, partout en France, grâce à un site agréable qui met en avant l'actualité locale.

RADIO
RCF HAUTE SAVOIE

4, avenue de la Visitation
✆ 04 50 33 09 20
Haute-Savoie : 88.6 FM.

Une radio dont l'histoire a commencé sur les pentes lyonnaises en 1982 quand le père Emmanuel Payen installe dans les greniers de la basilique de Fourvière l'antenne de la première radio libre chrétienne de France. Depuis cette date, et une bénédiction du pape en 1986, Fourvière devenue RCF (Radios Chrétiennes de France) n'a cessé d'étendre ses ondes pour donner naissance au premier réseau associatif de France. RCF Haute-Savoie organise de nombreuses tables rondes pour discuter de sujets divers intéressant tous les publics. Bien sûr, pour les amoureux de musique liturgique et sacrée, cette antenne est une véritable aubaine. De bonnes ondes dans le paysage de la bande FM.

QUOTIDIEN

LE DAUPHINÉ LIBÉRÉ

1, rue Jean Jaurès
✆ 04 50 51 69 69
www.ledauphine.com
Papier et en ligne.

L'un des grands titres de la presse quotidienne régionale française. Fondé à la Libération en Isère, *Le Dauphiné libéré* a étendu son territoire, notamment vers la Haute-Savoie avec 5 éditions locales dont celle d'Annecy, Rumilly, Les Aravis. Avec son offre digitale sur tablette et mobile, *Le Dauphiné* nous suit toute la journée avec la possibilité de lire toutes les éditions et de recevoir des notifications d'actualité. Le journal papier se lit en buvant son café. Le dimanche, édition augmentée et suppléments *TV Magazine* et *Version Femina*. Magazines, hors-séries et livres, comme la collection *Patrimoines*. Sans oublier *Le Dauphiné libéré des Enfants* pour prendre goût à la presse dès 6 ans !

HEBDOMADAIRE

HEBDO DES SAVOIE

3, rue André de Montfort - **RUMILLY**
✆ 04 50 01 10 06
www.hebdo-des-savoie.com
Version papier et numérique 100 €/an.

Tous les jeudis, une mine d'informations sur la Haute-Savoie et la Savoie. Politique, économie, loisirs, sports, associations… : touristes et résidents découvrent l'actualité locale et les annonces légales des secteurs couverts par l'hebdomadaire l'*Hebdo des Savoie* tout en profitant des agendas qui pointent les événements incontournables de la semaine à venir. *L'Albanais* intéresse les Rumilliens et les villageois de l'Albanais. *Pays de Savoie* traite l'actualité des 2 départements ainsi que la politique, les faits de société. En complément : l'*Hebdo des sports* et l'*Hebdo des sorties*. L'hebdomadaire est diffusé par abonnement, en kiosque et désormais en version numérique dès le mercredi.

HEBDOMADAIRE

L'ESSOR SAVOYARD

37, rue Sommeiller
✆ 04 50 45 01 02
www.lessorsavoyard.fr

Créé en 1945 en Haute-Savoie, *L'Essor savoyard* fait partie du groupe Le Messager dont le siège est à Thonon-les-Bains. *L'Essor Savoyard* décline 2 éditions le jeudi – une édition Haute-Savoie et une Savoie –, à retrouver en kiosque mais aussi en format numérique, à l'unité ou par abonnement. Diffusé à plus de 5 000 exemplaires, le journal résume l'actualité de la semaine en approfondissant les sujets de l'actualité locale, de la politique à la justice en passant par les pages culturelles. On aime l'agenda exhaustif des manifestations et sorties de la semaine. Abonnement sur Facebook, Twitter et Instagram pour se tenir informé des dernières nouvelles. Un journal incontournable.

PETITES ANNONCES

ÉCO SAVOIE MONT BLANC

7, route de Nanfray ✆ 04 50 33 35 35
https://groupe-ecomedia.com
Digital et/ou papier à partie de 3,50 €/semaine.

Un magazine hebdomadaire incontournable pour les décideurs et les acteurs des secteurs économiques de Savoie Mont-Blanc, du Genevois français et suisse, et, plus largement de la région Auvergne-Rhône-Alpes. Le magazine traite l'essentiel de l'actualité locale et régionale du monde économique. Chaque semaine : des dossiers thématiques, des portraits d'entrepreneurs, des interviews de personnalités et d'experts, des chroniques, l'agenda des manifestations et des annonces légales. Hebdomadaire au cœur de l'activité économique, *L'Éco* est un outil de connaissance et de réflexion des enjeux économiques du sillon alpin. Le groupe Ecomédia publie *ActivMag*, mensuel féminin au ton décalé.

TÉLÉVISION

8 MONT-BLANC

1, rue Jean Jaurès - **EPAGNY METZ-TESSY**
✆ 04 50 51 69 69
www.ledauphine.com
Chaîne de télé locale.

La chaîne dont nous sommes fiers ! Parce qu'elle fut parmi les pionnières des télévisions locales – créée il y a un peu plus de 30 ans par le journaliste André Campana –, 8 Mont-Blanc continue de diffuser ses ondes régionales en France (box) dans le monde entier grâce aux canaux de réception satellitaires et numériques. Tous les jours le JT régional (Savoie Mont-Blanc et Suisse Romande), la météo, des débats avec le Grand 8 et d'excellentes émissions pour découvrir la région et des belles initiatives, voir et faire du sport en montagne. Évasion garantie et des reportages à revoir en rediffusion à la demande sur le site Internet de la chaîne. 8 Mont-Blanc, la chaîne de notre territoire.

TÉLÉVISION

FRANCE 3 ALPES-HAUTE-SAVOIE

1, rue Jean-Jaurès
✆ 04 76 01 40 00
Radio, web, TV.

Certes, elle est vaste notre région Auvergne-Rhône-Alpes, mais Annecy et la région des Alpes (Isère, Savoie et Haute-Savoie) bénéficient d'un traitement spécifique de l'information lors des décrochages régionaux, que ce soit à l'heure du 12/13 (12h10 à 12h25) ou à l'heure du 19/20 (19h à 19h30), sans oublier le Soir 3 un peu plus tard dans la nuit. Un salut à l'une de nos émissions préférées, *Chroniques d'en haut*, qui nous propose toujours de superbes images de montagne. Pour tout voir près de chez vous, c'est sur France 3. A suivre aussi, la page actualités sur Facebook.

le son FeelGood
house - electro.
FG.
DJ radio
écoutez 20 radios electro
sur le player FG.
fm/dab+
l'appli FG.
radioFG.com

JE PRENDS SOIN DE MOI

Nous savons confusément que ce monde trop chaotique a besoin de beauté. Nous savons qu'en prenant soin de nous, nous nous sentirons mieux, comme une version réellement améliorée de nous-même. Source de bienfaits infinis, la beauté est plus profonde que la simple image que nous renvoyons sur les réseaux dits sociaux. Alors, le plus souvent possible, je prends soin de moi en découvrant tous les lieux, et ils sont nombreux à Annecy et alentour, qui proposent du bien-être sous toutes ses formes : salons de coiffure, instituts de beauté, salons de massage et de bien-être, spas… sans oublier les opticiens qui habillent notre regard tout en prenant soin de notre vue. Mon corps et mon esprit sortent des écrans pour se reprendre en main ! Prendre soin de soi, c'est aussi s'habiller, porter des bijoux, de préférence fabriqués localement par des artisans et dénichés dans des boutiques indépendantes, se faire plaisir et faire plaisir aux autres, à commencer par ses enfants. Puisqu'on parle de plaisir, je découvre d'autres plaisirs dans un love/erotic shop... L'essentiel, c'est de se faire du bien.

FEMME

HYSTERIKO

2, faubourg des Annonciades
✆ 06 74 07 85 26
https://hysteriko.com
Ouvert du mardi au samedi de 10h à 18h.

© VALÉRIE PETROD

© VALÉRIE PETROD

Une autre vison de la mode et du vêtement. Dans cette petite boutique/atelier du Faubourg des Annonciades, Priscille Portigliatti nous montre qu'une autre mode est possible. Une mode plus responsable, imaginée à Annecy depuis 10 ans par une créatrice amoureuse des beaux tissus et des couleurs, fabriquée en petites séries par un atelier dans le sud de la France. Une mode inspirée par les voyages, notamment en Inde, et la nature pour des silhouettes à la fois sophistiquées et décontractées. Matières naturelles douces et fluides, faciles à porter, dans un style éthique et chic. Beaucoup de poésie pour des pièces qui se complètent et durent bien plus qu'une simple saison.

CRÉATEUR

HABON STORE

7, rue Sommeiller
✆ 06 48 58 20 27
www.habonstore.com
Ouvert lundi de 14h à 19h, du mardi au samedi de 10h à 19h.

Dans la veine des concept-stores – boutiques qui proposent ce que la propriétaire veut sans se restreindre aux catégories habituelles de vêtements, décoration, cadeaux… –, HaBon a su imposer sa griffe. Imaginé par Chantal et de sa fille Carla, une jeune styliste qui a envie de partager les belles choses qu'elle aime, HaBon nous emmène dans un univers à part. Découvrez l'objet insolite et pas forcément utile qui va donner un supplément d'âme à votre intérieur, mais encore de beaux bijoux, des vêtements originaux, des sacs ou des animaux en trophée pas vraiment empaillés. Difficile de ne pas ressortir sans craquer, surtout que l'accueil respire la joie de vivre.

DISCOUNT

SPORT A TOUT PRIX

3640, route d'albertville - **SÉVRIER** ✆ 04 50 66 93 35
www.sport-annecy.com
Ouvert du lundi au vendredi de 9h30 à 12h30 et de 14h à 19h. Samedi de 9h30 à 19h.

Envie de faire du sport, mais à n'importe quel prix ? Un excellent magasin de déstockage de sport qui offre l'avantage en hiver de louer des skis à la journée ou à la saison. Le matériel est varié et saisonnier, de bonne qualité, et offre des remises vraiment intéressantes, jusqu'à -70 %. Il y a également une large gamme de textile avec les plus grandes marques outdoor présentes. Une grande boutique située à deux pas du lac, sur la route principale de Sevrier (avec parking), ce qui la rend parfaite pour combler les oublis de dernière minute : maillot de bain, paddle, chaussures de marche… Ici, c'est notre base de ravitaillement pour tout le matériel de sport !

CHAPEAUX - GANTS - FOULARDS

CHAPELLERIE POCHAT

23, place Notre-Dame
✆ 04 50 51 07 41
www.chapeaux-annecy.com
Ouvert lundi de 10h à 19h, du mardi au samedi de 9h30 à 19h.

Peu de villes peuvent encore se vanter d'abriter une authentique chapellerie. L'histoire de cette chapellerie commence en 1802, même si l'emplacement sur la place et le nom de Pochat - avec Andrée et Jean-Pierre - ne datent que de 1956. Depuis 20 ans, Frédéric a su donner un nouvel élan, conservant le charme de l'ancien avec un esprit moderne. Pour toutes les têtes, tous les styles, des plus élégants aux plus décontractés, du panama à la casquette, des plus chauds aux plus légers, le choix est immense pour habiller nos têtes refroidies par l'hiver, brûlantes en été. Gants et écharpes dans le même esprit. Accueil adorable et conseils avisés. Une institution incontournable.

© VALÉRIE PETROD

CENTRE COMMERCIAL - GALERIE MARCHANDE

CENTRE COMMERCIAL COURIER

65, rue Carnot
✆ 04 50 46 46 76
https://courier.klepierre.fr
Ouvert du lundi au samedi de 9h30 à 19h30.

Le Centre Courier, c'est l'incontournable d'une virée shopping en centre-ville d'Annecy. Ouverte en 2001, rénovée il y a 6 ans, cette galerie surmontée d'une immense verrière s'ouvre naturellement comme une rue lumineuse où chacun déambule à son rythme découvrant boutiques originales, grandes enseignes de qualité, restaurants pour tous les goûts, animations innovantes et éducatives, sans oublier de faire une pause dans des espaces aménagés pour le confort des visiteurs. Et pour une expérience encore plus incroyable, créez votre compte en ligne et devenez membre de Courier.

© VALÉRIE PETROD

CHAUSSURES

SAOLA SHOES

22, rue du Square
✆ 07 82 90 85 32
https://fr.saolashoes.com
Vente sur le site Internet

Créé en 2018 à Annecy, inspiré par les voyages et la nature, Saola – qui désigne l'un des animaux les plus rares de la planète, une petite antilope surnommée la licorne d'Asie – conçoit les chaussures les plus écoresponsables qui soient – catégorie sneakers – en travaillant avec des matières innovantes, des matières recyclées et naturelles. Vos chaussures, confortables et légères, peuvent être fabriquées à partir de bouteilles en plastiques, d'algues, du coton bio certifié et du liège. De très jolis modèles pour femmes et hommes, pour l'hiver comme pour l'été. Une entreprise très sincèrement engagée pour la préservation de l'environnement et la protection de la biodiversité.

NEW

CENTRE COMMERCIAL - GALERIE MARCHANDE

NOUVELLES GALERIES

25, avenue du Parmelan
Ouvert du lundi au dimanche de 8h30 à 23h.

Le bâtiment tout en rondeur des Nouvelles Galeries fait partie du patrimoine annécien depuis 1969. Un patrimoine qui a trouvé un nouveau souffle grâce une complète rénovation (d'où notre classement parmi les nouveautés). A l'œuvre, l'architecte Manuelle Gautrand, qui a « agrandi » l'espace de 6 satellites de verre, rendant l'ensemble beaucoup plus lumineux. Le design intérieur est tout aussi génial, entre inspiration savoyarde et lignes contemporaines. Dans ce véritable lieu de vie, des boutiques pour toutes les envies. Une vingtaine d'enseignes avec des restaurants de qualité, de l'alimentation, des boutiques de sport - avec une salle d'escalade -, bien-être, maison et mode.

FEMME

LLED

17, rue de l'Annexion ✆ 04 50 77 89 07
www.lled.fr
Ouvert lundi de 14h à 19h, du mardi au samedi de 10h à 12h30 et de 14h à 19h.

LLED : quel drôle de nom pour cette boutique de prêt-à-porter féminin qui éclaire nos virées shopping. Une boutique indépendante multi-marques parmi les plus tendances de la ville avec une sélection de créateurs que l'on adore. Une boutique *hype*, véritable petit salon cosy, où le vintage s'affiche sur les murs pour créer une ambiance glamour chic où l'on se sent à l'aise pour être en beauté dans des vêtements signés des meilleurs créateurs, connus ou moins connus : Pinko, Roseanna, Paul Smith, Clio Goldbrenner, Soeur, Sarah Lavoine... Du look décontracté au look bureau avec une pointe d'originalité, et total look avec les chaussures, les accessoires et de superbes bijoux.

FEMME

LES MAZETTES EN ROBE

2, rue des Glières
https://lesmazettesenrobes.fr
Ouvert du mardi au vendredi de 10h à 13h et de 14h à 19h et le samedi de 10h à 19h.

Vous n'osez pas porter de robe parce que vous pensez qu'aucune n'épouse vos formes comme il le faudrait ? Direction la rue des Glières et ce charmant concept-store intitulé « Bar à robes ». Les Mazettes en robes, c'est une boutique créée au cœur d'Annecy par Christelle et Marine, la maman et sa fille, pour nous redonner le goût des belles robes. Choix à la carte de pièces françaises de créateurs plus ou moins connus avec un large choix de formes, de coupes, de tissus, d'imprimés, dans des tailles qui vous correspondent du 34 au 48. Essayages bienveillants dans la bonne humeur. Des robes qui vous rendront uniques pour affirmer votre personnalité. Accessoires dans le même esprit. Mazette !

HOMME

ST. GERMAIN

4, rue de la Paix ✆ 04 80 97 01 24
www.stgermainshop.com
Ouvert lundi de 14h30 à 19h, du mardi au vendredi de 10h à 13h et de 14h30 à 19h, samedi de 10h à 19h.

Un vestiaire au masculin doit avoir des pièces de St. Germain. L'adresse des hommes qui ont du goût pour les belles choses. De celles que l'on peut mettre au quotidien tout en nous permettant de sortir de la foule des anonymes. Créée par Agathe et Germain, deux cousins germains, la boutique se remplit à chaque saison de vêtements de créateurs sélectionnés par d'authentiques passionnés de la mode. Le résultat est sans appel à chacune de nos visites : on craque. Ambiance conviviale pour découvrir des marques, notamment japonaises (jeans Orslow, vestes Nanamica...), quel que soit notre âge et notre silhouette. Mesdames, messieurs, faites des heureux en rentrant chez St. Germain.

LAINE

SUDOCOUD

4, avenue Bouvard
✆ 04 50 52 62 02
www.sudocoud.com
Ouvert du mardi au samedi de 10h à 12h et de 14h à 18h30.

Sudocoud, c'est du DIY (Do It Yourself) à partir d'une gamme de tissus originaux et d'autres belles matières imprimées pour se mettre en beauté de la tête aux pieds. Dans cette mercerie créative, un large choix de tissus pas vus ailleurs pour coudre des vêtements uniques ; mais aussi tout une gamme de boutons, rubans, accessoires et outils de couture pour finaliser ses créations. Et si vous ne savez pas encore coudre, des ateliers vous donnent les bases et les astuces pour réaliser tout ce que vous voudrez. Cours adultes et enfants, accompagnement de projets par d'authentiques passionnés. Et si vous ne pouvez pas venir chez Sudocoud, ce qui serait dommage, la boutique existe en ligne.

LINGERIE

GARCIN LINGERIE FINE

23, place Notre-Dame
✆ 04 50 45 49 97
Ouvert du mardi au samedi de 9h30 à 12h et de 14h à 18h30, 19h le samedi.

Le charme d'autrefois au bon goût et aux exigences d'aujourd'hui. Adorable boutique créée il y a 90 ans, considérée comme le plus ancien magasin consacré à la lingerie en France ! A sa tête, Virginie, quatième génération issue de la même famille, qui nous ramène avec bonheur vers des collections actuelles en présentant des petits ensembles trop craquants signés Antigel, Wacoal ou Lise Charmel. De la belle nuisette au maillot ajusté, la gamme est variée et il ne faut pas hésiter à rentrer dans ce « boudoir ». Poitrines généreuses ou seins menues sauront trouver la lingerie qui leur convient avec des conseils de vraies professionnelles dont l'expérience reste irremplaçable.

OPTIQUE

FOURNIER OPTICIEN

6, rue Notre-Dame
✆ 04 50 45 05 27
Ouvert lundi de 14h30 à 19h, du mardi au jeudi de 9h30 à 12h30 et de 13h30 à 19h, vendredi et samedi de 9h30 à 19h.

Une maison de confiance au service de votre regard depuis 70 ans à Annecy. Trois adresses, dont un DeooF, marque de la Maison Fournier à Seynod, et une dizaine de professionnels de l'optique, c'est toute la qualité de l'enseigne. La « maison mère » ouvre des espaces lumineux, alors que l'accueil se montre chaleureux et souriant pour satisfaire nos besoins d'avoir la meilleure vue et un beau visage. Parmi la sélection de milliers de lunettes de vue et de soleil, le choix peut vite devenir un casse-tête. Heureusement, des opticiens attentifs et compétents vous guident parfaitement pour vous accorder montures et verres des plus grandes marques. Spécialiste des lentilles. L'opticien de référence.

OPTIQUE

LA LUNETTERIE OPTICIEN

4, rue de la Poste
✆ 04 50 45 59 16
Ouvert lundi de 14h à 19h, du mardi au samedi de 9h30 à 19h.

Pour y voir clair dans un monde parfois obscur, direction une adresse de confiance tenue par d'authentiques professionnels de l'optique depuis tout juste 30 ans. La Lunetterie est une référence, tant pour le choix des marques de couturiers et de créateurs qui vont habiller notre regard que pour la qualité des services rendus à des clients fidèles et aux nouveaux venus. Dans un décor chaleureux, examen de la vue par des opticiens diplômés avec du matériel performant, conseils personnalisés et visagisme, essayages à notre rythme, adaptation parfaite des montures et verres montés sur place à l'atelier. Également spécialiste des lentilles. Belle sélection de solaires. Satisfaction totale.

PRÊT-À-PORTER

GALERIES LAFAYETTE ANNECY

25, avenue du Parmelan ✆ 01 73 71 98 00
voyages.galerieslafayette.com/
Ouvert du lundi au vendredi de 10h à 19h30, samedi de 10h à 20h.

Au centre des « Nouvelles Galeries », les Galeries Lafayette ouvrent un espace shopping totalement lumineux grâce à l'immense verrière qui offre un éclairage direct. Mobilier en bois, toboggan pour les enfants au milieu des escaliers (génial !), on pourrait y passer des heures. Au rez-de-chaussée, la mode homme, mais aussi la bijouterie, la beauté ou les accessoires pour elles. A l'étage, la mode femme et les enfants (d'où le toboggan...). Des grandes marques, mais aussi un espace Restore pour trouver des vêtements de seconde main ailleurs que sur Internet...

PRÊT-À-PORTER

LES JOLIES CHOSES

4, rue Vaugelas
✆ 09 83 91 52 11
Ouvert du mardi au samedi de 10h à 12h et de 14h à 19h.

Un lieu discret à découvrir absolument pour celles qui aiment les « jolies choses ». Une enseigne qui suit la tendance des boutiques qui ne se limitent pas à proposer telle ou telle gamme de produits, mais qui rassemblent dans un même concept ouvert de « jolies choses » réalisées par des créateurs : des bijoux, des accessoires de mode, mais aussi des vêtements. Parmi les créateurs croisés dans cet espace de vie et de partage : Chantal B, Sand Coachella (on adore) ou des bijoux Amulette... Des petits hauts bien coupés et des bijoux sous toutes leurs formes pour un ensemble bohème chic rock ou hippie réussi. Une jolie adresse pour se faire plaisir en toute saison.

SPORTSWEAR - STREETWEAR

ANNECY BOARD SHOP

48, rue Sommeiller
✆ 04 50 51 70 82
Ouvert lundi de 14h à 19h, du mardi au vendredi de 10h à 12h15 et de 14h à 19h, samedi de 10h à 12h30 et de 14h à 19h.

Si tu maîtrises l'ABC du skate, tu connais déjà ABS. Depuis 2001, Annecy Board Shop t'équipe de la planche aux chaussures adaptées aux glisses urbaines. Une boutique au haut degré de coolitude qui donne envie d'accélérer pour s'équiper de la casquette aux pieds avec les meilleures marques spécialistes de l'urban style. Des planches, des roues pour tous les styles, mais aussi les vêtements tellement fun - Volcom, Converse, DC Shoes, Vans, Ripndip... - qui te font un total look. De l'incontournable tee-shirt estival aux caps qui vont bien, sans oublier l'étonnant choix de sneakers et autres baskets, sacs à dos, accessoires, goodies. Un style de vie qui va bien à Annecy.

BEAUTÉ

LA SUPERBE

29, rue Vaugelas
✆ 04 50 19 94 60
https://maisonlasuperbe.com
Ouvert du lundi au samedi de 9h à 19h.

Une maison de beauté dont le nom claque comme un titre de Benjamin Biolay. Un lieu insolite un peu caché dans une impasse, dans les étages, mais un lieu lumineux où les cabines spacieuses permettent de voir le ciel le temps d'un soin de total bien-être. Beauté et naturel - l'écologie a toute sa place dans cet environnement - se mêlent dans ces espaces atypiques où l'on se sent en liberté, en harmonie. L'équipe de praticiennes vous propose une gamme complète de soins : soins du visage Tata Harper, Dermalogica et Kobido, acu-litfing, des soins du corps et massages de bien-être, réflexologie plantaire, crânienne et faciale, mais encore de la MaderoThérapie, des épilations... Belle découverte.

COIFFURE

L'INTIMISTE

12, passage de la Cathédrale
✆ 04 50 51 27 47
www.lintimiste-coiffeur.fr
Ouvert du mercredi au dimanche de 8h30 à 17h30.

Des jours d'ouverture (dimanche compris) à son emplacement « confidentiel », ce salon ne fait rien comme les autres. L'Intimiste, c'est pour être en tête-à-tête avec son coiffeur installé dans un bel appartement au fil du Thiou. Oui, pour accéder à ce salon, il faut descendre vers le canal et découvrir un lieu à part, loin des salons traditionnels. Cosy, chaleureux, vous vous sentez tellement bien dans ce décor intimiste que vous pourriez en perdre la tête. Exprimez vos envies en toute liberté et laissez un coiffeur expérimenté - Alex, Tracy, Nicolas - donner forme à vos cheveux. Pour celles et ceux qui n'aiment pas se voir dans la glace entouré(e) d'autres personnes. Une adresse à part.

HERBORISTERIE

BRIN D'HERBE

4, passage Gruffaz
✆ 04 50 45 38 63
www.brin-d-herbe.fr
Ouvert lundi de 9h30 à 13h, du mardi au samedi de 9h30 à 19h.

Une enseigne bien connue des Annéciens, puisqu'elle a été créée il y a 40 ans par une passionnée de plantes médicinales, qui vient de déménager dans le très agréable passage Gruffaz pour mieux nous accueillir avec une nouvelle équipe. Au service de votre santé et de votre bien-être au naturel, sourire et compétence pour découvrir les réponses les mieux adaptées à vos problèmes. Phytothérapie, aromathérapie, thés, tisanes - dont les fameuses tisanes Brin d'Herbe faites maison -, cosmétiques aux extraits de plantes médicinales... Tous les bienfaits des plantes dans des préparations délivrées avec soin selon vos vrais besoins. Une vraie écoute, de vraies réponses au naturel.

PARAPHARMACIE

PARASHOP

62, rue Carnot
✆ 04 50 57 26 51
www.parashop.com
Ouvert du lundi au samedi de 9h30 à 19h30.

Dans la galerie du centre Courier, une parapharmacie axée sur le bien-être et sur l'univers de la beauté. Une enseigne nationale (près d'une vingtaine de parapharmacies en France) offrant un vaste choix - plus de 6 000 références - pour prendre soin de soi. Visage, corps, cheveux, hygiène, santé, crèmes solaires, compléments alimentaires... Il est possible de faire les curieux dans les rayons, mais on s'aperçoit très vite qu'il nous faudra surtout des conseils de la part de vendeuses expertes pour soigner un petit bobo ou révéler l'éclat de sa peau. L'astuce : créer un compte personnel pour profiter de tous les bons plans de Parashop. Possibilité de commander en ligne.

SOINS BIO

PROMELIS

19, rue de l'Annexion
✆ 04 50 51 09 16
www.promelis.fr
Ouvert le lundi de 14h30 à 19h ; du mardi au samedi de 9h à 19h.

Santé et bien-être, deux thèmes qui nous tiennent à cœur sont à retrouver chez Promelis. Une adresse, source de santé, qui tient toutes ses promesses, conjuguant bien-être par les plantes et bien-être par les soins esthétiques, les deux se rejoignant sous le label bio. Une adresse toute en douceur où l'on est reçu par Didier, naturopathe diplômé, et Sandrine, bio esthéticienne qui s'occupe de nous dans un petit cocon à l'arrière de la boutique. L'un comme l'autre sont à l'écoute de vos mots et de vos maux pour vous proposer non pas des « solutions miracles », mais de véritables solutions naturelles en harmonie avec l'environnement et votre propre nature. Une nature qui nous veut du bien.

PETIT BAMBOU

Inspirez, expirez... soyez accompagnés. Petit Bambou invite à ralentir en proposant plus de 2 000 séances de méditation et cohérence cardiaque dispensées par des instructeurs tels que Christophe André, psychiatre qui a démocratisé la méditation de pleine conscience en France. Chaque séance est personnalisable (durée, voix, langue) et balaye des sujets comme le sommeil, la confiance ou la jeunesse.

© LACOURPARCLEMENT

© LACOURPARCLEMENT

COIFFURE

LA COUR PAR CLEMENT

18, rue Sainte-Claire ✆ 04 50 45 32 11
www.lacourparclement.fr
Ouvert du mardi au samedi de 9h à 19h. Réservations en ligne sur Internet.

Un salon unique animé par une équipe nouvelle génération, de véritables passionnés de la coiffure régulièrement formés aux dernières techniques. Un salon unique parce que le lieu est unique. Dans la vieille ville d'Annecy, La Cour par Clément se situe en surplomb du canal du Thiou. Beauté du site, ambiance zen, l'accueil que vous recevez, le café que l'on vous sert... On se sent bien, comme chez des amis, les amis des veuchs ! Ceux qui vous reçoivent, ce sont Clément, 28 ans, et son équipe, une vraie bienveillance et une belle expérience pour révéler notre style, pour devenir totalement soi. Futé : dans ce lieu de vie et d'échanges, on vient aussi recharger son shampoing au Refil Bar.

© LACOURPARCLEMENT

© LACOURPARCLEMENT

© LACOURPARCLEMENT

COQUIN

MAGIC EDEN

5, boulevard Bellevue
✆ 04 50 67 69 75
www.magic-eden.com
Ouvert du lundi au samedi de 10h à 21h.

Magic Eden, ce sont tous les plaisirs accessibles à toutes et à tous (si vous avez plus de 18 ans). Si vous n'osez pas encore rentrer dans un love shop, venez découvrir cette boutique érotique, moderne et bien tenue, ouverte il y a tout juste 20 ans par l'adorable Thierry. Dans cet espace où l'on peut faire les curieux sans se sentir jugés, on peut aussi demander des conseils pour pimenter sa sexualité. Large choix de sextoys pour vibrer en solo ou à plusieurs, de nombreuses variétés de poppers, un rayon SM, de la lingerie pour femmes et hommes avec la marque Addicted, des huiles pour se chauffer... Et si vous n'osez pas encore rentrer, possibilité de commander en ligne sur le site.

NEW BIJOUTERIE

AG JOAILLERIE

8, boulevard du Lycée ✆ 07 69 60 98 48
www.ag-joaillerie.com
Ouvert lundi, mercredi et vendredi de 14h à 18h, samedi de 9h à 18h

Ag, c'est le symbole de l'argent. Et si on aime les bijoux, en argent, mais en or, autres métaux, pierres fines et précieuses, on n'en a pas toujours assez (de l'argent) pour s'offrir la bague, le bracelet, le collier de ses rêves. Dans une petite maison, en retrait du boulevard, Robin Gueydan a installé sa joaillerie nouvelle génération. Passionné par les bijoux, ce jeune entrepreneur vous accueille pour définir au mieux le bijou qui vous fait envie. Devis gratuit et marges réduites pour réaliser des bijoux fabriqués en France à moindre coût. Si vous n'avez pas d'idée, la maison présente des créations personnelles. Réparation et achat de bijoux anciens et montres.

FANTAISIE

AU BONHEUR DES PERLES

11, rue Président-Favre ✆ 04 50 02 69 86
www.aubonheurdesperles.com
Ouvert lundi, mardi, jeudi et vendredi 10h à 19h, mercredi et samedi 10h à 13h et 14h à 19h.

Bientôt 10 ans que Cindy et Gwendoline font le bonheur des dames - et des hommes - qui aiment les bijoux artisanaux de qualité. A faire soi-même à partir d'incroyables perles aux couleurs uniques ou des créations maison 100 % originales faites avec passion, les bijoux marient qualité, beauté et personnalité. Se laisser conseiller toujours avec sourire et bienveillance, essayer, prendre son temps, discuter dans cette petite boutique à taille humaine et repartir avec le bijou qui vous correspond vraiment. Bracelets porte-bonheur, bagues, boucles d'oreilles, bijoux pour les enfants... Sélection de vêtements dans le même esprit. Le bonheur est là, même dans la boutique en ligne.

© AGATHE MORALES

© AGATHE MORALES

CRÉATEUR

AGATHE MORALES PARURIÈRE

2, faubourg des Annonciades ✆ 04 50 66 21 40
www.agathe-morales-paruriere.com
Ouvert du mardi au samedi de 10h à 13h et de 14h à 19h.

Êtes-vous prêt à rentrer dans l'univers à part, l'univers à parure, d'Agathe Morales ? Celle qui a installé son atelier-boutique dans une maison de la vieille ville, parée d'une magnifique vitrine en bois, parcourt le monde pour dénicher des pierres uniques et cristaux envoûtants qui vont se transformer en bijoux originaux. De superbes bracelets, des bagues, des colliers de pierres fines composés à partir des couleurs, des matériaux, mais aussi des émotions procurées par les pierres, des vibrations ressenties. Collectionneur en quête de pierres rares, amoureux des pierres et bijoux - possibilité de réaliser des bijoux sur mesure -, venez découvrir les trésors d'une véritable perle.

© VALÉRIE PETROD

© AGATHE MORALES

© AGATHE MORALES

FANTAISIE

LILI BROOKS

1, passage Gruffaz
✆ 04 50 51 16 31
Ouvert du mardi au samedi de 10h à 12h30 et de 14h à 19h.

Annecy est-elle la Saint-Tropez des montagnes ? Une certaine idée du luxe et un lac qui peut prendre des allures estivales de Méditerranée, voici deux points communs auxquels il faut ajouter Lili Brooks. Une enseigne de bijouterie « fantaisie » que l'on qualifierait plutôt de bijoutiers créateurs par leur originalité (et aussi par leur prix…). A Annecy, sans doute moins de montres qu'à Saint-Tropez, mais plus de bijoux, notamment avec des marques espagnoles comme Ciclon, bijoux tendance de fabrication artisanale à retrouver à chaque saison. De très nombreuses idées pour se faire de beaux cadeaux ou pour offrir à sa chérie. Une boutique qui donne des envies et rend les filles plus jolies.

PAPETERIE / CARTERIE

LES ZAZOUS

1, rue Jean-Jaurès
✆ 04 50 51 56 95
Ouvert lundi de 12h à 19h, du mardi au samedi de 10h à 19h.

Dans le centre Bonlieu, Les Zazous sont la référence locale en matière de carterie, les spécialistes de l'image depuis plus de 20 ans ! Des images pour toutes les occasions : il y a les cartes postales souvenirs d'Annecy, mais il y a surtout les images pour se faire plaisir. Les images que l'on encadre pour décorer son intérieur, celles qui traduisent nos pensées pour tous les événements de la vie, des cartes de vœux et des cartes vraiment originales pour affirmer sa personnalité. Cette caverne d'Ali Baba fourmille de petits carnets, tableaux et figurines en résine signées parfois de noms célèbres. Des images différentes qui vous ressemblent plus qu'une simple carte postale.

JOAILLIER - DIAMANTAIRE

EYVIA ARTISAN JOAILLIER

4, Faubourg des Balmettes ✆ 07 88 07 96 51
www.eyvia.com
Ouvert du jeudi au samedi de 10h à 12h30 et de 14h30 à 18h30. Accessible PMR.

Eyvia, c'est la boutique d'un artisan joaillier italien (atelier situé à Aoste) d'exception, Luca Ronco, inspiré par l'eau et la beauté des pierres depuis plus de 30 ans. Ne pas hésiter à pousser la porte pour être conseillé par la douce et adorable Jeanne. Accueil aussi chaleureux que la boutique où sont présentées de véritables chefs-d'œuvre d'orfèvrerie mêlant avec habileté force de la nature et délicatesse du travail artisanal. Pierres magnifiques, spécialiste du diamant, matières splendides, pièces fines uniques pour des cadeaux fantastiques pour tous les budgets, de la bague de mariage originale réalisée sur demande aux petits flocons en or blanc. Au top !

SOUVENIRS

AUX BOUTS DE BOIS

4, rue Sainte-Claire
✆ 09 86 54 48 01
Ouvert du mardi au dimanche de 10h à 19h.

La boutique de souvenirs originaux depuis 1970. Toute la chaleur et la beauté naturelle du bois à cette enseigne de tradition qui a pris des allures plus contemporaines pour mieux mettre en valeur le travail des artisans régionaux. Objets en bois brut fabriqués du côté de Saint-Jorioz, petits objets pour jouer, décorer, couteaux Opinel, petits objets pratiques à utiliser au quotidien pour oublier le métal (plateaux, boîtes et petits cœurs typiquement savoyards…). On prend son temps pour scruter tous les recoins amoncelés de boîtes à coucou, d'assiettes en céramique et bien d'autres souvenirs pour orner son intérieur de bouts de nature de la Haute-Savoie. Simplement beau.

PAPETERIE / CARTERIE

BUNGALOW GRAPHICS

14, rue du Pré-Paillard
✆ 04 50 32 60 31
www.bungalowgraphics.com
Ouvert du lundi au vendredi de 9h à 17h.

Charlie Adam, c'est l'illustrateur qui aime autant les Alpes que les îles du bout du monde et la Côte d'Azur. Ses affiches au style merveilleusement rétro, délicieusement *vintage* et tellement contemporaines, inspirées des sports d'hiver – notamment les JO de Grenoble en 1968 ou de la vallée de Chamonix Mont-Blanc – mais aussi du nautisme, du surf et du « tiki » dans un esprit d'exotisme qui fait beaucoup de bien sous nos latitudes. Préparez-vous à succomber aux silhouettes très *sixties* et très sexy. Professionnels ou particuliers, vous trouverez votre bonheur dans cette galerie, véritable base secrète située dans le parc des Glaisins, qui correspond avec celle de Chamonix.

BEAUTÉ PRIVÉE

Comme son nom l'indique, en téléchargeant cette application vous aurez accès à une sélection de ventes privées spécialisées dans les soins cosmétiques, mais aussi des offres à prix réduits pour des expériences bien-être en spas et instituts. On aime les offres green qui valorisent les marques engagées, les sélections « petits budgets » et les bons conseils sous format d'articles et de vidéos.

FORME

CROSSFIT ANNECY

250, route d'Argonay
✆ 06 61 56 28 82
http://crossfit-annecy.fr
Ouvert du lundi au vendredi de 9h à 21h ; le samedi de 8h à 12h.

Le crossfit, c'est toujours la tendance forte du moment pour les sportifs qui veulent se dépasser naturellement. Pour découvrir la part d'athlète qui est en toi, rejoins la communauté des deux salles Crossfit Annecy. Attention, tu vas vite devenir addict à ces méthodes plutôt exigeantes. Mais comme ça marche fort sur notre corps et sur notre mental, on se prend vite au jeu de la fonte, des fentes, des mouvements qui vont nous mettre en difficulté au début mais que l'on va « maîtriser » de mieux en mieux. Conseils indispensables par des pros qui nous encadrent. De nouveaux termes anglo-saxons à apprendre et du bien-être au final. Tarifs au nombre de séances par semaine.

FORME

ON AIR

153, avenue d'Aix-les-Bains
✆ 04 50 19 61 39
www.onair-fitness.fr
Ouvert du lundi au vendredi de 8h à 22h, week-end de 8h à 20h.

Entre les immeubles de l'avenue d'Aix-les-Bains, le terrain de jeu est impressionnant. Parking gratuit qui se remplit vite pour les adeptes de la transpiration, direction On Air, le plus grand des clubs de sport de l'agglomération. Un concept global de plus de 900 m² qui propose ce qui se fait de mieux dans toutes les matières (même la musique est bonne...). De nombreux espaces d'entraînement : forces et charges libres, cardio-training, cross training, musculation et boxing ! Une salle 3.0 – il y a même une appli pour rester connecté – qui n'oublie pas l'humain et qui a créé une « communauté » dépassant celle des réseaux. Pour transpirer ensemble. Autre salle rue de la Gare au cœur d'Annecy.

FORME

RM CLUB VISAFORM

90, chemin des Prés Bouvaux ✆ 04 50 09 43 29
www.rmclub.fr
Ouvert du lundi au jeudi de 7h30 à 22h30, vendredi de 7h30 à 21h30, week-end de 9h à 14h.

Un club de sport de 1 500 m² pour une salle unique où la technologie vient soutenir vos efforts à côté de l'humain. À l'époque du tout-connecté, les sportifs peuvent faire un circuit Egym sur des machines électroniques qui vous guident et vous entraînent. Des mesures qui permettent également au coach personnel de donner les meilleurs conseils. Team training pour travailler en petits groupes de 6 à 8 personnes encadrées par un coach : Cycling, Gravity, Stretching, Boxe Training, Core Training, Bodybalance, Cross Training... Un club « premium » qui met également 5 terrains de squash à votre disposition pour vous confronter à l'humain, 2 saunas et un bar lounge pour vous détendre après l'effort.

DÉTENTE - FORME

PURE BREATH

1, rue Léon Rey Grange
✆ 04 50 22 63 72
www.pure-breath.fr
Ouvert tous les jours, sauf mercredi, de 9h à 18h30 (17h samedi et dimanche).

© PUREBREATH

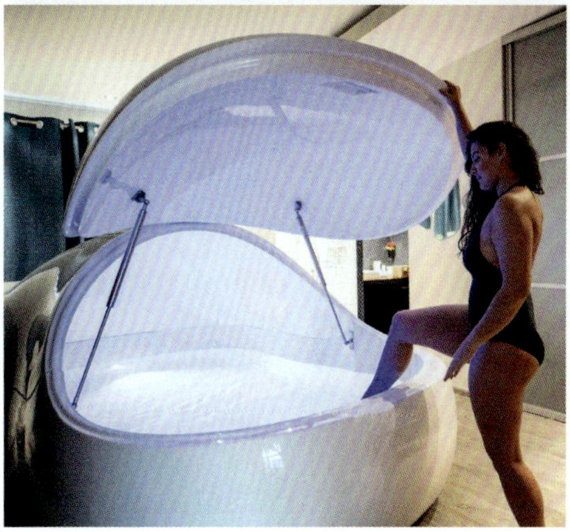
© PUREBREATH

Une expérience magique dans un lieu insolite. Un concept unique sur Annecy : un centre de bien-être basé sur l'halothérapie (la thérapie par le sel) pour retrouver le bonheur intérieur. Chez Pure Breath, venez vous ressourcer en profondeur en suivant les conseils de Jessica Bigoni qui propose une approche globale. Deux caissons de flottaison remplis d'une eau à 35 °C et de sel d'Epsom pour se relaxer le corps et l'esprit. Une étonnante grotte de sel d'Himalaya où sont pratiqués des soins de bien-être (massages drainants et relaxants, soins énergétiques, cours de yoga, méditation...). Pilates et California Barre pour des activités qui se font en été sur la terrasse avec piscine à débordement.

SPA

CRISTAL SPA

Allée de l'Impérial
✆ 04 50 09 31 00
www.cristalspa.fr
Ouvert tous les jours de 10h à 20h.

© MATTHIEU CELLARD

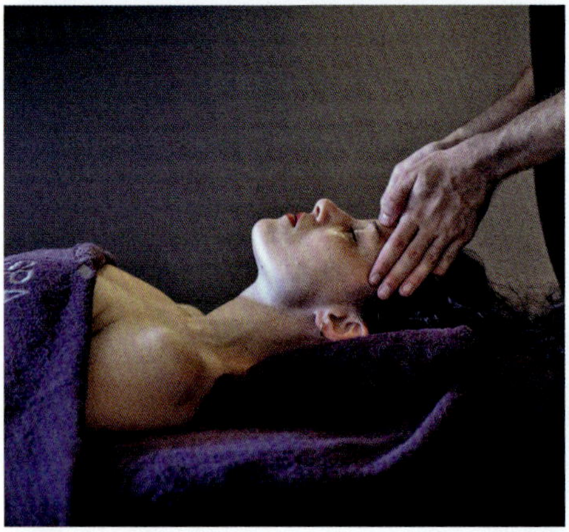

© MATTHIEU CELLARD

Votre bulle de bien-être au cœur de l'Impérial Palace ! Cristal Spa offre un décor apaisant face au lac. La détente, chacun la trouve entre la piscine (bassin en verre), le sauna, le hammam et la douche à expérience pour des sensations uniques. Sans oublier la fontaine à glace pour éliminer les jambes lourdes et stimuler la circulation veineuse selon les méthodes scandinaves. Cet espace bien-être est accessible aux non-résidents sur réservation d'un soin de 140 € minimum, prodigué en solo ou en duo selon les protocoles des maisons Alpeor et Cinq Mondes, dont les produits sont également disponibles à la vente. Autant de cadeaux à s'offrir ou à offrir (bons cadeaux).

MASSAGE - RELAXATION

LA CLÉ DU BIEN-ÊTRE

5, place des Cordeliers ✆ 04 50 32 26 08
www.cledubienetre.com
Ouvert tous les jours (même jours fériés, sauf 25 décembre et 1er janvier), sur rendez-vous.

Dans un monde un brin stressant, une adresse qui fait vraiment du bien. Prendre la Clé du Bien-Etre, centre de massages du monde au cœur de la ville, c'est se laisser aller entre les mains expertes de praticiens qualifiés. Toute une équipe de masseurs confirmés qui s'est constituée autour de Frédéric pour pratiquer des massages adaptés à tous vos besoins : relaxant aux huiles essentielles biologiques, suédois, ayurvédique, sportif pour la préparation ou la récupération, thaï, lomi-lomi, californien, adapté aux femmes enceintes. Pour libérer nos corps de leurs tensions et vivre un pur moment d'évasion. Possibilité de massages à domicile ou dans votre chambre d'hôtel.

SPA

SPA DES LYS

383, routes des Rigoles - **ARGONAY** ✆ 04 50 32 59 08
www.spa-deslys.com
Ouvert tous les jours de 9h30 à 20h (19h30 samedi et dimanche)

Dans ce quartier résidentiel d'Argonay, où il est facile de se garer, venez vous relaxer au Spa des Lys. Ambiance zen dès votre arrivée et la prise en charge par des professionnelles des soins et du bien-être. Un espace chaleureux à privatiser pour les groupes (EVJF, anniversaire, en duo romantique) pour profiter des installations : sauna, hammam, bain à remous et tisanière pour prolonger et partager le plaisir. Massages bien-être avec des massages du monde (pierres chaudes, Balinais, Californien...), massages du visage pour elle et lui, mais également des massages pour les enfants. Soins esthétiques (visage, ongles, épilation...). Autre adresse à Annecy avec l'Institut des Lys.

COSMETHICS

Une application qui invite à décrypter les produits de sa salle de bain pour consommer plus durable pour la planète et pour notre santé. On scanne son produit, Cosmethics fait le reste : analyser les ingrédients, fournir le détail de leur composition, transmettre les alertes scientifiques sur les produits nocifs et enfin proposer des alternatives sur mesure en fonction de nos listes de souhaits.

© ANNE MOSCATELLO

© ANNE MOSCATELLO

SPA

RIVAGE SPA NUXE

33, avenue du Petit Port
✆ 04 50 51 01 10
www.rivage-hotel.com
Ouvert tous les jours de 9h à 21h. Inclus pour les résidents de l'hôtel Rivage Hôtel & Spa. Soins.

Atteindre les rivages du bien-être en découvrant le plus grand spa d'Annecy. Intégré au Rivage Hôtel & Spa, un ensemble majestueux, lumineux, grandiose de 1 000 m², réunissant de nombreux équipements haut de gamme et une équipe d'experts, notamment pour les soins visage et corps d'origine naturelle signés Nuxe. Espace aquatique avec une superbe piscine intérieure de 16x5 baignée de lumière naturelle par de grandes baies vitrées. Hammam, sauna avec puits d'eau froide et bain à remous avec vue sur le lac. Espace fitness équipé de matériel de pointe, salle zen pour la pratique du yoga et salle de repos avec un étonnant mur de sel. Tisanerie. Du bien-être et du bonheur à partager.

© ANNE MOSCATELLO

© ANNE MOSCATELLO

© ANNE MOSCATELLO

ANIMATION

JOEL GRECO & ALL JAZZ

MEYLAN
✆ 06 01 44 57 59

En solo, duo ou quatuor, Joël GRECO & ALL JAZZ animent votre événement dans une « ambiance jazzy lounge » avec un répertoire composé de standards de Nat King Cole, Sinatra, Diana Krall… et de reprises jazzy de Sting, Eric Clapton, Pink Floyd… Joël GRECO & ALL JAZZ sont des musiciens professionnels réputés dans le milieu du jazz français. Ils ont collaboré avec de grands artistes de la scène jazz internationale comme Ray Charles, Dee Dee Bridgewater, BB King, Rhoda Scott… dans les clubs de jazz comme sur la scène des festivals (Vienne ou Montreux) ou les plus beaux Club Med du monde (île Maurice, Bali, Maldives, Thaïlande, Punta Cana…). Le plaisir du jazz pour votre événement !

LOCATION

LA BAMBOULA

59, avenue des Alpes - **EPAGNY METZ-TESSY** ✆ 04 50 24 26 49
www.bamboula.com
Ouvert lundi de 14h à 19h, du mardi au samedi de 10h à 12h et de 14h à 19h.

Un plaisir simple ? Faire la fête ! Envie de se défouler toute l'année, car toutes les occasions sont bonnes pour faire la bamboula : bal masqué, carnaval, Halloween, anniversaire, bar-mitzvah et goûter d'enfants, mariage, jubilé, réveillon etc. Cotillons, masques, serpentins, bombes de table, déguisements (enfants et adultes), maquillage, ballons à lâcher, feux d'artifice et de jardins, décors… On trouve tout, et même plus, à La Bamboula ! Tous les délires sont à votre portée et c'est certainement le meilleur remède que nous vous prescrivons. L'info du Futé : aucune excuse pour ne pas faire la fête, vous pouvez même acheter par Internet et être livré à domicile !

LIEU DE RÉCEPTION

LA GRANGE A JULES

100, route des Daviet - **CHAPEIRY** ✆ 04 50 68 15 07
www.auberge-lagrangeajules.fr
Repas spectacles tous les vendredis, samedis soir et dimanches midi. Privatisation.

Un domaine festif de plus de 40 ans, une adresse exceptionnelle créée par Tony Delaunay. Un coin de paradis à 15 min d'Annecy pour oublier les soucis et faire la fête en famille ou entre amis. Les extérieurs de cette grange rénovée de 1888 sont splendides. Un vrai terrain de jeu et d'émerveillement. Pour un apéro, un cocktail, une réception privée ou organiser votre mariage, c'est le lieu idéal où tout devient possible dans les différents espaces. Même l'hébergement peut être assuré. Autre bonheur de La Grange à Jules, les fameux repas-spectacles animés par des artistes réputés. Spectacle de qualité et cuisine maison de saison à la hauteur. Coup de cœur assuré.

TRAITEURS SPÉCIALISÉS

TOQU'& RECEPTION

333, route des Acacias
ALEX
✆ 06 14 29 02 84
www.traiteur-dessavoie.com

Olivier Agenis, croisé à la boucherie Veyrat, s'est lancé dans l'aventure entrepreneuriale en reprenant Fred Réception à Alex. Toqu'& Réception nous régale pour tous nos événements familiaux et professionnels. Particuliers ou entreprises, Olivier propose un plateau de service dédié à la réussite de notre mariage, anniversaire, baptême, fête entre amis… Mais encore cocktails, buffets, plateaux, repas événementiels ou l'animation d'un séminaire avec des ateliers cuisine. Foie gras maison, saumon fumé maison, cuisson à la broche, barbecue, paella géante… A emporter ou en livraison, Toqu'& Réception trouve toujours une solution. Nombreuses formules et prestations sur mesure.

LIEU DE RÉCEPTION

IMPÉRIAL PALACE - LA VOILE

Allée de l'Impérial ✆ 04 50 09 30 00
www.hotel-imperial-palace.com
Chambre double à partir de 150 €. Restauration. Espace bien-être et spa. Wifi gratuit.

A la recherche d'un lieu d'exception pour accueillir le plus beau jour de votre vie ? Voici une adresse pleine de charme, parfaite pour célébrer vos noces ou tout autre évènement. L'Impérial Palace fera de ce jour un moment magique dans un décor chaleureux et apaisant avec le lac en toile de fond. Des prestations haut de gamme, salons privatisés, cuisine gastronomique aux mets raffinés, arrivée en bateau au ponton du palace… Soirée magique et nuit dans les draps de la Suite Impériale. De quoi mettre des paillettes dans les yeux des jeunes mariés !

© CHRISTIAN PELLARIN

© CHRISTIAN PELLARIN

FÊTE

ANIMAFETES

9, Impasse des Fusains
✆ 06 71 95 81 89
www.animafetes74.com

Animer un événement, c'est un métier, un don et une passion. Christian Pellarin a tout ça et tellement plus ! Plus de 15 ans d'expérience dans l'animation et l'événementiel lui permettent de s'adapter à toutes vos envies pour que votre anniversaire, soirée de gala, mariage... soit inoubliable. Ce passionné a assurément un don pour faire participer tous les invités, mais il a aussi un choix incroyable d'animations et de services : jeux gonflables, sumos, pop-corn ou barbe à papa, des quiz géants (les fans de blind-tests adoreront !) avec 400 boîtiers de vote et de vrais buzzers pour la finale sur scène, ou un nouveau Bingo musical interactif depuis le smartphone de vos invités ! Palme d'or.

© CHRISTIAN PELLARIN

© CHRISTIAN PELLARIN

© CHRISTIAN PELLARIN

ENFANT - JUNIOR

LE GRENIER À DOUDOUS

174, impasse Près-d'en-Bas - **ARGONAY**
✆ 04 50 65 06 15
www.legrenieradoudous.fr
Ouvert du lundi au samedi de 9h30 à 19h.

Rien ne vaut l'amour d'un enfant, mais un enfant ça peut coûter cher. Et si vous en avez plusieurs, l'addition peut vite monter. Pour bien s'équiper et faire plaisir à toute la famille au juste prix, direction Argonay, à 10 minutes du centre-ville d'Annecy. Economies garanties au Grenier à doudous, avec 450 m² consacrés à la puériculture. Un grand espace où il n'y a pas que des doudous ! Matériel de puériculture, poussettes, transats, sièges auto, sièges de table... mais aussi du mobilier, une collection incroyable de vêtements pour enfants de 0 à 16 ans, des accessoires, des jeux d'éveil... Produits d'occasion, sélectionnés, propres, en état, quasiment neufs avec des marques réputées.

ENFANT - JUNIOR

JACADI

17, rue Sommeiller
✆ 04 56 68 03 28
www.jacadi.fr
Ouvert lundi de 14h à 19h, du mardi au samedi de 10h à 19h.

Ne pas résister à la tentation d'entrer dans un univers de tendresse dédié aux enfants sages (ou pas) de 0 à 12 ans. Robes de cérémonie en dentelle, pulls marins brodés, bermudas et barboteuses fleuries s'associent délicieusement aux bobs, sandales, bandeaux à carreaux vichy et autres petits maillots de bain à pois. Des vêtements à la qualité confirmée par les mamans et conçus pour le confort de nos enfants en toute saison. Et, en attendant l'arrivée de bébé, l'espace puériculture permet de préparer la chambre tout en douceur ! Les gigoteuses brodées, doudous colorés et lampes illuminent les lits et chevets dans des tissus que l'on ne peut s'empêcher de toucher.

CHAUSSURES

POM'CANNELLE

32, rue Carnot ✆ 04 50 45 31 02
www.chaussuresonline.com
Ouvert lundi 14h à 19h, mardi, jeudi et vendredi 10h à 12h et 14h à 19h, mercredi et samedi de 10h à 12h30 et 14h à 19h.

Dans la grande famille des chaussures, on voudrait les plus petites, celles qui nous apprennent à marcher, sans doute les plus importantes pour la forme de nos pieds et celles qui nous suivent partout pour faire nos premières bêtises. Une boutique tellement craquante et indispensable pour faire ses premiers pas. Heureusement, de bons conseils par des pros de la chaussure (une grande famille...) pour bien choisir parmi les nombreux modèles et les grandes marques comme Babybotte, Bellamy, Kickers ou Shoo Pom. Une Pom'Cannelle au pied de nos bébés et de nos juniors qui veulent déjà leurs Adidas pour courir dans la cour. La boutique spécialiste des chaussures enfants.

CHAUSSURES

POM D'API

15, rue du Pâquier ✆ 04 50 52 95 08
www.pomdapi.fr
Ouvert lundi 14h à 19h, mardi, jeudi et vendredi 10h à 12h30 et 14h à 19h, mercredi et samedi 10h à 19h.

Le rendez-vous des petits petons, c'est Pom d'Api. Petits fauteuils à leur taille pour les aider à enfiler bottes, après-skis, chaussons… Ils sont aux anges, et nous aussi. On craquerait si facilement pour ces ballerines, ces sandales légères ou cet autre modèle aux pieds de notre pirate préféré. Mais certains grandissent et courent toujours chez Pom d'Api pour se chausser confortablement avec la marque maison Pom d'Api, mais aussi les marques Shoopom, 10'is ou Veja. Une boutique toute mimi où l'on se sent bien avec nos petits avec qui c'est parfois compliqué de faire des essayages... Pas ici. Conseils et service n'ont pas de prix, pensez-y en allant chez Pom d'Api.

CHAUSSURES

TRENDY SHOES

20, rue Filaterie
✆ 04 50 45 86 27
Ouvert du mardi au vendredi de 10h à 13h et de 14h à 19h, samedi de 10h à 19h.

Des montagnes de chaussures à gravir dans une enseigne installée depuis... longtemps (28 ans). Des p'tites shoes pour nos babies avec des modèles qui permettent à leurs petits petons de courir en toute liberté et confort. On retrouve des signatures de grands comme Converse ou Doc Martens, mais surtout les classiques et craquantes Kickers qui se déclinent sur tous les tons. On aime encore les modèles Pataugas indémodables ou Palladium. Les prix peuvent aussi monter en flèche pour des Clarks juniors, mais il faut aussi savoir choisir entre la trilogie qualité-confort-originalité et le pas cher pas beau ! Une boutique urbaine où toute la famille pourra se chausser selon ses goûts.

JE M'AMUSE JE FAIS DU SPORT

Bien sûr, impossible de ne pas évoquer le parcours du FC Annecy, évoluant en Ligue 2, qui fait toujours la fierté de toute une ville avec sa qualification en demi-finale de Coupe de France (et si vous n'avez rien suivi, on parle de foot !). Mais la vraie vedette du sport à Annecy, c'est la nature même de la ville avec son environnement exceptionnel. En effet, pour faire du sport dans le Grand Annecy, il suffit d'enfiler une paire de baskets et de marcher ou courir sur les nombreux parcours, notamment autour du lac. Annecy et ses alentours, en direction des Aravis, des Bornes ou des Bauges, offrent le plus beau terrain de sports *outdoor* : via ferrata, canyoning, ski de randonnée, ski nautique, en passant par l'activité reine du secteur, le vélo. Un vélo qui multiplie les possibles en version « musculaire » ou électrique, sur les routes et les chemins. Et si vous voulez rester à l'intérieur pour transpirer, les salles de sport vous gainent à la perfection, alors que la réalité virtuelle vous permet d'accéder à d'autres mondes, à de nouvelles aventures pour jouer solo ou en équipe.

COURSE À PIED

ALPSMAN XTREM TRIATHLON

SAINT-JORIOZ
https://alps-man.com
(premier week-end de juin).

Un cadre spectaculaire pour une course spectaculaire. Le triathlon version Xtrem est bel et bien un sport de dingue taillé pour des sportifs affutés. Un sport outdoor qui réunit natation (avec un départ donné de nuit au milieu du lac et une traversée de 3,8 km), vélo pendant 180 km avec 5 cols à grimper et course à pied avec un joli marathon pour terminer en beauté et en effort au sommet du Semnoz pour les « Top Finishers » et sur l'esplanade du lac à Saint-Jorioz pour ceux qui seront « hors temps »... 250 places disponibles pour des athlètes ultra-motivés ! Des version plus « accessibles » avec l'AlpsMan Half Triathlon, Xperience Trirace et l'AlpsKid. Des défis à partager.

SPORT

MAXI-RACE

27, avenue du Petit Port
www.maxi-race.org
En mai.

Un rendez-vous sportif unique en France pour aller à la découverte de paysages uniques en dépassant ses limites. L'événement rassemble des milliers de coureurs qui s'affrontent dans des trails sportifs (courses sur les sommets) pour faire le tour du lac en passant par les montagnes ! Diverses épreuves, de la MaXi race de 88 km et 5000 m de D+ au « demi tour du lac d'Annecy » avec la Marathon Experience de 45 km en passant par une nouvelle édition de la MaXi Orientation, de l'orientation en équipe sur un parcours sauvage de plus de 20 km ! Pour les enfants, une Mini-Race au bord du lac d'Annecy et une fête pour tous les visiteurs venus encourager les courageux participants.

COURSE À PIED

MARATHON DU LAC D'ANNECY

1, rue Pierre-de-Coubertin
✆ 04 50 46 92 87
www.marathondulac-annecy.com
En avril.

Le marathon d'Annecy est une course d'exception puisqu'il compte parmi les plus « anciens » de France. Créé en 1980 juste après celui de Paris, il est considéré comme l'un des plus beaux de l'Hexagone avec son parcours serpentant entre lac et montagnes. Dans un décor exceptionnel le long de la rive ouest du lac d'Annecy, avec un « petit » dénivelé d'une centaine de mètres, des milliers de coureurs s'élancent pour un 42,195 km complet, un semi-marathon ou le 10 km. Les plus jeunes peuvent aussi s'initier au plaisir de la course à pied en participant au 2 ou au 5 km. Un événement à ne pas manquer, l'essentiel étant de participer, même pour encourager les coureurs.

SPORT

TOURNOI DE PENTECÔTE D'ANNECY VOLLEY-BALL

www.annecyvolleyball.com
Week-end de la Pentecôte.

Événement sportif et festif majeur de l'agenda annécien depuis 1965 ! Quand 2 250 personnes se retrouvent en même temps sur le Pâquier pour jouer au volley sur gazon. Voici venu le temps du tournoi de Pentecôte sur ce gigantesque terrain naturel entre ville et lac. Décor de rêve, ambiance conviviale et de vraies performances sportives avec des volleyeurs de haut niveau. Parmi les 750 équipes, des farfelues, des challengers et celles qui attendent la soirée pour faire la fête avant/après la tartiflette. Un seul conseil : inscrivez-vous vite, les places partent vite !

SPORT

GLAGLA RACE

TALLOIRES-MONTMIN
http://glaglarace.com
Du 19 au 21 janvier 2024 (10e édition).

Même pas peur, même pas froid ! La plus grande course hivernale de stand-up paddle se déroule sur le lac d'Annecy en plein mois de janvier et fêtera sa 10e édition en 2024. Une édition spéciale pour cette course insolite qui a lieu sur une eau à 4 degrés (environ). Des « glaglateurs » du monde entier (plus de 30 pays représentés !) – ils sont de plus en plus nombreux, on parle de près de 850 sportifs – viennent à Talloires profiter des sublimes paysages et d'une course vraiment insolite. Quatre courses, en fait, avec des distances plus ou moins longues et une épreuve technique. Les prix sont remis sur la plage de Talloires. Une étape, ouverte à tous, de la Alpine Lakes Tour.

SPORT

TRAVERSÉE DU LAC D'ANNECY

www.traverseedulacdannecy.fr
15 août

Jetez-vous à l'eau quand la baie d'Albigny se transforme en piscine géante pour une course d'exception créée en 1931 par le club des Dauphins annéciens. 4 courses au programme : 1 km et 2,4 km pour des nageurs avertis, 5 km pour les passionnés de nage en eau libre et, le Graal, avec l'épreuve de 10 km limitée à 80 compétiteurs. Le genre même d'épreuve, comme le marathon, qu'il faut faire au moins une fois dans sa vie après s'être correctement entraîné (c'est une vraie épreuve sportive). Une fête populaire qui attire un public nombreux autour du lac d'Annecy.

SPORT

42KM195

5, rue Président-Favre ✆ 04 50 45 55 26
www.42km195.fr
Ouvert du mardi au samedi de 9h à 13h et de 14h à 19h.

Que vous vous soyez mis à courir juste avant l'été ou que vous soyez un coureur confirmé inscrit au prochain marathon d'Annecy, 42KM195 est la boutique de référence depuis plus de 30 ans pour bien choisir ses chaussures auprès de passionnés de la course à pied. Les chaussures qui font aimer le bitume et la terre sous les pieds. Les meilleurs conseils par d'authentiques experts des produits de running qui ne vous regarderont pas de haut, mais vous conseilleront sur mesure parmi les meilleures marques. Garantie « Satisfait ou Remplacé » ! Textiles techniques, accessoires, montres connectées et diététique de l'effort pour faire avancer la machine et améliorer ses performances. Équipe adorable.

SPORT

SNOWLEADER

15, rue du Président-Fabre ✆ 08 20 42 03 74
www.snowleader.com
Ouvert du lundi au samedi de 10h à 19h. Livraison possible (boutique en ligne).

The Reblochon Company a tout compris d'une montagne connectée avec Snowleader. Une enseigne qui a su s'adresser aux jeunes passionnés de la glisse en ne se prenant pas trop au sérieux avec sa célèbre vache... Mais attention, s'il y a du fun, il y a surtout du bon matos et des conseils de pros. C'est ce qui fait la force d'une boutique qui ne contient pas toutes les richesses (et les marques) à retrouver sur un site Internet très complet (bornes de commande en boutique pour les conseils). C'est là que l'on vient choisir sa planche, ses vêtements parmi les plus techniques et les plus stylés, et toujours des nouveautés. Atelier Bootfiting. Possibilité de faire les curieux sans être harcelé.

SPORT

AEQUI-LIBRE

1, passage de Vignières ✆ 04 50 09 94 30
www.qualidanse.fr
Ouvert mardi, jeudi et vendredi 10h-12h et 15h30-19h30, mercredi 10h-12h30 et 15h-19h30, samedi 10h-12h et 15h30-18h30.

Sans doute la boutique la plus « secrète » mais aussi la plus connue de la ville. Depuis plus de 20 ans, Aéquilibre est l'enseigne de référence pour les danseurs qui franchissent sans hésiter le portail, gravissent d'un pas léger les quelques marches d'un espace verdoyant et poussent la porte de ce commerce atypique aux allures de véranda. Mireille connaît la plupart de ses clients. Les demi-pointes, pointes, chaussures de danse de salon, claquettes s'empilent dans des casiers à chaussons jusqu'au plafond. Du côté des textiles les plus grandes marques du milieu de la danse attendent de se poser sur les corps longilignes. Un espace confidentiel qui se démarque des grandes enseignes.

SPORT

TROC SPORT

1, rue de l'Égalité
✆ 04 50 24 01 76
www.trocsport.fr
Ouvert du mardi au samedi de 10h à 12h30 et de 14h à 19h.

Depuis plus de 25 ans, Troc Sport est le spécialiste du dépôt et de la fin de série d'articles de sport. Sur notre territoire champion des activités outdoor, voici le lieu idéal pour s'équiper à moindre coût en matière de vélo, notamment électrique, ski et ski nautique, snowboard et wakeboard, glisse urbaine, mais encore en textiles techniques et accessoires. Idéal encore pour équiper les enfants à chaque saison (quand arrêteront-ils de grandir ?), idéal pour découvrir un nouveau sport sans trop investir, idéal dans notre région de lacs et de montagnes où l'on aimerait essayer toutes les pratiques... On profite en plus des sourires et de la disponibilité de toute une équipe de passionnés.

NEW SPORT

EKOSPORT

252, rue du Centre - **EPAGNY METZ-TESSY**
✆ 04 79 60 19 70
www.ekosport.fr
Ouvert du lundi au samedi de 9h30 à 19h.

Un grand magasin qui a changé d'enseigne, pas de passion. Ekosport est l'un des leaders du sport outdoor sur Internet - large choix sur le site -, mais aussi dans cet espace de 1 000 m². Tout le matériel pour partir vers les cimes enneigées, rocheuses ou verdoyantes : ski alpin, ski nordique, snowboard, raquettes à neige. Version estivale avec trail, trek, bivouac, escalade, alpinisme, via ferrata, randonnée, canyoning... Rien ne manque pour les passionnés qui trouveront technique et conseil, comme pour les néophytes. On aime la possibilité de louer son matériel - ski ou via ferrata - pour un séjour dans nos montagnes ou bien de pouvoir réaliser sur mesure ses chaussons de ski.

NEW VÊTEMENT - CHAUSSURES

MILLET

25, avenue du Parmelan ✆ 04 58 13 00 46
www.millet.com
Ouvert du lundi au vendredi de 10h à 19h30, samedi de 10h à 20h.

Quelle que soit votre prochaine sortie en montage autour d'Annecy, faites-la équiper par Millet. Pourquoi ? Parce que Millet, marque que l'on trouvait jusqu'alors dans les boutiques spécialisées montagnes et quelques-unes plus généralistes, est une marque annécienne créée en 1921 qui accompagne les professionnels et les amoureux de la montagne vers les sommets. Aujourd'hui, la 4e génération de Millet à la tête de l'entreprise continue de proposer des vêtements techniques, sacs à dos, sacs de couchage, chaussures et cordes pour grimper dans les meilleures conditions. Randonneurs, trailers et skieurs rejoignent la communauté des sportifs bien équipés. Conseils de pros.

DISCOUNT

SPORT A TOUT PRIX

3640, route d'albertville - **SÉVRIER** ✆ 04 50 66 93 35
www.sport-annecy.com
Ouvert du lundi au vendredi de 9h30 à 12h30 et de 14h à 19h. Samedi de 9h30 à 19h.

Envie de faire du sport, mais à n'importe quel prix ? Un excellent magasin de déstockage de sport qui offre l'avantage en hiver de louer des skis à la journée ou à la saison. Le matériel est varié et saisonnier, de bonne qualité, et offre des remises vraiment intéressantes, jusqu'à -70 %. Il y a également une large gamme de textile avec les plus grandes marques outdoor présentes. Une grande boutique située à deux pas du lac, sur la route principale de Sevrier (avec parking), ce qui la rend parfaite pour combler les oublis de dernière minute : maillot de bain, paddle, chaussures de marche... Ici, c'est notre base de ravitaillement pour tout le matériel de sport !

NEW

ESCALADE

ATOME

25, avenue du Parmelan
✆ 04 80 48 02 70
www.atome-annecy.fr
Ouvert tous les jours de 9h à 23h.

Nouveau point de ralliement pour les passionnés de l'escalade, mais pas que. Car Atome, installé dans les nouveaux espaces des Nouvelles Galeries, est aussi un lieu ouvert. D'ailleurs, Atome collabore avec Canailles avec une cantine version street-food qui tire vers le haut (normal pour l'escalade...) - burgers maison, super coquillettes, brunch le dimanche -, mais aussi une belle sélection de bières artisanales et de vins de caractère. Côté grimpe, de jolis murs pour tous les niveaux - enfants compris -, et - c'est une première en France ! - un Kilter Board, un mur rempli de nombreuses prises qui s'illuminent par led, ce qui permet de créer des blocs inédits. Adresse unique à partager !

GLISSE

LE DECK DE VEYRIER

Avenue Général Doyen
VEYRIER-DU-LAC
✆ 06 85 91 34 59
www.ledeck-veyrier.com

Il n'y a pas que sur terre ou dans les airs qu'il faut absolument décarboner nos déplacements. Afin de préserver l'environnement exceptionnel du lac d'Annecy, déjà atteint par la pollution, il faut imaginer de nouveaux modes de déplacements et de loisirs sur des eaux qui doivent rester cristallines. Sur la plage de la Brune à Veyrier, une base de loisirs nouvelle génération nous propose une gamme unique de locations nautiques garanties sans émissions – paddles, pedal boat et 4 GoBoat (bateaux sans permis à motorisation électrique), ainsi qu'un bateau 100 % électrique pour vos croisières et transferts privatifs autour du lac. 100 % fun et détente tout en préservant l'environnement.

GOLF

GOLF DU LAC D'ANNECY

280, route du Golf - **TALLOIRES-MONTMIN** ✆ 04 50 60 12 89
www.golf-lacannecy.com
Parcours 18 trous. Tous les jours de 8h à 18h30. Entrée : de 48 € à 71 €. Abonnement de 260 € à 1 685 €. Restauration.

Jouer au golf en profitant de la vue sur le lac, c'est un luxe dont il faut savoir profiter. A une dizaine de kilomètres d'Annecy, à la limite du village de Menthon-Saint-Bernard, ouvert toute l'année sauf pour les fêtes de Noël, le Golf d'Annecy étend ses pelouses en pente douce dans un cadre enchanteur. Pentes à négocier, car le parcours est situé dans le site alpestre et préservé du Roc de Chère, à travers une réserve naturelle protégée, offrant des vues splendides sur le lac et le château de Menthon. 18 trous, Par 69, 5 015 mètres. Une boutique est ouverte aux mêmes horaires que le club pour s'équiper ou louer du matériel. En saison, restauration tous les jours.

MONTGOLFIÈRE

COMPAGNIE DES BALLONS

45, route de Sasserot - **LA BALME-DE-SILLINGY**
✆ 04 50 63 38 10
www.compagniedesballons.com
Vols selon météo. Vol découverte 1h 280 €/adulte, enfant 220 €. Prêt à partir 210 €.

Annecy et son lac sont encore plus beaux vus du ciel dans le silence d'un vol majestueux en montgolfière. Profitant d'un certain confort mais surtout d'une vue époustouflante, on se laisse porter par des ballons qui nous montrent Annecy et les Alpes sous un autre angle. Les pilotes sont des professionnels assurant une parfaite sécurité du vol. Du décollage à l'atterrissage, les sensations de plaisir sont intenses. Seules conditions à notre bonheur : la météo. Les montgolfières ne peuvent décoller en cas de pluie, de neige ou de brouillard et par vent supérieur à 20 km/h. Des sensations et un spectacle inoubliables à partager en toute sécurité avec une super équipe de passionnés.

NEIGE

ALPES BIVOUAC

15, chemin du Crêt Pessey ✆ 09 82 22 94 95
www.alpes-bivouac.com
Ouvert toute l'année. Igloo et alti-dôme en hiver. Alti-dôme en été. A partir de 39 € par personne (logement 218 €).

Vivre et dormir au cœur de la nature. Vivre des expériences insolites à 1 600 m d'altitude sur la montagne du Semnoz, dans un camp écoresponsable respectant les principes du développement durable. Des instants uniques à partager en famille ou entre amis, pour se ressourcer pleinement hors de l'agitation de notre monde. Au cœur de la forêt, venez passer une soirée dans un Eco-Bivouac en pleine nature. Dégustez un apéritif local autour d'un feu de camp. Faites une balade nocturne en raquettes à neige avant de savourer un repas composé de produits locaux et artisanaux. L'été, nuit en Alti-dôme Nomade et Panoramique. L'hiver, nuit en igloo inoubliable. Organisation de séminaires.

NEIGE

INAX AVENTURE

✆ 06 66 98 63 39
www.nuit-en-falaise.com
Nuit en falaise à partir de 390 €. Dîner en falaise à partir de 190 €.

Vous rêviez de passer une nuit au-dessus du lac d'Annecy suspendu sur une falaise verticale ? Un rêve qui se réalise avec les professionnels d'Inax Aventure. De véritables experts de la montagne qui n'ont que deux soucis : votre sécurité absolue et la réalisation de vos rêves (l'un étant totalement compatible avec l'autre !). Nuitée en paroi, dîner d'une fondue savoyarde en falaise, mais aussi via ferrata, randonnée et escalade ou canyoning en saison estivale. L'hiver, raid et randonnée à ski, ski freeride à La Clusaz ou à Chamonix Mont-Blanc, mais encore possibilité d'héliski vers la Suisse ou l'Italie. Des sensations inoubliables et des émotions fortes à partager.

PARAPENTE

LES GRANDS ESPACES

150, chemin de Pré-Monteux - **TALLOIRES-MONTMIN**
✆ 04 50 60 79 06
www.grandsespaces.com
Ouvert tous les jours de 9h à 18h. Vol découverte 100 €.

Les grands espaces, ils se trouveront sous vos pieds quand vous serez dans les airs ! Les montages des Alpes, les eaux du lac ne sont jamais aussi belles que vues du ciel. Les Grands Espaces, ce sont plus de 30 ans d'expérience du vol en parapente par des moniteurs professionnels et passionnés qui vont vous emmener en toute sécurité dans les airs. L'une des meilleures expériences de votre vie ! Sensations plus ou moins fortes garanties selon le type de vol choisi au départ du col de la Forclaz ou Planfait : Loupiot pour les plus petits, Découverte, Ascendance avec quelques courbes acrobatiques et Prestige. Stages pour apprendre et boutique pour s'équiper. Voyez Annecy en grand !

PARAPENTE

LES PASSAGERS DU VENT

39, chemin de Pré Monteux - **TALLOIRES-MONTMIN**
✆ 04 50 60 71 21
www.lespassagersduvent.com
Vol découverte : 80 €. Location de matériel.

Depuis 36 ans, l'équipe de professionnels des Passagers du Vent proposent des décollages sur les sites de Planfait ou La Forclaz. Une école installée à Talloires, composée de moniteurs diplômés d'État, offrant toute l'année des baptêmes de l'air biplace en parapente au-dessus du lac d'Annecy ou dans les Aravis. L'école organise également de très nombreux stages de perfectionnement. Sur le site Internet, la possibilité de réserver son matériel (à la vente et à la location), alors qu'une boutique ouverte toute l'année vous accueille sur le plancher des vaches. Au sol, le Plancher des Vaches permet de partager ces bons moments autour d'un verre ou d'une assiette.

PARAPENTE

TAKAMAKA

23, Faubourg Sainte-Claire
✆ 04 50 45 60 61
www.takamaka.fr
Horaires selon saison.

Vivre des moments d'exception en pleine nature, c'est maintenant et depuis plus de 25 ans avec Takamaka. La première agence Takamaka (une dizaine en France) est née dans ce faubourg d'Annecy il y a près de 30 ans ! Tous les jours, en toute saison, les professionnels passionnés de Takamaka nous amènent à l'aventure sur les plus beaux spots de la région. En hiver : raquettes, chiens de traîneau, ski joering, motoneige, nuit sous igloo... et le reste de l'année le parapente et la montgolfière. Vols en parapente avec ou sans acrobaties selon vos envies. Location de matériel outdoor – vélos, kits pour via ferrata, raquettes... – toute l'année. Spécialiste aussi d'incentive et de teambuilding.

PÊCHE

TENDANCE NAUTIC

25, route des Saintiers - **SÉVRIER**
✆ 04 50 51 03 83
www.tendancenautic.fr
Ouvert du lundi au samedi de 8h à 12h et de 14h à 19h.

Le lac, il ne faut pas se contenter de le regarder. il faut aussi naviguer dessus et pêcher dedans ! Tendance Nautic est la première enseigne locale dédiée à l'univers du nautisme et de la pêche autour du lac d'Annecy. D'un côté la navigation avec la vente et la location à prix raisonnables de barques, bateaux de plaisance (avec ou sans permis), ainsi que les loisirs nautiques. De l'autre la vente et la location de matériel de pêche – même à la journée pour se faire plaisir seul ou en famille – pour remonter petits et gros poissons à la surface. L'un ou l'autre, l'un et l'autre, Tendance Nautic vous offre conseils et matériels de qualité avec de véritables passionnés aux commandes.

PLAN D'EAU

PLAGE D'ANNECY

30, avenue d'Albigny
Ouvert toute l'année. Baignade surveillée en juillet et août.

De l'autre côté du lac par rapport à la plage des Marquisats évoquée dans notre guide, c'est l'autre plage très prisée d'Annecy. Une aubaine à quelques pas de la ville et à proximité de l'Impérial, cette plage compte parmi les plus réputées du lac pour son cadre verdoyant. Très spacieuse (12 000 m²), végétalisée et fleurie, elle offre, avec son étendue de sable fin, son eau pure, ses plongeoirs et toboggan aquatique, ses terrains de sport et ses aires de jeux, un cadre harmonieux fort apprécié des baigneurs et des promeneurs. Douches, vestiaires, bar et restaurant en self-service. Alors, dès les premiers rayons du soleil, n'hésitez pas, direction la plage !

PLAN D'EAU

PLAGE DE L'IMPÉRIAL

30, avenue d'Albigny
✆ 04 50 19 19 78
www.plage-imperial.com
7j/7 en juillet et août de 10h à 19h. Accès gratuit.

Depuis l'été dernier, l'accès à cette plage justement réputée - et autrefois privée - est devenu gratuit. Proche de l'Impérial, une plage d'herbe, surveillée et aménagée, directement accessible par la promenade cyclable où l'on aime se retrouver en famille - plage surveillée - et entre amis. De nombreux équipements pour bien profiter d'une journée au bord du lac, les pieds dans l'eau : toboggans (en fonction du niveau d'eau du lac, malheureusement trop bas...), jeux gonflables, mini-golf, pataugeoire pour les plus petits, terrains de beach-volley et de badminton pour les sportifs et pelouse pour bronzer paisiblement. Vous êtes en Californie ? Non, sur la plage de l'Impérial !

PLAN D'EAU

PLAGE DES MARQUISATS

Rue des Marquisats
https://www.lac-annecy.com
Plage gratuite, surveillée pendant la période estivale.

Parmi toutes les plages publiques et municipales qui bordent le lac d'Annecy, commençons par l'une des plus proches et des plus accessibles depuis le centre-ville (10 minutes à pied depuis la vieille ville ; à vélo par la piste cyclable et en bus par la ligne 6 arrêt face à la plage) : la plage des Marquisats. Sur place, tout est mis en œuvre pour assurer confort et sécurité des usagers, notamment avec la surveillance de la baignade par les maîtres-nageurs sauveteurs. Fauteuils flottants mis gratuitement à disposition pour rendre l'eau accessible aux personnes à mobilité réduite. Douches et sanitaires, petite restauration sur place. Importante fréquentation dès les premières chaleurs.

SPORTS INDIVIDUELS

ACRO'AVENTURES TALLOIRES

Route de Planfait - **TALLOIRES-MONTMIN** ✆ 06 07 56 90 58
https://acro-aventures.com
Réservation conseillée. Tarifs, informations et réservation sur le site Internet.

À Talloires, le bonheur est dans les arbres. Tout proche d'Annecy, ce parc aventure propose de nombreuses activités pour tous les âges. Chaque année, les aventuriers sont ravis de découvrir de nouveaux parcours tracés dans les arbres, aussi bien pour les enfants que pour les plus expérimentés. Des difficultés renouvelées sur des parcours parfaitement sécurisés par une équipe de professionnels. Autre plaisir à découvrir, la Forêt des Sens, accessible à tous, de faire une chasse aux trésors, un parcours d'orientation, Acro Ninja. Pour quelques heures ou une journée entière, en famille ou en groupe d'amis, des sensations à vivre et à partager pour s'évader en forêt.

SPORTS INDIVIDUELS

ACTIV'ANNECY

1, faubourg Sainte-Claire ✆ 07 69 76 75 99
www.activ-annecy.fr
Ouvert 7j/7, de 9h à 19h30 d'avril à septembre, de 10h à 18h le reste de l'année.

Annecy et son lac sont le premier spot en Europe pour pratiquer les sports et loisirs outdoor. Comment s'y prendre pour accéder à son activité de rêve dans les meilleures conditions de pratique adaptées à son niveau ? Sarah et Activ'Annecy s'occupent de tout. Pour les visiteurs d'un week-end, d'une semaine, pour les locaux, avec vos enfants ou sans, Sarah propose des activités à la carte. Passionnée de sport et de randonnée, elle a testé toutes les activités pour mieux vous les conseiller. Service sur mesure pour une satisfaction complète. À vous le parapente, le ski, l'escalade, la plongée, le canyon en été et en hiver !, le ski nautique, une visite touristique à vélo... Activez-vous !

NEW VÉLO

GRIMPEURS CYCLIST HOUSE

25, avenue du Parmelan ✆ 04 50 64 14 10 - www.grimpeurs.cc
Ouvert du lundi au vendredi de 10h à 19h30, samedi de 10h à 20h.

Plus qu'un sport réservé aux costauds, le cyclisme est devenu un mode de vie, une culture qui rassemble une large communauté. L'enseigne Grimpeurs - déjà présente à Lyon - l'a bien compris et propose un véritable concept-store dédié à la culture cycliste. Un lieu de vie pour se réunir autour de l'amour du vélo avant de s'évader pour les grands cols et les grands espaces dans les Alpes. Lieu chaleureux où le bois est bien présent, Grimpeurs présente de belles marques, souvent iconiques, autour du vélo avec les machines à rouler signées Canyon ou les vêtements techniques de chez Mercier, Rapha, Poc ou Café du Cycliste. Training sur place et café-restaurant pour reprendre des forces.

NEW VÉLO

MATCHY CYCLING

5, avenue du Stand ✆ 09 82 54 28 82
www.matchycycling.com
En été, du mardi au vendredi 10h à 20h, samedi 9h à 18h. En hiver, du mardi au vendredi 10h à 19h, samedi 10h à 18h.

L'adresse que la communauté des amoureux du vélo - route et gravel - se partage pour vivre ensemble la passion des deux-roues. Matchy, c'est une marque locale de vêtements techniques (vestes, cuissards, maillots, collants, accessoires...) et lifestyle (sweats et tee-shirts) écoresponsables (fabrication à partir de matières recyclées) pour tailler la route. Dans ce clubhouse convivial et engagé pour un développement durable, à l'image de la marque, les cyclistes se réunissent avant/après une sortie - l'équipe de la Brigade organise des sorties, événements et séjours ! -, pour boire un verre de bière artisanale, regarder une course sur grand écran et découvrir les produits signés Matchy. Top !

CASINO

CASINO IMPÉRIAL

Allée de l'Impérial ✆ 04 50 09 32 61
www.casino-annecy.com
Ouvert 7j/7. Machines 10h-2h, 4h vendredi, samedi, veilles jours fériés. Interdit -18 ans, pièce identité obligatoire.

Le Casino Impérial, c'est royal ! Un cadre de rêve face au lac d'Annecy dans un bâtiment ouvert sur l'extérieur. Un hôtel créé il y a plus d'un siècle, mariant ses formes Belle Epoque à une modernité du meilleur goût. Tout un plateau de loisirs, de divertissements et de gourmandises pour un bien-être complet. Laissez-vous gagner par les différents espaces de jeu : machines à sous dernière génération, espace plus digital avec roulette électronique, grand écran..., et jeux traditionnels (black-jack, roulette anglaise et poker en format tournoi). Bar et restaurant Le Riva pour une restauration de qualité avec vue imprenable sur le lac. Au Casino Impérial, vous gagnez en bonheur.

ESCAPE GAME

MYSTÈRES DU LAC

23, rue Sommeiller ✆ 04 50 32 86 15
www.mysteresdulac.com
Ouvert tous les jours, sauf mardi. De 2 à 5 joueurs, à partir de 25 €/pers pour une équipe de 5 joueurs.

La réalité dépasse parfois la fiction, mais les scenarios proposés aux Mystères du Lac, escape game nouvelle génération, permettent à la fiction de nous faire vivre d'autres réalités ! Pour vivre ensemble des moments magiques d'évasion, direction les escape rooms climatisées où votre équipe va tenter de percer les secrets du sous-marin *K74* ou les mystères d'un alchimiste. Et si vous ne voulez pas être enfermé avec votre équipe, jouez aux City Games dans les rues d'Annecy. Menez l'enquête et percez les mystères de la ville en famille, entre amis ou avec vos collègues. Emotions, explorations, collaborations, sensations à tous les âges (à partir de 6 ans pour les City Games), *Futé* adore !

JEUX ET JOUETS

LUDOCORTEX

3, boulevard du Lycée
✆ 04 56 70 15 07
www.ludocortex.fr
Ouvert du lundi au samedi de 10h à 12h30 et de 14h à 19h.

La vie est plus qu'un jeu, mais à travers un jeu on peut vivre bien plus d'une vie ! Cette enseigne, connue d'un cercle étroit de connaisseurs, nous agitent les neurones depuis plus de 15 ans. Une escapade à faire, surtout si le jeu fait partie de votre univers : jeux de plateau, jeux de cartes, jeux tactiques, pour les experts mais aussi pour les juniors et à partager en famille : le choix est illimité. Toutes les dernières nouveautés sont en boutique et les « classiques » répondent présent. On aime les conseils pour nous aider à trouver le jeu idéal. Près de 15 000 références et une équipe de passionnés des jeux. Une adresse à partager pour ne pas jouer en solitaire.

JEUX ET JOUETS

AU PAYS DES MINIZ

11, rue de la Paix ✆ 04 50 32 44 14
www.aupaysdesminiz.com
Ouvert lundi 14h-19h, du mardi au vendredi 10h-13h et 14h-19h, samedi 10h-19h. Partenaire festival Cinémino.

Chacun rêve en grand au Pays des Miniz. Une boutique fantastique, un « Family Concept Store » avec Aurélie, Chloé et Pascale comme guides pour vous conseiller dans vos choix, prenant en compte tous vos paramètres (âge, événement, personnalité, etc.). Dans ce pays merveilleux, cadeaux vraiment originaux pour tous les âges, notamment pour les tout-petits dès la naissance, mais aussi pour les ados et les adultes. Doudous, jeux d'éveil, jouets musicaux, circuits, poupées... mais aussi déco, rangements et cuisine. Royaume des loisirs créatifs, les Miniz offrent un incroyable choix pour créer des objets uniques. Ateliers créatifs pour passer du rêve à la réalité. Adresse magique.

JEUX VIDÉO

E-MOTION

72, avenue d'Aix-les-Bains ✆ 04 50 63 79 90
www.emotion-concept.fr
Ouvert du jeudi au samedi de 17h30 à 1h. Simulateur à partir de 24 €/session.

Des sensations à partager, notamment pour les passionnés d'automobile. Des voitures de sport et motos d'exception exposées au premier étage dans une galerie qui fait envie avant de s'embarquer dans les simulateurs de F1 à plus de 250 km/h dans des conditions très proches de la réalité. Cœurs sensibles s'abstenir, ça remue sévère avec des accélérations, des freinages et des virages rendus à la perfection. Décor admirable, terrains de pétanque sur gazon avec bistrot sur la place des Lices, possibilité de boire et de manger sur place, rooftop avec vue sur les montagnes pour faire la fête dès l'afterwork. Une offre complète et des sensations à partager à toute vitesse.

LOISIRS CRÉATIFS

MERCERIE LOISIRS CRÉATIFS

4, passage des Bains
✆ 04 50 52 96 14
www.mercerie-loisir-creatif-annecy.fr
Ouvert du mardi au samedi de 9h à 18h30.

Dans la période d'abord sanitaire puis économique, le DIY (« Faites-le vous-même ») a conquis du terrain dans nos foyers. Cette boutique est faite pour s'initier ou pour les passionnés de la couture et d'autres activités créatives. Plus de 3 000 tissus aux imprimés divers pour faire ce qui vous passe par la tête, des fournitures de mercerie pour rapiécer, zipper ou boutonner, des rubans pour agrémenter vos tenues, créer les plus beaux déguisements et des laines pour tricoter. Et si vous n'y connaissez rien, des conseils avisés et des cours vont vous convaincre de vous lancer.

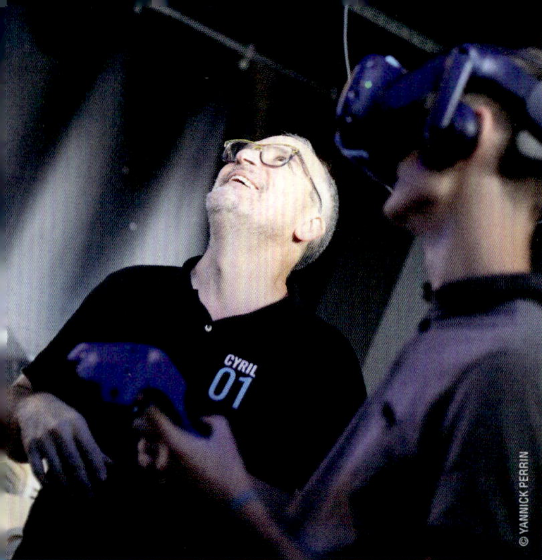

© YANNICK PERRIN

© YANNICK PERRIN

JEUX VIDÉO

E.REEL GRAND EPAGNY

486, route des Prés Rollier - **SILLINGY**
✆ 08 90 24 21 00
www.ereel.fr
Ouvert tous les jours. Horaires variables. Sur réservation.

Avec la réalité virtuelle, agrandissez votre terrain de jeu à l'infini, devenez celui que vous avez toujours rêvé d'être. Vivez des expériences uniques chez E.REEL Grand Epagny, une enseigne qui a véritablement révolutionné le jeu en VR en innovant constamment. En famille, entre amis, entre collègues de travail ou pour de vrais compétiteurs, choisissez entre 70 expériences 100% immersives selon vos envies. Accompagné par des experts du jeu VR, équipé d'un casque de dernière génération, découvrez des univers insolites et partez à l'aventure. Escape game, shooting, arcade, course auto, découverte et culture, tous les goûts sont permis ! Mode plaisir activé, à vous de jouer !

© YANNICK PERRIN

© YANNICK PERRIN

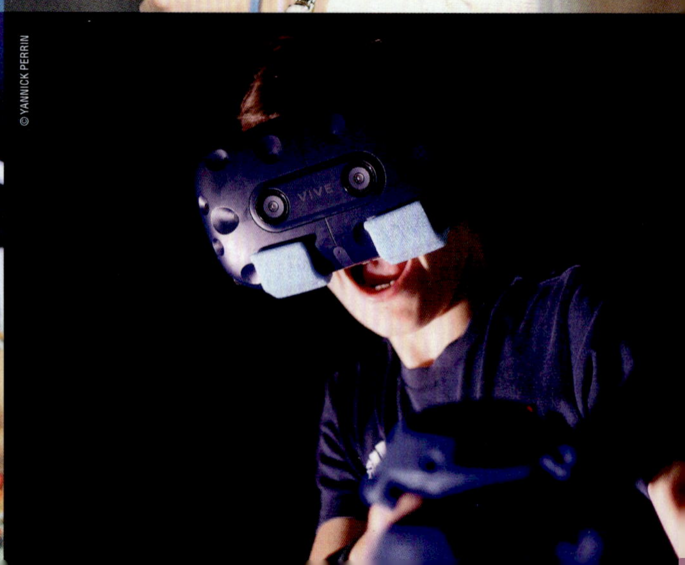

JE CRÉE MON ESPACE DE VIE

Beau et fonctionnel à la fois, mon espace de vie mérite toute mon attention. Encouragés depuis des années par de nombreuses émissions de décoration et de bricolage, les Annécien·ne·s aménagent leur intérieur, fréquentant quelques grandes enseignes auxquelles le Petit Futé préfèrera les boutiques de proximité où l'on peut dénicher de bonnes idées pas vues ailleurs selon nos goûts et surtout d'excellents conseils donnés par de véritables professionnels de la décoration d'intérieur. Je crée mon espace de vie, mais avec des produits français, le plus souvent locaux, des pièces uniques ou à petits tirages réalisées par de véritables artisans – un menuisier, un coutelier, un fleuriste… – qui donnent un véritable supplément d'âme à notre maison/appartement/chalet. Ces objets durables nous accompagneront toute une vie et pourront se transmettre de génération en génération. Des objets responsables issus de ces nouveaux lieux que sont les recycleries/ressourceries qui se multiplient, issus aussi de son imagination avec les ateliers d'objets à faire soi-même. Je crée mon espace de vie sur mesure.

VOTRE GUIDE DEVIENT INTERACTIF

TAPEZ **PETITFUTE.APP** DANS LE NAVIGATEUR DE VOTRE SMARTPHONE.

PRENEZ UNE PHOTO DE LA PAGE DÈS QU'ELLE A CE PICTO !

ARTS

ANDRE MARC SERRANO

2, faubourg des Annonciades ✆ 06 36 95 72 51
www.andremarcserrano.com
Ouvert du lundi au mercredi de 14h à 19h et du jeudi au samedi de 11h à 19h.

Mettez de l'art dans votre vie. A l'entrée de la vieille ville, André Marc Serrano vous accueille dans sa galerie pour découvrir les toiles d'un « éclabousseur d'art » comme il se définit. Des toiles qui marquent l'esprit de leur empreinte. Union réussie du figuratif et de l'abstrait, ces œuvres sont réalisées selon des techniques propres à l'artiste. Importance des matières, des textures quand le peintre s'exprime, se projette de manière explosive sur de grandes toiles où les couches et les éclats se succèdent. Nombreux sujets animaliers pour des peintures particulièrement profondes, sensibles, pleines d'énergie et de poésie, de celles qui nous parlent directement et font passer un message.

ARTS

GALERIE D'ART SYLVIE PLATINI

1 bis, rue de la Tournette - **VEYRIER-DU-LAC**
✆ 04 50 60 16 08
www.galerie-platini.com
Ouvert du mardi au samedi de 11h à 12h30 et de 14h à 19h.

Contrairement à une idée reçue, l'art contemporain est accessible à tout le monde. La galerie d'art Sylvie Platini, de réputation internationale, nous le montre depuis plus de 20 ans en exposant les plus grands artistes du moment. Dans les deux salles de la galerie, séparées par l'entrée de l'immeuble, une sélection de tableaux et sculptures. Sylvie Platini poursuit sa volonté de présenter de nouveaux artistes, démontrant par son énergie que l'art contemporain se porte bien. Renouvelées tout au long de l'année, les expositions se découvrent en franchissant la porte.

ARTS

AU-DELA DES APPARENCES

15, rue Filaterie ✆ 09 77 47 50 24
www.galerie-audeladesapparences.com
Ouvert du jeudi au samedi de 10h30 à 12h45 et de 14h30 à 18h45. Également sur rendez-vous.

Christian Guex nous invite à partager son univers et sa sensibilité à travers les artistes qu'il aime et qu'il soutient. Une infinie délicatesse dans les peintures, sculptures, photographies et assemblages avec des artistes reconnus et de véritables découvertes. Régulièrement, des nouveaux venus dénichés par Christian Guex viennent alimenter la galerie selon les coups de cœur, sans oublier ceux qui sont sortis des réserves. Il faut souvent revenir, car toutes les semaines la sélection d'œuvres change. On pénètre dans un monde tout en douceur dans cette galerie en face des arcades de la rue Filaterie. Atmosphère feutrée, un peu cosy… Un passage à l'étage vaut le détour.

ARTS

YELLOWKORNER

3, rue de la République ✆ 04 38 80 37 50
www.yellowkorner.com
Ouvert lundi 14h-18h30, mardi et mercredi 10h30-13h et 14h-19h, jeudi et vendredi 10h30-19h, samedi 10h-19h.

Vibrez au premier regard sur de merveilleuses photos ! Des photos d'artistes du monde entier. Des photos sélectionnées par YellowKorner, galerie qui a su remettre à l'honneur un art, des regards. Des fenêtres ouvertes sur la planète, sur les gens, sur nos modes de vie. Des clichés fantastiques, apaisants, des réflexions profondes ou des sujets légers. C'est tellement beau qu'il nous les faudrait toutes pour redonner vie à notre intérieur confiné. Tirages sensibles en édition limitée, numérotés (livrés avec leur certificat d'authenticité). De grands noms de la photographie actuelle, mais aussi de jeunes artistes à encourager. Merci à YellowKorner de rendre notre vie plus belle.

ARTS

GALERIE 361

1, faubourg des Annonciades
✆ 09 82 45 16 67
www.galerie361.com
Ouvert du mardi au samedi de 10h à 12h et de 14h à 19h.

A l'entrée du faubourg des Annonciades, une galerie d'art exclusivement consacrée à la photographie d'art, présentant en permanence des œuvres inédites en tirage limité – 30 exemplaires maxi – réalisé sur place, chaque exemplaire signé par son auteur. Les photographes exposés – une dizaine – sont triés sur le volet par des passionnés de photo qui montrent leurs coups de cœur au public. Les clichés nous emmènent au cœur de la nature – sur les bords du lac, mais aussi sur les hauteurs – avec des paysages saisissants de beauté. D'autres voyages, d'autres regards nous emmènent vers d'autres horizons avec des collections pleines de sensibilité qui nous font craquer.

ARTISANAT

GILLES GIACOMOTTI

1, rue du Bulloz
✆ 06 33 21 78 74
www.lesbleusdulac.com

Né à Genève, originaire d'Annecy, Gilles Giacomotti commence sa carrière artistique à New York où il crée et réalise des œuvres sur parquets. Il rentre en France en 2008, poursuivant son activité et la développant sur des panneaux muraux, du mobilier et des tapis en bois, concept novateur. Amoureux de son lac et de ses montagnes il se fait connaître plus localement par sa série des *Bleus du lac*. Gilles Giacomotti revisite ainsi les plus belles rives du lac. Ses tableaux se teintent de bleus intenses, couleurs chères à l'artiste, nous invitant à la contemplation. Une vue méditative du lac que chacun pourra contempler de chez soi pour imaginer son voyage intérieur.

ARCHITECTE
BABETH

15, rue Royale
✆ 04 50 11 53 70
https://babethstore.com
Ouvert lundi de 14h à 18h, du mardi au samedi de 10h à 19h.

Babeth, c'est mieux qu'un concept-store : une façon de voir la vie. Mêlant avec charme les univers de la décoration d'intérieur et du prêt-à-porter tout en nous recevant à l'heure du goûter dans un « refuge urbain », Babeth a tout bon. Si les codes de la boutique traditionnelle sont bien cassés, il existe une vraie cohérence dans cette boutique où chaque objet trouve naturellement sa place. Les Alpes sont à l'honneur dans ce lieu chaleureux plein de bonnes vibrations. Sur la table à manger, de la belle vaisselle, mais aussi de bons produits à déguster. De la bougie parfumée à la petite robe Sessùn en passant par les sneakers Karhu, c'est un sans-faute. Café et événements régulièrement.

ARCHITECTE
WOOD STOCK CREATION

939, route de Tamié - **FAVERGES-SEYTHENEX**
✆ 07 82 99 31 81
https://woodstockcreation.com
Ouvert du lundi au vendredi de 8h à 18h

Woodstock, ce n'est pas qu'un festival de musique emblématique de la culture hippie, c'est aussi une belle entreprise née en 2008 d'un atelier de bricolage familial et de l'envie de faire du recyclage créatif à partir de matériaux récupérés en déchetterie, d'échantillons ou de mobiliers hors d'usage en bois. Du bois auquel ces artisans décorateurs donnent une seconde vie en le travaillant de manière totalement artisanale dans leur atelier d'ébénisterie/menuiserie. Résultat, des projets sur mesure pour les particuliers et les professionnels avec de l'aménagement d'intérieur et du mobilier personnalisable, de l'agencement éphémère, mais encore de la signalétique bois.

ARCHITECTE
HUITIÈME JOUR

1, rue Eugène Süe
✆ 04 50 05 53 92
www.huitiemejour.com
Sur rendez-vous.

Rien qu'en regardant la vitrine de l'atelier de Marie-Hélène Haberer, on aimerait que cette professionnelle aux doigts de fée mette à profit sa baguette magique pour transformer, rénover notre intérieur. Appartements et villas, mais aussi locaux professionnels, elle sait donner une autre dimension à tous les espaces, du salon à la salle de bains en passant par le hall d'entrée d'une entreprise. Cuisine en teck, salon duplex, cette professionnelle ne s'y trompe pas en nous proposant une ambiance zen ou plutôt contemporaine. Au fil de ses idées, elle propose un enduit mural ou l'aménagement original d'une cheminée qui va créer une nouvelle ambiance de vie en modifiant la décoration.

ARTISANAT
ALB'AGENCEMENT

23, avenue de l'Arcalod - **RUMILLY**
✆ 06 58 00 39 01
www.alb-agencement.com
Prise de rendez-vous sur le site Internet ou par téléphone.

Dans les Savoies, on veut de la haute-couture pour son intérieur. Et pour réaliser un intérieur sur mesure, *Futé* recommande de faire appel à Vincent Lemore, Compagnon du Tour de France, et son entreprise Alb'Agencement. Avec son équipe de menuisiers professionnels, tous dotés d'une solide expérience, cet artisan menuisier-ébéniste réalise des agencements sur mesure, parfaitement adaptés à tous nos espaces de vie : cuisine, chambre, salle de bains, dressing, placards, bureau, bibliothèques, escaliers, mobiliers, terrasses, mais encore des boutiques pour les professionnels. Au final, un agencement d'intérieur personnalisé et des solutions futées jusqu'aux finitions.

ARCHITECTE
SCÈNE DE VIE

5, rue de la Poste ✆ 04 50 46 96 68
www.scenedevie.com
Ouvert lundi de 14h30 à 19h, du mardi au vendredi de 10h à 13h et de 14h à 19h, samedi de 10h à 19h.

Dans la jungle de la décoration d'intérieure, il est bon de connaître cette adresse au cœur d'Annecy pour y retrouver de beaux objets et, surtout, de bons conseils. Pedro Martins, Carole Germain et Johanna Barnier imaginent et construisent notre Scène de vie avec des pièces uniques. Dans ce showroom, les visiteurs sont transportés dans l'univers des meilleurs designers. Tout devient possible et votre appartement ou votre maison prend une autre dimension. Peintures, papiers peints contemporains, mobilier, petits objets, luminaires, tout met en valeur votre intérieur. Coup de cœur pour la collection Baobab. Un décorateur peut se déplacer à votre domicile. Atelier rideaux et confection.

ARTISANAT
MA CHOUETTE BOUTIQUE

9, faubourg des Annonciades
✆ 06 03 96 28 89
Ouvert tous les jours de 10h à 19h.

Quoi de plus chouette que l'artisanat régional ? De le mettre à l'honneur dans une boutique ouverte tous les jours à cette entrée de la vieille ville d'Annecy ! Une véritable galerie d'art qui s'ouvre aux artistes et artisans de la région Auvergne-Rhône-Alpes (d'ailleurs, vous pouvez candidater pour être exposé à votre tour). Difficile donc de vous dire quelles créations vous découvrirez lors de votre passage dans le faubourg, mais on peut vous garantir que l'accueil sera toujours bienveillant pour vous présenter, dans un cadre ravissant, des accessoires de mode, bijoux, tableaux, mais aussi objets de déco (luminaires très jolis...) ou céramiques. Une très chouette boutique.

ARTS DE LA TABLE

LA POTERIE DU VIEIL ANNECY

15, rue Sainte-Claire
✆ 04 50 51 91 34
Ouvert tous les jours de 10h à 20h.

On a tous déjà vu ces motifs à pois dans les placards de nos grands-mères, sans savoir que c'était de la poterie savoyarde. Aujourd'hui, ces motifs se rencontrent encore et toujours sur les cheminées ou les tables en bois des chalets chics de Megève, mais aussi sur nos tables et dans nos placards. Christian Oraison, maître artisan potier, ne cesse de nous étonner avec les « classiques », mais aussi avec de belles nouveautés. Si les tasses, les plats et les cruches sont les modèles les plus connus, les moules en forme de sapin de Noël feront des gâteaux de Savoie originaux.

CHAUFFAGE - CLIMATISATION

REFLETS D'INTÉRIEURS

4, rue Vaugelas
✆ 04 50 51 02 45
www.reflets-dinterieurs.com
Ouvert du mardi au samedi de 10h à 12h et de 14h à 19h.

Pour que notre intérieur offre le meilleur reflet de ce que nous sommes, une boutique un peu secrète dans le passage du Pré Carré. Chez Reflets d'intérieurs, Joël Lax vous propose des meubles traditionnels haut de gamme, bibliothèques, petits meubles, armoires, tables et tables basses, fauteuils, canapés, avec la marque française haut de gamme Duvivier, luminaires..., fabriqués en France pour la plupart, pour lesquels le maître de maison garantit une qualité irréprochable. Avec un véritable architecte d'intérieur, on habille son appartement ou sa maison avec les étagères Lago, des composables à volonté, mais encore avec de nombreuses marques de tables et chaises.

CUISINE - SALLE DE BAIN - SANITAIRES

CUISINE ESSENTIEL

5, avenue du Rhône ✆ 04 50 05 03 51
www.cuisine-essentiel.fr
Ouvert du lundi au vendredi 9h30 à 12h et 14h à 19h, samedi, sur rendez-vous, 9h30 à 12h et 14h à 17h.

La cuisine de votre vie - et on serait tenté d'ajouter de celle de vos enfants - se trouve déjà chez Cuisine Essentiel. Depuis plus de 20 ans, Delphine Brunot et Stéphan Olivier conçoivent les plus belles cuisines design, contemporaines et de grande qualité.Le suivi de votre étude par un seul et même interlocuteur garantit un échange permanent et un travail méticuleux nécessaires à une réalisation aboutie. Aux côtés des meilleurs partenaires (mobilier, rangements et menuisiers), tout l'électroménager dernière génération dont vous avez besoin pour parfaire votre installation est disponible chez Cuisine Essentiel. Petit plus : la possibilité d'établir un devis en ligne *via* le site Internet.

CUISINE - SALLE DE BAIN - SANITAIRES

ESPACE MOBALPA

39, rue de la Saulne - **THÔNES** ✆ 04 50 65 53 50
www.mobalpa.com
Ouvert toute l'année, tous les jours sauf dimanche de 9h30 à 12h30 et de 13h30 à 18h30. Entrée libre et gratuite.

Près de 2 000 m² de showroom consacré aux réalisations de Mobalpa ! Le *Petit Futé* se souvient avoir entendu parler pour la première fois de cet espace par son constructeur, qui lui conseillait judicieusement d'aller à Thônes pour voir les créations du fabricant originaire de la région. En effet, c'est en 1907 qu'Eugène Fournier commença à travailler le bois pour créer du mobilier à côté de Thônes, et c'est en 1999 que ce showroom gigantesque ouvrit ses portes au grand public pour présenter près de 100 ambiances de cuisines, salles de bains et rangements sur mesure pour toutes les pièces de la maison, dans l'atmosphère vivante d'une habitation traditionnelle, contemporaine ou design.

CUISINISTE

ATELIER DE L'ARCADIE

137, avenue de Genève ✆ 04 50 67 63 32
www.atelier-arcadie.com
Ouvert le lundi, le mardi et du jeudi au samedi de 9h à 12h et de 14h à 19h. Prestation à domicile.

Mention très bien pour ce cuisiniste qui a choisi de s'appeler, en 1995, l'année de sa création, l'Atelier de l'Arcadie tout simplement pour... figurer en tête dans l'annuaire ! Les propriétaires, Jean-Luc et Valérie Favre, ne sont donc pas grecs, mais en tout cas ils sont plein de bons conseils. Patients et très professionnels, ils proposent des cuisines authentiques et ergonomiques qui s'intègrent harmonieusement dans la maison, afin de faire de la cuisine le centre de vie de votre domicile. Le partenariat avec le fournisseur allemand Leicht permet à l'Atelier de l'Arcardie de monter des cuisines aux finitions incomparables et d'une durabilité à toute épreuve.

DÉCORATION

AJOK COLLECTION

2, faubourg des Balmettes
✆ 09 53 26 06 90
www.upcorner.fr
Ouvert du mardi au samedi de 10h à 12h et de 14h à 19h.

Des objets décoratifs, des vases, des lampes, du petit mobilier (tables basses, chaises, fauteuils), des bijoux... à offrir ou à s'offrir, l'ensemble apparaît assez hétéroclite et totalement unique. Le point commun de tous ces objets est sans doute leur caractère insolite, affirmé, différent de tout ce que l'on peut trouver ailleurs. Donc c'est l'idéal pour le cadeau inattendu ou pour attirer l'attention de ses visiteurs sur son intérieur. Certains objets ont un style vintage très tendance, d'autres très design avec de nombreuses nouveautés en arrivage régulier. Et sous le regard bienveillant de Martine, qui a toujours un mot gentil, les clients repartent avec le sourire.

PLUS QU'UN POELE

60, route de la Roche sur Foron - **GROISY**
✆ 06 07 44 81 14
www.chemineesphilippe-annecy.fr
Ouvert du mardi au samedi de 9h30 à 12h et de 14h à 18h.

Entreprise familiale créée il y a 4 ans par Quentin Supp, Plus qu'un Poêle vous offre la meilleure solution de chauffage, grâce à la qualité et aux performances d'appareils fabriqués en France - les cheminées Philippe et poêles Godin -, et la plus belle façon de donner un supplément d'âme à votre maison. Une douceur de vivre qu'une cheminée éthanol peut apporter dans tous les intérieurs. Accompagnement complet dans votre projet (aides financières de l'État et du Grand Annecy, conseils techniques jusqu'à la pose) et travail d'artisans de haute qualité. Service après-vente toutes marques pour prolonger la vie de vos poêles ou cheminées. Planchas et braseros pour d'autres plaisirs à partager.

NEW

DÉCORATION

IRIS GALERIE

44, rue Carnot ✆ 04 50 11 66 47
https://irisgalerie.com
Ouvert lundi 13h-19h, mardi et jeudi 11h-13h et 14h-19h, mercredi et vendredi 11h-19h, samedi 10h-19h30.

Une décoration d'un style particulier, unique pourrait-on affirmer, puisqu'elle consiste à imprimer en haute qualité votre iris façon tableau contemporain. « T'as de beaux yeux » s'affiche en grand dans votre salon grâce à la technologie, indolore et rapide, proposée par Iris Galerie. Dans cette boutique de poche où l'on est reçu avec un grand sourire, on capture l'image de votre iris en quelques secondes, avant de la travailler sur ordinateur pour en révéler toute la beauté avec quelques effets. Il ne reste plus qu'à choisir son support et son format d'impression, du papier photo à l'acrylique brillant, et votre regard se transforme en œuvre d'art. Possibilité d'unir plusieurs iris.

ENCADREUR - RESTAURATEUR DE TABLEAUX

L'ATELIER

22, rue Someiller
✆ 04 50 45 53 71
http://arts2000.fr
Ouvert du mardi au samedi de 10h à 12h30 et de 13h30 à 19h.

L'Atelier, enseigne locale d'Arts 2000, c'est le lieu idéal pour les artistes en herbe ou confirmés qui trouveront toutes les fournitures pour exprimer leurs talents : peintures, châssis, pastels, chevalets... Le tout dans une ambiance qui incite à la création. Et puis, ils pourront y faire encadrer photos ou dessins sur mesure. Venez avec vos œuvres pour un devis personnalisé. Aimables et professionnels, les gérants vous donneront des conseils avisés pour mettre en valeur votre objet. Naturel ou coloré, en bois ou en plastique, vous trouvez forcément le cadre qui ira avec votre photo. Sachez que l'Atelier propose aussi des cours de peinture et que vous pourrez être exposé en vitrine.

ENCADREUR - RESTAURATEUR DE TABLEAUX

CADRE À PART

15, rue Royale
✆ 04 50 51 47 84
www.cadre-a-part-annecy.fr
Ouvert du mardi au samedi de 10h à 12h30 et de 15h à 19h.

L'encadrement, c'est l'art de mettre en valeur vos plus belles œuvres. Ce petit magasin situé dans la rue Royale, en face de la poste, respire le calme et l'odeur des anciennes patines comme il regorge de bonnes idées et de savoir-faire au service de vos dessins, peintures et autres photos. Des artisans vous reçoivent dans le monde de la biseauteuse, de la baguette et de la cimaise ! Vous pouvez y faire encadrer vos œuvres d'art ou vos photos sur mesure. Superbes cadres bois en laque noir, de la peinture sur bois avec cadre argent, caisse US... Les styles s'adaptent sur mesure à vos œuvres, du tableau au bijou rapporté du bout du monde. Conseils personnalisés et travail remarquable.

JEUX ET JOUETS

AU PAYS DES MINIZ

11, rue de la Paix ✆ 04 50 32 44 14
www.aupaysdesminiz.com
Ouvert lundi 14h-19h, du mardi au vendredi 10h-13h et 14h-19h, samedi 10h-19h. Partenaire festival Cinémino.

Chacun rêve en grand au Pays des Miniz. Une boutique fantastique, un « Family Concept Store » avec Aurélie, Chloé et Pascale comme guides pour vous conseiller dans vos choix, prenant en compte tous vos paramètres (âge, événement, personnalité, etc.). Dans ce pays merveilleux, cadeaux vraiment originaux pour tous les âges, notamment pour les tout-petits dès la naissance, mais aussi pour les ados et les adultes. Doudous, jeux d'éveil, jouets musicaux, circuits, poupées... mais aussi déco, rangements et cuisine. Royaume des loisirs créatifs, les Miniz offrent un incroyable choix pour créer des objets uniques. Ateliers créatifs pour passer du rêve à la réalité. Adresse magique.

MEUBLES

COCOON@HOME

30, rue de la Vallée ✆ 04 50 52 20 93
www.cocoonathome.fr
Ouvert lundi de 14h à 19h et du mardi au samedi de 9h30 à 12h et de 14h à 19h.

Loin des franchises et du mobilier jetable, voici un magasin pas comme les autres. Tenu depuis 30 ans par Anne-Sophie et Cyrille Dell, Cocoon@Home vous propose une sélection de meubles de fabricants français - comme les Ateliers de Langres, les meubles Couture, Girardeau... - ou européens de qualité. Des meubles à vivre faits pour durer. Tous les styles, du traditionnel au contemporain, et toutes les pièces, du canapé - coup de cœur pour l'appli qui permet de créer son canapé sur mesure - à la table en passant par la literie, les luminaires et la décoration. Choix, accueil, conseils avisés de professionnels passionnés qui vous accompagnent dans votre projet de bien vivre dans ses meubles.

PHOTOGRAPHE

STUDIO FOU D'IMAGES

34, rue Vaugelas
✆ 06 75 24 10 40
www.foudimages.com
Devis sur demande.

Pour tirer notre meilleur portrait, une photo de famille unique ou garder le meilleur souvenir du plus beau jour de sa vie, un seul homme : Jérôme Morin. Animé depuis toujours par la passion de la photo transmise par son père, il officie en tant que photographe filmeur sur les plages du Lavandou et sur les pistes de la Clusaz chez Art Photo ainsi qu'un petit séjour au Club Med en Guadeloupe pour apprendre à maîtriser la prise de vue en lumière naturelle, les portraits d'enfants, et peaufiner les photos de mariage. Passé maître dans l'art de capter des moments rares, Jérôme Morin, Objectif d'Or 2013 et Portraitiste de France 2013 & 2015, est le photographe dont on rêve sur tous les supports.

© HUKLA

© AMBROGIO VITARELAX

LITERIE CHAVANNE

50, avenue de Genève ✆ 04 50 67 60 58
www.literie-chavanne.com
Ouvert le lundi de 14h30 à 18h30, du mardi au vendredi de 9h à 12h et de 14h30 à 18h30, samedi 10h-12h et 14h30-18h.

Une belle vie passe par une bonne literie ! Pour trouver la meilleure literie, direction Literie Chavanne, l'adresse futée par excellence. Plus de 60 ans d'expérience - 3e génération d'artisans - au service de votre sommeil, Literie Chavanne assure un choix personnalisé pour passer de belles nuits. Budget respecté avec les meilleurs fabricants français : André Renault, Latoflex, Lunely, Treca, San Lorenzo... Détente totale avec des oreillers classiques et ergonomiques ou des draps Bsensible en Tencel, un produit technique et naturel protégeant le matelas. Canapés fixes et convertibles, fauteuils de relaxation Bmarly et Hukla. Bonnes nuits, belle vie, avec la Literie Chavanne.

© CHAV

© TRECA - AVANT PREMIERE

© LATOFLEX

© MATIEREETCOULEUR

© MATIEREETCOULEUR

MOBILIER SUR MESURE

MATIÈRE ET COULEUR

9, rue Sommeiller ✆ 04 50 51 28 30
www.matiereetcouleur.com
Ouvert le lundi de 14h à 19h, du mardi au samedi de 10h à 19h.

La vie est plus belle chez Matière et Couleur ! Parce que votre intérieur définit votre cadre de vie au quotidien, confiez son agencement, sa décoration à de véritables experts et artistes. Depuis 1995, Matière et Couleur présente la sélection d'objets de créateurs et de meubles contemporains réalisée par Stéphanie et Vincent, architectes d'intérieur. Avec leur équipe, ils donnent une autre dimension à votre appartement, maison, chalet. Tapis, carrelage, luminaires, objets de décoration, canapés, rideaux, textiles, mobilier, vaisselle... Des marques françaises sélectionnées avec soin pour leur qualité et leur originalité. Conseils et réalisations sur mesure. Listes de mariage personnalisées.

© MATIEREETCOULEUR

© MATIEREETCOULEUR

© MATIEREETCOULEUR

© L'ATELIER DES FAUBOURGS

© L'ATELIER DES FAUBOURGS

RIDEAUX - VOILAGES - TISSUS - TENTURES

L'ATELIER DES FAUBOURGS

3bis, rue des Glières ✆ 06 98 76 11 09
www.tapissier-rideaux-annecy.com
Du mardi au vendredi de 10h à 12h et de 14h à 18h. Samedi de 9h30 à 12h30, l'après-midi sur rendez-vous.

Et si notre monde devenait plus beau ? Pour réaliser ce vœu, il vous suffit d'entrer à l'Atelier des Faubourgs. Un Atelier avec un grand A pour une véritable artiste : Myriam Davy. Professionnelle de la décoration depuis plus de 40 ans, cette courtepointière a œuvré pour le Palais Royal du Maroc et de nombreux hôtels de luxe. Avec Tima, couturière de talent, elle donne une autre dimension, un supplément d'âme à votre intérieur. Idées lumineuses de deux passionnées qui réalisent du sur mesure à partir de matières délicates et originales. Rideaux, voilages, sièges, coussins réalisés avec les meilleurs tissus et un soin infini. Des artisanes décoratrices qui rendent nos vies plus belles.

© L'ATELIER DES FAUBOURGS

© L'ATELIER DES FAUBOURGS

© L'ATELIER DES FAUBOURGS

© FONDUSTORY

ELECTROMÉNAGER

TOI-FONDUE-MOI-RACLETTE.FR

275, route des Creuses
www.toi-fondue-moi-raclette.fr

Que vous soyez team fondue ou team raclette, un site Internet pour faire plaisir à tous les amoureux du bien manger ! Sur ce site déployé par une société basée à Annecy, le meilleur matériel « contrôle qualité Suisse », fabrication artisanale et locale, pour se faire plaisir autour d'une fondue à fromage, une fondue bourguignonne ou une raclette. Tous les accessoires en prime et des prix tout doux pour une telle qualité. Appareils pour grillades, plancha et fruits de mer pour varier les menus. Paiement sécurisé et livraison dans les meilleurs délais à domicile.

© FONDUSTORY

© FONDUSTORY

© FONDUSTORY

INFORMATIQUE

LDLC APPLE

7, rue de la Poste
✆ 04 50 32 89 07
www.ldlc.com
Ouvert du lundi au samedi de 10h à 19h.

L'informatique, ce n'est pas que du virtuel. Parce que c'est bien beau d'acheter en ligne son matériel informatique, mais quand il faut le faire réparer dans notre monde réel, vous allez où ? Et puis, qui peut vous conseiller pour votre achat sur un site marchand ? Une intelligence artificielle ? L'avantage avec LDLC, Apple Premium Reseller (revendeur et centre de services agréés Apple), c'est la vente directe, le conseil en plus et le SAV de vos machines à la pomme croquée. Mac, iPhone, iPad, Watch, périphériques : tous les produits Apple sont à la vente, assurée par des experts qui vont suivre votre machine en cas de réparation. Services pour les particuliers et les professionnels.

HI-FI - SONO

NAUTILE ACOUSTIQUE

5, avenue Berthollet ✆ 04 50 65 13 54
www.nautilestore.com
Ouvert du mardi au vendredi de 10h à 12h30 et de 14h à 19h, samedi de 10h à 19h.

Le son à Annecy possède un nom d'exception : Nautile Acoustique. Bien sûr, on aimerait vous dire que l'on a pu s'offrir les fabuleuses enceintes de la marque Nautile, de purs joyaux esthétiques et sonores, mais notre banquier a fait la sourde oreille. Cependant, nos moyens nous permettent de faire appel à Nautile Acoustique pour réaliser un système audio haut de gamme sur mesure, selon nos envies, notre intérieur et notre budget. Les grandes marques sont rigoureusement sélectionnées – Martin Logan, NAD, Devialet, Focal, Bowers & Wilkins, Parasound –, de la platine vinyle aux différents câbles, et l'installation est de haute-fidélité. Pour les passionnés de son, une adresse de référence.

TÉLÉPHONIE

POSINERGY

239, avenue d'Aix-les-Bains
✆ 04 50 52 29 80
www.batteries74.fr
Ouvert du lundi au samedi de 8h à 12h et de 14h à 18h30.

Franchise, rigueur professionnelle, amabilité... Autant de qualités qui caractérisent cette adresse pleine d'énergie. Un tel sens de l'accueil et de service, c'est du rarement vu. Pour les références – elles sont plus de 10 000 au catalogue –, Batteries 74 Posignergy possède 30 ans d'expérience en énergie mobile et distribue toutes les piles, batteries et accumulateurs que l'on peut trouver sur le marché. Test gratuit de toutes les batteries et, croyez-en notre expérience, on ne vous mentira pas sur son état. Une adresse parmi les plus futées, particulièrement recommandée pour la grande courtoisie dans l'accueil, la patience et l'efficacité d'un service toujours souriant.

PHOTOGRAPHE

STUDIO CAP PHOTO

6, rue Jean-Jacques-Rousseau ✆ 04 50 51 55 46
www.cap-photo.fr
Ouvert du lundi au mercredi et vendredi de 9h30 à 12h et de 14h à 17h30, samedi de 10h à 12h et de 14h à 18h.

Cap Photo, ce sont de vrais pros – Yves et Nataly Thuillier – qui ne lésinent pas sur la qualité des prestations : spécialiste des photos de mariage, portrait en studio, entreprise..., des services et du matériel. De nombreux stages sont organisés pour maîtriser votre appareil photo reflex numérique. Possibilité de cours particuliers sur mesure et de stages pour maîtriser toutes les situations de la théorie à la pratique. Photos professionnelles pour votre boutique ou votre site Internet ; photos de famille, portraits et autres moments à immortaliser, la photo est ici traitée comme un art bien vivant et votre véritable identité respectée. Numérisation et reproduction de vos vieilles photos.

PHOTOGRAPHE

ZOOM 28

28, rue Carnot ✆ 04 50 45 55 58
https://annecy.images-photo.com
Ouvert du mardi au samedi de 9h30 à 12h15 et de 14h à 19h15. Ouvert le lundi en période estivale et fêtes.

La photographie développe votre regard sur le monde, célèbre et immortalise les paysages et les personnes que vous aimez. Avec plus de 45 ans d'expérience, l'expertise de trois générations de photographes et la gentillesse d'une équipe de professionnels emmenée par Philippe Oundjian, Zoom 28 partage toute sa passion pour la photo. Ici, des experts accessibles prennent le temps de vous écouter pour vous donner les meilleurs conseils et vous amener vers le boîtier, l'objectif, les accessoires adaptés à vos besoins. Toutes les grandes marques sont présentes. Albums numériques ou agrandissements de vos plus belles photos. Développez votre regard et devenez un vrai photographe chez Zoom 28.

KOZIKAZA

Une application pratique lorsqu'on se lance dans un projet construction, rénovation ou décoration. Grâce à ses fonctionnalités, vous portez le costume d'un architecte et designeur d'intérieur en quelques clics, qui construit petit à petit son carnet de bord. Vous visualiser l'aménagement et la décoration, essayer des meubles ou réaliser des plans 3D. À utiliser de préférence depuis un ordinateur.

PHILIPE OUNDJIAN

OBJECTIFS CONSEIL ET CONFIANCE

S'il se définit en priorité comme étant un commerçant, Philippe Oundjian est un spécialiste dans son domaine : le matériel photographique. Troisième génération, deuxième sur Annecy, à la tête de l'enseigne familiale fondée il y a 48 ans, ce passionné de photo nous explique pourquoi le commerce devient de plus en plus difficile, mais de quelle manière il continue à prendre du plaisir dans son magasin en conseillant ses clients.

Pourquoi est-ce plus difficile d'être commerçant aujourd'hui ?

A long terme, dans mon secteur d'activité qu'est le matériel électronique, nous allons manquer de matière première. Les ressources ne sont pas infinies et il va falloir qu'on rationne un peu. On ne pourra pas continuer à vendre de plus en plus d'appareils alors que les composants électroniques se raréfient. De fait, une décroissance s'installe progressivement.

Avoir un commerce physique a-t-il encore du sens ?

Tant que mon domaine sera technique, les gens auront besoin de ma technicité. Quand vous dépensez une certaine somme pour acheter un appareil photo, je ne comprends pas que vous l'achetiez sur un ordinateur. Ce qui fait la différence entre un site Internet et mon magasin, et qui est irremplaçable, c'est l'expérience client et le conseil. De l'hyper spécialiste à la grande majorité de mes clients qui sont des amateurs, nous proposons le matériel le mieux adapté à chaque usage. Malheureusement, le conseil n'étant pas rémunéré, il n'y aura bientôt plus que de la distribution.

Comment évoluent les matériels photo ?

Cette année, les fabricants d'appareils Reflex ont cessé la production au profit du seul hybride, plus de visée optique avec miroir, mais une visée électronique avec capteur, qui devient la norme en photo. La technologie des derniers appareils permet aux amateurs, comme aux professionnels, de se faire vraiment plaisir en faisant de belles photos ou de la vidéo.

Quels sont les autres produits demandés par vos clients ?

Comme le vinyle pour les disques, les produits argentiques sont très en vogue en photo, notamment chez les jeunes. Je suis le seul à 50 km à la ronde à faire encore de la vente, du tirage et développement de pellicules argentiques. Les appareils jetables sont également très demandés. Si les jeunes veulent le côté vintage de l'argentique, ils nous demandent de numériser les pellicules.

Craignez-vous qu'une intelligence artificielle remplace les photographes ?

En matière d'art, rien ne remplacera l'humain et la photo reste une forme d'art.

> ZOOM 28

28, rue Carnot – ANNECY ✆ 04 50 45 55 58
https://annecy.images-photo.com

© ZOOM 28

© ZOOM 28

© ZOOM28

ARTS DE LA TABLE

BOUTIQUE OPINEL

22, rue Filaterie ✆ 04 50 11 75 16
www.opinel.com
Ouvert mardi et mercredi de 10h à 13h et de 14h à 19h, de jeudi à samedi de 10h à 19h.

Opinel fait partie du patrimoine savoyard - et français - depuis 1890. Le couteau de poche par excellence, toujours orné de la « main couronnée », fait partie des objets incontournables à avoir sur soi, pour un usage « traditionnel » (et non dangereux bien sûr) et chez soi dans sa cuisine. Sous les arcades de la rue Filaterie, la seule et unique boutique de la marque pour découvrir toute la panoplie des couteaux fermants, des modèles plus originaux, et autres ustensiles tranchants signés Opinel. Toute l'équipe se met à votre service pour choisir votre couteau dans une gamme aussi bien adaptée à la table qu'au jardinage, au bricolage qu'aux activités outdoor. Visite indispensable.

ARTS DE LA TABLE

LE COUTEAU SAVOYARD

32, rue Sommeiller
✆ 04 50 69 60 92
www.couteau-savoyard.com
Ouvert du mardi au vendredi de 10h à 12h30 et de 14h à 19h.

Facile d'avoir un avis tranché sur cette adresse puisqu'elle est la référence dans son domaine. Une boutique où l'espace s'emplit de lames affûtées, où l'on découvre de magnifiques couteaux fabriqués par d'authentiques artisans couteliers. A commencer par le Couteau des Alpes, créé par l'un des Meilleurs Ouvriers de France, Robert Beillonnet, élu meilleur couteau français en 2011. A retrouver avec des manches différents, en cerf ou en mammouth..., qui font le prix de cette merveille. Dans tous les cas, un objet exceptionnel. Les meilleurs artisans sont représentés dans toutes les catégories et présentés par un passionné qui sait aiguiser notre curiosité. Un Couteau Savoyard à partager.

ARTS DE LA TABLE

CUISINE PLAISIR

6, rue Collège-Chapuisien
✆ 04 50 51 35 65
https://magasin.cuisineplaisir.fr
Ouvert du mardi au samedi de 10h à 12h et de 14h à 19h.

Art de vivre autour des plaisirs de la table pour une boutique réussissant le mariage entre tradition et modernité. La tradition, ce sont des plats aux motifs savoyards. La modernité, ce sont des ustensiles actuels pour réaliser des plats et être équipé comme un vrai chef d'aujourd'hui. Cuisine Plaisir, c'est le plus grand réseau français de boutiques spécialisées dans les ustensiles de cuisine avec plus de 6 000 références à disposition. Tous les robots, mais encore des friteuses, des moules à pâtisserie, des moulins à poivre et à sel, des couteaux de cuisine et bien sûr de la vaisselle... Les conseils personnalisés sont précieux et donnés avec le sourire. Une adresse de bon goût.

ARTS DE LA TABLE

O K'TES

11, rue Royale
✆ 04 50 45 38 82
Ouvert lundi de 14h à 19h, mardi et du jeudi au samedi de 10h à 19h.

Malgré son enseigne difficilement prononçable, Ô k'tés, elle est la coutellerie d'Annecy depuis 1930 ! Bienvenue dans le monde des couteaux de Thiers, des Laguiole, des Opinel et des suisses Victorinox qu'on ne présente plus, mais aussi celui du Ceramix – couteaux en céramique dont on dit que seul le diamant est plus dur que leur lame –, dans ce commerce de proximité comme on aimerait en avoir beaucoup en ville. Le personnel de cette coutellerie est très professionnel et compétent et saura vous guider dans le choix du meilleur couteau ou d'une machette pour défricher la jungle. Du choix avec des exemplaires uniques et quelques couteaux collectors qui nous font voyager dans le temps.

ARTS DE LA TABLE

TOC (TROUBLE OBSESSIONNEL CULINAIRE)

11, rue Vaugelas
✆ 04 50 45 99 84
www.toc.fr
Ouvert lundi de 14h à 19h, du mardi au samedi de 10h à 19h.

Parce que nous sommes tous des toqués de la cuisine, TOC est l'une de nos adresses de référence. TOC pour Trouble Obsessionnel Culinaire, une enseigne destinée aux épicuriens amoureux des plaisirs de la table. Large choix d'ustensiles, matériels, casseroles, poêles, moules, robots, couteaux, ingrédients... Des produits de grandes marques et le conseil de vendeurs attentifs. Univers du vin et des cocktails, du thé et du café, des produits d'épicerie et tout ce qu'il faut pour pâtisser. Une adresse toquée qui peut virer à l'obsession. Click & Collect.

FÊTE

ANIMAFETES

9, Impasse des Fusains
✆ 06 71 95 81 89
www.animafetes74.com

Animer un événement, c'est un métier, un don et une passion. Christian Pellarin a tout ça et tellement plus ! Plus de 15 ans d'expérience dans l'animation et l'événementiel lui permettent de s'adapter à toutes vos envies pour que votre anniversaire, soirée de gala, mariage... soit inoubliable. Ce passionné a assurément un don pour faire participer tous les invités, mais il a aussi un choix incroyable d'animations et de services : jeux gonflables, sumos, pop-corn ou barbe à papa, des quiz géants (les fans de blind-tests adoreront !) avec 400 boîtiers de vote et de vrais buzzers pour la finale sur scène, ou un nouveau Bingo musical interactif depuis le smartphone de vos invités ! Palme d'or.

JARDINERIE

ENTRE CIEL ET TERRE

1325, route de Genève ✆ 04 50 05 22 81
pepinieres-mb.fr
Ouvert du lundi au samedi de 8h à 12h et de 14h à 18h. Livraison possible.

Revenir à la terre, au local, c'est essentiel même quand on habite en ville. Plutôt que de choisir une enseigne nationale aux végétaux fatigués, *Futé* vous emmène à Pringy dans une pépinière familiale spécialisée depuis 1967 dans les arbres fruitiers (pommiers, pruniers, poiriers, cerisiers), les variétés anciennes et les plantes tapissantes (pervenche, millepertuis, lavande, lierre), aussi bien à destination des particuliers que des professionnels. Ces producteurs locaux font pousser des plantes à une altitude de 650 mètres. Résultat : des végétaux rustiques et de qualité. On y trouve également un bon accueil et de bons conseils. Ateliers pour l'entretien de son jardin. Aménagement paysager.

COLOR'FY

La thérapie par le coloriage n'est plus à prouver. En plus d'être bon pour sa santé mentale, le coloriage by Color'fy est bon pour la planète : plus besoin de papier ni de crayons, tout se fait au clavier. La version payante offre un grand choix d'outils, de couleurs, de motifs (mandalas, œuvres célèbres) et de personnalisations pour se détendre davantage et développer sa créativité en famille.

FLEURISTE

FLEURS ET PLANTES DU LAC

Rue de la Tuilerie - **EPAGNY METZ-TESSY** ✆ 04 50 24 21 21
www.fleurs-et-plantes-du-lac.com
Ouvert du lundi au vendredi de 9h à 12h30 et de 14h à 19h, samedi de 9h à 19h, dimanche de 9h à 12h30 et de 14h à 18h.

Une enseigne « historique », créée il y a plus de 20 ans, qui continue son chemin avec Botanic Serres du Salève, un groupe lui aussi régional originaire de Haute-Savoie. Dans la zone du Grand Epagny, tout ce qu'il faut pour cultiver son jardin. Grands espaces ou petits balcons, tout le monde trouve de quoi mettre des couleurs et des saveurs dans la terre. Bien choisir ses plantes, planter ses légumes selon les saisons, les conseillers sont bien présents pour vous guider et construire votre décor naturel. Matériel et outillage adaptés à vos travaux. L'aménagement de son espace extérieur inclut aussi l'achat de mobilier. Animalerie pour ses fidèles compagnons à nageoire, à deux ou quatre pattes.

ANIMALERIE

MÉDOR ET COMPAGNIE

54, rue des Roseaux - **EPAGNY METZ-TESSY** ✆ 04 50 22 30 75
www.medoretcie.com
Ouvert du lundi au vendredi de 9h30 à 19h, samedi de 9h15 à 19h15.

Envie de faire plaisir à votre animal à poils ? Direction Médor et Compagnie, la grande surface dédiée... aux animaux de compagnie, notamment chiens et chats - mais avec un bel espace et des experts en aquariophilie aussi ! On vient chez Médor et Compagnie avec son toutou, c'est possible aussi avec son chat (mais moins simple non ?), pour l'équiper et le gâter. En hiver, c'est là qu'on trouve les produits pour protéger ses coussinets. En toute saison, des harnais adaptés à sa morphologie, des coussins pour une détente absolue, paniers et maisons de toilette pour les minous... et bien sûr un large choix de nourriture avec les meilleures marques. Conseils d'experts.

ANIMALERIE

THE WOUF

2, rue Saint François de Sales
✆ 07 49 58 59 99
www.thewouf.fr
Ouvert du lundi au samedi de 10h à 19h.

Le paradis annécien des chiens et de leurs compagnons de vie (oui, c'est nous, les gagas de nos animaux). Niveau de Woufitude élevé pour cette boutique trop mignonne, où l'accueil se montre toujours adorable pour nous guider, nous renseigner sur les nombreux produits présentés par la maison. Des produits trop choux et trop pratiques pour nourrir nos poilus - croquettes de qualité, ration ménagère, viande déshydratée maison... -, les habiller avec style - du harnais au manteau pour affronter les hivers de montagne - ou les faire jouer avec un grand choix de jouets solides et colorés. Autre bonheur de The Wouf, l'espace de lavage en libre-service pour les toutous. Coin pour les miaous.

SOIN - TOILETTAGE

ATOUT POIL

5, rue Louis-Revon
✆ 04 50 45 29 62
www.atout-poil-74.com
Du mardi au samedi sur rendez-vous uniquement.

En matière de toilettage, Anne Debeauvais a fait ses preuves ! Son salon de beauté pour chien a ouvert il y a plus de 30 ans. C'est dire ! Toutes les prestations de son salon annécien comprennent un shampoing adapté au pelage de votre compagnon, un soin des ongles et des oreilles et, si besoin, un traitement antiparasitaire. Le salon accueille également les chats et les rongeurs. A la boutique vous trouvez un grand choix d'accessoires tendance et de produits cosmétiques : colliers, harnais, laisses, baudriers, manteaux, impers, shampoings... On vous conseille pour l'achat de brosses ou peignes selon la race de votre chien. Adresse de référence dans sa catégorie.

© VALÉRIE PETROD

© VALÉRIE PETROD

FLEURISTE

ATELIER DU FLEURISTE

11, rue de la République ✆ 04 50 45 00 10
www.atelier-du-fleuriste.com

Ouvert mardi et mercredi de 8h30 à 12h et de 14h à 19h, du jeudi au samedi de 8h30 à 19h, dimanche de 10h à 13h.

25 ans de passion, de savoir-faire et toujours la même énergie. Jean-Michel, artiste confirmé, l'âme de ce lieu depuis ses origines, Cécile et Philippe, présents depuis 9 ans, ont fait le choix de fleurs cultivées par des horticulteurs respectueux des cycles de la nature - label Fair Flowers Fair Plants - pour créer des bouquets faits pour durer. Des artisans fleuristes qui œuvrent pour de grands établissements d'Annecy comme pour votre intérieur embelli par des fleurs pleines de vie, des créations splendides. Beaux objets de décoration dans le même esprit. Services sur mesure pour professionnels et particuliers (terrasses, mariages...). 25 ans d'une maison unique qui rend le monde meilleur.

© VALÉRIE PETROD

© VALÉRIE PETROD

© VALÉRIE PETROD

BANQUE

CRÉDIT AGRICOLE - ESPACE HABITAT ANNECY LE VIEUX

7, rue du Pré Félin
✆ 04 50 19 51 05
Ouvert du mardi au vendredi de 9h à 12h et de 14h à 17h. Ouvert de 9h à 12h le samedi.

Vous rêvez d'être propriétaire à Annecy ou dans la région ? Direction le Crédit Agricole, première banque et premier assureur en France des particuliers. Banque de proximité qui a toujours su accompagner les français, le Crédit Agricole vous donne toutes ses garanties d'excellence, de loyauté, de transparence et son expertise avec des offres adaptées à votre situation. Et si vous n'avez pas encore trouvé le bien qu'il vous faut, Square Habitat est la marque nationale de l'activité immobilière du Crédit Agricole qui vous accompagnera dans votre projet de vie.

DÉMÉNAGEMENT

ANI DEMENAGEMENT

1, rue Jean Jaurès
✆ 04 56 34 39 83
www.demenagement-ani.com

Depuis 23 ans, Ani Déménagement Annecy s'occupe de transporter meubles et objets d'un logement à l'autre en toute sécurité. S'ils sont spécialistes des déménagements de proximité, notamment dans la région et en direction de Genève et de la Suisse, ces spécialistes peuvent se déplacer dans toute la France et même à l'international. Des prestations sur mesure avec tous les services proposés à la carte selon un devis gratuit et clair. Autre bon point à ne pas négliger, un service de garde-meubles en boxes sécurisés et surveillés 24h/24. Spécialiste également des déménagements de bureaux et d'entreprises à Annecy. Des offres adaptées à chaque situation, toujours dans les meilleures conditions.

DÉMÉNAGEMENT

ANNECY DÉMÉNAGEMENTS GANDOSSI

4, rue de l'Euro
✆ 04 50 57 28 47
www.annecy-demenagements-gandossi.com

Implanté à Annecy depuis plus de 60 ans et 3 générations, Gandossi est à votre service pour tous vos déménagements nationaux et internationaux, maritimes et aériens. Aujourd'hui installés du côté de Meythet, Nicolas et Sophie Gandossi perpétuent la meilleure tradition familiale en réalisant tous vos déménagements dans de parfaites conditions (et dans la bonne humeur, c'est important !). Nombreuses prestations de qualité avec différents niveaux de service de la formule Eco-mobilier à la version Premium. Garde-meubles sécurisés d'accès facile. Une vraie garantie.

DÉMÉNAGEMENT

FUMEX

415, route des Prés Rollier
✆ 04 50 45 03 04
www.demenagement-fumex.com

Fondée en 1911, il faut suivre l'entreprise de déménagement Fumex pour être certain de son bon déménagement. Bien sûr, l'entreprise familiale et artisanale a pris de l'ampleur, mais sa notoriété est restée intacte. Pratique pour des déménagements nationaux avec diverses prestations à la carte, 5 formules adaptées à nos besoins - du simple déménagement de quelques meubles et la formule Standard + où vous regardez les pros travailler ! - que l'on nous fait découvrir avec le sourire. Agences en Haute-Savoie et Savoie, mais la possibilité de transporter vos meubles dans toute la France et à l'international. Transfert d'entreprises et de bureaux. Vastes et pratiques garde-meubles.

DÉMÉNAGEMENT

NICODEM DEMENAGEMENTS

11, avenue du Thiou
✆ 04 50 09 78 48
www.annecy-demenagement.com

Un déménageur dont on voit souvent les camions circuler sur nos routes de Haute-Savoie ou bien se garer dans les rues d'Annecy pour un déménagement. En activité depuis plus de 20 ans, Nicodem Déménagements apporte toutes les garanties de réussite à vos déménagements de particuliers ou d'entreprises. Partenaires idéals pour vos déménagements en Haute-Savoie, en Savoie ou dans l'Ain, les professionnels de chez Nicodem vous proposent des solutions adaptés à vos besoins (et à votre budget) avec plusieurs formules. Avec un monte-meubles, Nicodem facilite et accélère votre déménagement dans les étages. Boxes de stockage sécurisés à Annecy. Calculateur de volume et demande de devis en ligne.

IMMOBILIER

FNAIM SAVOIE MONT-BLANC

Allée de la Mandalaz - **EPAGNY METZ-TESSY** ✆ 04 50 66 41 96
www.savoiemontblanc.immo
Ouvert du lundi au jeudi de 14h à 18h ; le mardi, le jeudi et le vendredi de 8h à 12h.

Premier syndicat immobilier de France, la Fédération Nationale des Agents Immobiliers Savoie Mont-Blanc est la référence absolue du secteur, que ce soit pour les professionnels ou pour les consommateurs. C'est la première organisation européenne à mettre en relation les professionnels de l'immobilier. Elle regroupe plus de 300 agences immobilières en Savoie, Haute-Savoie et Ain. L'avantage, si vous recherchez un bien à acheter ou à louer, c'est que vous pouvez retrouver les annonces immobilières sur le site Internet des agences affiliées à la FNAIM. Elle représente aussi la gestion, le syndic, la location saisonnière, l'expertise ou encore l'immobilier d'entreprise.

© FARIMMO

© FARIMMO

FAR-IMMO

2, rue des Glières
✆ 04 50 08 77 94
www.far-immo.com

Far-Immo, c'est du sur-mesure pour tous vos projets immobiliers. Une agence locale avec une connaissance parfaite du terrain et du marché. Une structure annecienne emmenée par Florian Faramaz et son équipe. Sa devise : proposer de la qualité plutôt que de la quantité. Achat, vente, maisons, appartements, terrains... Des transactions sur l'axe Annecy-Genève avec l'expertise d'une équipe de professionnels aguerris dans le domaine de l'immobilier. Chaque client est accompagné de A à Z par des conseils personnalisés. À votre service, des outils modernes (vidéo 3D, photos, mise en situation...) pour aborder votre projet le plus sereinement possible. Far-Immo, l'immobilier de confiance !

© FARIMMO

© FARIMMO

© FARIMMO

TRAVAUX

CAPEB 74

12B, rue du Pré Faucon ✆ 04 50 66 26 66
https://capeb74.fr
Ouvert au public du lundi au jeudi de 8h à 12h et de 14h à 18h, le vendredi de 8h à 12h et de 14h à 17h.

La confédération de l'artisanat et des petites entreprises du bâtiment de Haute-Savoie (CAPEB 74) met en ligne, sur son site Internet, la liste des artisans et entreprises, classés en fonction de leur qualification. Vous pourrez ainsi rechercher un artisan dans le domaine qui vous intéresse. Par exemple, vous y trouverez la liste des « éco-artisans » de Haute-Savoie, qui permet de différencier et valoriser les artisans qui sont capables de répondre aux enjeux de la maîtrise des performances énergétiques dans le bâtiment. Vous y trouverez également les professionnels qui rentrent dans les catégories Qualipluie, Qualisol ou encore Qualibois. A vous de deviner de quoi ils sont spécialistes...

ORGANISME D'INFORMATION ET DÉFENSE

AGENCE NATIONALE DE L'HABITAT

15, rue Henry-Bordeaux ✆ 04 50 33 79 60
www.anah.fr
Ouvert du lundi au mercredi et le vendredi de 9h à 12h et de 13h30 à 16h30.

Le but de l'Anah, c'est de vous aider financièrement à améliorer votre habitat en matière de sécurité, de confort, d'économies d'énergie, d'isolation acoustique, de salubrité, d'équipement, d'accessibilité ou de maintien à domicile. Elle a pour mission de mettre en œuvre la politique nationale de développement et d'amélioration du parc de logements privés existants. Elle accorde des subventions aux propriétaires occupants, aux propriétaires bailleurs de logements locatifs et aux copropriétaires, notamment les plus modestes, pour qu'ils puissent réaliser leurs travaux.

NOTAIRE

CHAMBRE INTERDÉPARTEMENTALE DES NOTAIRES DE LA SAVOIE ET DE LA HAUTE-SAVOIE

130, route du Vieran ✆ 04 50 27 24 56
Ouvert du lundi au vendredi de 9h à 12h et de 14h à 17h.

Le notaire est un officier public, intervenant dans l'ensemble des domaines du droit, dont l'immobilier. Vous aurez affaire à lui si vous achetez ou vendez votre maison. Bien qu'investi de l'autorité publique, le notaire exerce ses fonctions libéralement, assurant ainsi une forme moderne de service public sans coût pour l'Etat, puisqu'il assume la responsabilité économique de son étude. Il est rémunéré par ses clients pour les services qu'il rend. Vous trouverez auprès de la chambre interdépartementale des notaires des deux Savoie la liste des notaires du département.

ORGANISME D'INFORMATION ET DÉFENSE

DIRECTION DÉPARTEMENTALE DES TERRITOIRES

15, rue Henry-Bordeaux
✆ 04 50 33 60 00
www.haute-savoie.gouv.fr
Accueil uniquement sur rendez-vous.

6 missions différentes sont assurées par la DDT. Parmi elles, l'habitat, qui met en œuvre les politiques de l'Etat dans le domaine du logement. La DDT contribue à développer et à améliorer l'offre de logements en veillant au respect de la règlementation de la construction. D'une part, elle apporte au public des conseils d'ordre juridique ou pratique sur les permis de construire et d'autres parts, elle donne des renseignements sur différents thèmes liés aux techniques du bâtiment. Le site Internet met également à disposition des services en ligne.

IMMOBILIER

SQUARE HABITAT ANNECY LA PAIX

17bis, rue de la Paix ✆ 04 50 45 01 50
www.squarehabitat.fr/sh-des-savoie
Ouvert du lundi au vendredi de 9h à 12h30 et de 14h à 19h, samedi de 9h à 12h sur rdv.

Pour vendre et acheter un bien immobilier à Annecy et dans la région, il faut s'adresser aux meilleurs professionnels du secteur et donc à Square Habitat Annecy La Paix. Marque nationale de l'activité immobilière du Crédit Agricole, Square Habitat et son équipe de collaborateurs expérimentés, connaissant parfaitement le territoire, accompagnent de manière personnalisée et dans la durée votre envie de mieux vivre à Annecy. Responsabilité, proximité, excellence, loyauté et transparence : des valeurs fortes portées par Square Habitat pour réussir votre projet de vie.

MA CUISINE : CONCEPTION 3D

Tout est dans le titre !
Cette application vous invite à prendre part activement à la modélisation de votre future cuisine grâce à une infinité de possibilités de configurations en termes de couleurs, textures et mobiliers. Vous n'êtes plus simple spectateur auprès de votre cuisiniste, mais co-créateur du projet en pouvant clairement expliquer vos envies grâce à ce logiciel poussé de simulation 3D.

JE BOUGE

Bouger, c'est naturel. Alors, après être venu à Annecy train – gare au centre-ville », en car – gare au centre-ville – en covoiturage – les points de dépose ne manquent pas ! –, j'oublie ma voiture à l'un des parcs relais autour d'Annecy et je bouge dans la ville par tous les autres moyens : à pied, à vélo musculaire ou électrique, en trottinette électrique, mais surtout en utilisant les transports en commun. Avec un réseau performant facile d'accès avec les nouveaux tickets par SMS, les transports en commun du Grand Annecy (Sibra) vous proposent toujours plus de solutions pour vous déplacer en bus dans toutes les directions. Et c'est encore plus valable en été avec, cette année encore, la gratuité pour tous des transports en commun (!) et des bus qui vous amènent dans toutes les directions autour du lac (en hiver, vers le Semnoz). Avec le service Vélonecy qui continue de se déployer et ne cesse de gagner des abonnés, les voies du Grand Annecy sont plus facilement cyclables grâce à la flotte de vélos électriques en location longue durée pour les habitants d'un territoire plus responsable.

BATEAU

WATER TAXI

60, chemin des Fours-à-Chaux - **SÉVRIER** ✆ 06 28 05 74 87
www.water-taxi.fr
Croisières, transferts, navette Annecy/Veyrier en juillet/août, apéro bateau...

Une affaire qui marche (sur l'eau), enfin qui flotte pour nous faire partager de beaux moments sur le lac d'Annecy. Water Taxi est le spécialiste des transferts d'un ponton à l'autre. Bouchons évités et magie des paysages sur les flots. Mais Water Taxi propose bien d'autres expériences. *Futé* vous recommande de faire une excursion Lake Safari pour explorer les merveilles locales : maisons lacustres sous-marines, grotte des contrebandiers, réserve naturelle... Sans oublier de plonger au milieu des eaux cristallines. Resto bateau avec trois formules : apéritive, fondue et cocktail. Possibilité de privatiser les bateaux pour un EVJF/EVG ou tout autre événement.

BUS - CARS

SIBRA

21, rue de la Gare ✆ 04 50 10 04 04
www.sibra.fr
Ouvert du lundi au vendredi de 7h30 à 19h ; le samedi de 9h à 12h et de 14h à 17h. Ticket à l'unité : 1,50 €.

Pour se déplacer dans le Grand Annecy, pensez d'abord à la SIBRA. Dans l'agglomération, le bus est devenu un choix naturel avec désormais 3 lignes Rythmo cadencées toutes les 10 minutes de 7h à 19h et prolongées en soirée jusqu'à 1h du matin. Plus besoin de regarder sa montre avec Rythmo pour respecter les horaires, alors que des itinéraires plus directs vous permettent de rejoindre facilement votre lieu de travail ou votre rendez-vous. Rythmo et toutes les autres lignes de la SIBRA offrent sur tout le territoire la solution la mieux adaptée aux déplacements des résidents. Toujours plus pratique, l'appli permet de trouver son chemin sur le réseau et d'acheter des tickets en ligne.

VÉLO

BIKLE

9, chemin des Grèves
✆ 06 33 53 11 71
www.bikle.fr
Bikle en vente sur le site Internet, e-shop.

Dans leur atelier, Tristan et Cédric fabriquent des vélos urbains - mais qui montent aussi sur les petites routes et les chemins avec le nouveau TX - qui ont à la fois du sens et de la gueule. Inspiré par la culture moto, avec son cadre étrange en alliage d'aluminium haute qualité, ses grosses roues 4 pouces, ses pneus tout-terrain et son moteur électrique pour avancer sereinement dans toutes les conditions, le Bikle a de l'allure. Plusieurs modèles - du R comme Rigide au TS comme Tout Suspendu - et de nombreuses possibilités pour le customiser avec des accessoires aussi cools qu'un porte-surf. Le tout fabriqué artisanalement à Annecy. De beaux vélos responsables et durables.

VÉLO

CYCLABLE

6, rue de Bonlieu ✆ 04 56 73 97 71
https://annecy-bonlieu.cyclable.com
Ouvert du mardi au samedi de 10h à 12h30 et de 14h30 à 19h. Location VTC journée : 22€.

Une enseigne et deux adresses pour répondre à toutes envies grandissantes de rouler dans et autour d'Annecy. A la grande boutique de Bonlieu, toute la gamme étendue de vélos de cette « chaîne » nationale. Équipe sympa et possibilité d'essayer les machines en condition avant de craquer : vélo électrique très tendance, vélo urbain, confort ou sportif pour monter vers les sommets, vélo cargo ou vélo enfant. A quelques pas vers le lac, deuxième boutique spécialisée Outdoor où l'on retrouve les meilleurs VTT avec des VTTAE en test permanent ! Location de vélos permettant de se balader au bord du lac à coût raisonnable. Conseils et service aussi sympathiques que les vélos.

VÉLO

PEDAL' DOUCE ALPES

2, rue Jean Jaurès
✆ 04 50 05 00 50
Service de location ouvert du mardi au dimanche de 9h à 18h.

Le vélo, c'est vraiment ce qu'il faut pour découvrir Annecy. À deux pas du lac et de la piste cyclable qui en fait le tour, une adresse toute douce pour nous rendre le vélo plus agréable. Pédal'Douce est le spécialiste des vélos électriques. Accueil sympathique pour nous conseiller le vélo le plus adapté à nos besoins (VTT, ville, vélo adulte, enfant, vélo électrique ou classique, il y a même des tandems). Coup de cœur pour les vélos signés Arcade, sans oublier les nombreux accessoires, notamment les remorques pour emmener ses enfants en promenade. Une Pédal'Douce qui rend nos visites plus sensationnelles avec des packs exclusifs comprenant location de vélo et une activité.

VÉLO

ROUL' MA POULE

4, rue des Marquisats ✆ 04 50 27 86 83
www.annecy-location-velo.com
Haute saison : ouvert tous les jours et les jours fériés de 10h à 18h.

Une enseigne et deux adresses de location combinant matériel pour la promenade sur route - ou piste - et sur l'eau pour l'adresse d'Annecy-le-Vieux. Des vélos, mais encore des rollers, des kayaks et des paddles. Pour les familles, possibilité de louer du matériel enfant, un siège bébé et une remorque ! Un matériel de qualité avec de grandes marques pour certains deux-roues plus techniques comme les VTT, VTC et les incontournables VAE... Les loueurs sont des techniciens passionnés de sport cycliste ou nautique. Idéalement placées à proximité de la piste cyclable, ce sont des adresses sérieuses pour pratiquer des activités sportives de loisirs dans les meilleures conditions !

TOUR OPÉRATOR

ALTIPLANO VOYAGE

Route de la Bouvarde - **EPAGNY METZ-TESSY**
✆ 04 50 46 90 25
www.altiplano-voyage.com
Ouvert du lundi au vendredi de 8h à 13h et de 14h à 18h.

Osez l'inédit ! Altiplano Voyage est une agence spécialiste des voyages sur mesure en Amérique latine et en Asie. Les spécialistes connaissent parfaitement les destinations proposées et composent votre itinéraire aux dates de votre choix. Vous pouvez vous inspirer des exemples d'itinéraires 100 % personnalisables proposés sur le site web. Le circuit « Trésors de Birmanie » vous fait découvrir les plus beaux sites du pays : de Yangon à Pindaya, en passant par Mandalay, le lac Inle et Bagan. Vous pouvez également réaliser des circuits. Demandez dès maintenant votre devis sur mesure. Une adresse de confiance pour voyager en toute sérénité vers des destinations inattendues.

TOUR OPÉRATOR

BONLIEU VOYAGES

1, rue Jean-Jaurès ✆ 04 50 51 74 62
www.selectour-afat.com
Ouvert du lundi au vendredi de 9h à 12h30 et de 14h à 18h, samedi de 9h30 à 12h30 et de 14h à 17h30.

Un opérateur historique des voyages à partir d'Annecy. Membre du réseau Selectour depuis 28 ans, Bonlieu Voyages vous propose depuis plus de 40 ans, un record en la matière dans un secteur qui a connu plusieurs crises – dont celle du Covid qui se poursuit dans certains pays –, des voyages à la carte, des voyages de dernière minute, des forfaits toutes destinations, des voyages de noces, des listes de mariage, des circuits exclusifs en avion ou autocar au départ d'Annecy, des croisières ou de simples billets de train, d'avion… Le monde s'ouvre à vous. Vous n'avez plus qu'à demander pour vous évader à proximité ! Le personnel, très professionnel, vous concocte un programme à la demande.

TOUR OPÉRATOR

CHOUETTE JOURNEY

https://chouettejourney.com
Expériences du monde à Annecy. Réservation sur le site web.

Et si Annecy était une invitation à voyager sans (trop) bouger ? Un chouette concept a été trouvé par Julie, la fondatrice : voyager tout autour du monde en restant dans sa ville ! Le résultat : un voyage dans différentes cultures au travers d'expériences de tout type - artisanat, cuisine, danse du monde... - auprès de professionnels locaux de culture étrangère, avec lesquels on tisse des liens spéciaux. On adore l'idée - et son excellent bilan carbone, surtout si vous utilisez votre vélo - et la possibilité d'abonnement, qui permet de découvrir une culture différente par mois dans les alentours d'Annecy. Cap sur un chouette moment de partage et sur un voyage 100 % local !

TOUR OPÉRATOR

LA ROUTE DES VOYAGES

4 bis, avenue d'Aléry
✆ 04 50 45 60 20
www.laroutedesvoyages.com
Ouvert du lundi au jeudi de 9h à 19h, vendredi de 9h à 18h.

Il est temps de voyager autrement. La Route des Voyages l'a compris depuis longtemps. Des voyages responsables et solidaires pour un voyagiste spécialisé depuis plus de 20 ans sur des destinations lointaines (Amériques, Afrique du Sud, Asie, Australie), mais soucieux de la préservation de l'environnement et des liens avec les populations locales. Des voyages comme des expériences à vivre en famille ou entre amis, des circuits à établir selon ses envies avec des personnes qui connaissent bien les pays. Incontournable pour trouver la route de son propre voyage. Une agence en cours de déménagement, que l'on retrouvera avec sa nouvelle adresse dans notre prochaine édition.

TOUR OPÉRATOR

TAKAMAKA

23, Faubourg Sainte-Claire
✆ 04 50 45 60 61
www.takamaka.fr
Toute l'année.

Bougez, vivez vos rêves avec les guides Takamaka ! Depuis près de 30 ans, ils nous accompagnent sur terre et sous la terre, sur l'eau et dans l'eau, dans les airs et partout ailleurs ! Toutes les activités outdoor et aventure que l'on peut pratiquer en Haute-Savoie, et ailleurs, se retrouvent ici. On vient avec ses envies, on repart avec des solutions et le sourire ! Tous les sports nature autour d'Annecy – lac, stations, sans oublier les airs avec le parapente –, mais aussi une école de surf du côté de Biarritz. Sécurité, matériel de qualité et guides compétents et toujours souriants, rien ne manque pour vivre notre aventure sur tous les terrains et en toute saison.

TOUR OPÉRATOR

TWINTOUR

68, rue Carnot
✆ 04 56 49 80 30
www.voyage-moto.com
Ouvert du lundi au vendredi de 9h30 à 12h30 et de 14h à 18h.

Partir en moto sur les plus grandes routes du monde, c'est ce que propose Twintour sur plus de 50 destinations. L'agence peut vous aider à louer des Harley si vous n'avez pas votre propre engin. Il s'agit de circuits touristiques routiers (à partir de 2 personnes) mais pas de courses. Initiateur des formules free ride, Twintour valide tous ses circuits, fournit les hôtels, les connexions avec les ferries, le road book. En Croatie, 5 moto-tours, dont le plus long du Montenegro à la Slovénie et l'Italie en passant par la côte adriatique et l'Istrie. Pour le vingtième anniversaire de Twintour, partager un voyage d'exception avec le Road Trip Moto America (sous réserve bien entendu).

SIBRA

LAISSEZ-VOUS TRANSPORTER

Toute l'année, la SIBRA - service de transports urbains de l'Agglomération du Grand Annecy - offre un service de qualité à tous les usagers, résidents et visiteurs. Des solutions de mobilité renforcées en saison (hiver et été) pour vous emmener sur les rives du lac ou dans les montagnes environnantes. Des transports collectifs toujours plus simples d'accès avec l'achat du ticket unitaire par SMS sur votre téléphone. Des transports qui deviennent même totalement gratuits cet été pour profiter de toutes les richesses de notre territoire sans compter ! Avec la SIBRA, c'est toujours plus naturel de prendre le bus pour se déplacer dans le Grand Annecy.

C'est vrai qu'il est possible de prendre le bus gratuitement cet été pour se déplacer dans le Grand Annecy, aller sur les bords du lac ou en montagne ?

Pour la deuxième année consécutive, l'Agglomération du Grand Annecy a voté la gratuité des transports en commun pour tous sur l'ensemble du réseau du 1er juillet au 31 août. C'est une mesure exceptionnelle qui permet non seulement de désengorger la circulation autour du lac tout en diminuant la pollution automobile, mais aussi de donner goût à l'usage des transports collectifs le reste de l'année. Été comme hiver, en supplément des lignes régulières, la SIBRA propose des offres saisonnières. En été, les rives du lac - rives droites et rives gauches - sont rapidement accessibles avec un bus toutes les 20 minutes. D'autres lignes circulent dans les villages avec de petites navettes (Sevrier et Menthon-Saint-Bernard/Bluffy) et les montagnes en direction du Semnoz ou de La Forclaz. L'hiver, des lignes permettent de relier les stations du Semnoz et le plateau des Glières.

Et le reste de l'année, quels sont les avantages de prendre le bus ?

Avec votre abonnement SIBRA, vous pouvez voyager l'esprit léger toute l'année sur le territoire du Grand Annecy. La SIBRA offre un réseau dense et performant, notamment composé des 3 lignes Rythmo avec un bus toutes les 10 minutes. Des bus toujours plus propres avec l'arrivée prochaine de bus électriques. Enfin, les tarifs des abonnements de la SIBRA n'ont pas augmenté depuis 3 ans et il n'a jamais été aussi facile d'acheter son titre de transport en envoyant par SMS le mot BUS au 93 740. Plus économique, plus écologique, plus simple, laissez-vous transporter par la SIBRA.

› ESPACE SIBRA
21, rue de la Gare
✆ 04 50 10 04 04
www.sibra.fr

© EMANUEL SPASSOFF

© EMANUEL SPASSOFF

© EMANUEL SPASSOFF

PASSER EN MODE VÉLO

AVEC VÉLONECY

Travail, études, loisirs, shopping… La moitié des trajets effectués dans le Grand Annecy font moins de 3 km. Pour se déplacer dans l'agglomération, oubliez votre voiture et passez au vélo urbain. Excellent pour la planète et votre santé, la transition se fait tout naturellement en utilisant les services de Vélonecy.

Comment Vélonecy aide-t-il les Grands Annéciens à passer en mode vélo ?

S'il semble évident que le vélo doit être au cœur de nos mobilités urbaines, les personnes hésitent encore à investir dans un vélo, ne sachant pas trop quand et comment ils l'utiliseront au quotidien. Avec Vélonecy et ses 3 000 vélos, dont 2 800 vélos à assistance électrique, les résidents du Grand Annecy, âgés de 16 ans minimum, trouvent des solutions adaptées de location longue durée pour tester l'utilisation d'un vélo au quotidien. Une tarification solidaire, en fonction des revenus fiscaux, a été mise en place pour que tous les publics puissent avoir accès à ce service. L'engagement est d'un an minimum, deux ans maximum. A l'issue de cette période, les utilisateurs convaincus pourront acheter un vélo électrique en bénéficiant d'une aide financière de l'Agglomération du Grand Annecy.

Est-il également possible de louer un vélo occasionnellement ?

Vélonecy propose 400 vélos 100 % électriques disponibles en libre-service dans plus de 60 stations réparties sur tout le territoire du Grand Annecy. La location se fait très facilement avec votre smartphone en passant par l'application Vélonecy 60 minutes (gratuite sur iOS et Android). Il suffit de scanner le QR-code sur le vélo pour ouvrir le cadenas connecté et activer la location. Vous pouvez rendre le vélo dans n'importe quelle station de l'agglomération. Les 30 premières minutes sont gratuites, la première heure ne coûte que 1,50 €, un tarif mis en place pour favoriser le vélo sur les trajets courts, sachant que 80 % des trajets font moins de 30 minutes.

Passer au vélo, c'est essentiel, mais peut-on garer son vélo en toute sécurité dans le Grand Annecy ?

Pour stationner son vélo en toute sécurité, le nouveau service « Vélonecy Box » permet un accès en libre-service 7j/7, 24h/24, avec deux formules : des consignes sécurisées dans les parkings et des box de proximité. L'accès se fait au moyen d'une carte ou par l'application Vélonecy Box avec un abonnement mensuel ou annuel à petit prix.

› VELONECY
Place de la Gare – Annecy
04 50 51 38 90 - www.velonecy.com

© EMMANUEL SPASSOFF

© EMMANUEL SPASSOFF

© EMMANUEL SPASSOFF

Grand Annecy AGGLOMÉRATION
Sibra
Faire du bus un choix naturel
RÉSEAU DE BUS URBAIN AVEC LES LIGNES rythmo 1 2 ET 3
30/08 2021
LÉGENDE :
Arrêt desservi dans les deux sens
Arrêt desservi dans un seul sens
Correspondance
Terminus
Lignes rythmo (1, 2 et 3)
Ligne principale (4, 5, 6, 7)
Ligne complémentaire (8, 9, 10)
Ligne de proximité (11, 12, 13, 14, 15, 16, 17, 18)
Ligne des Rives du Lac (50A, 50B et 60)
Ligne interurbaine (31, 40, 41, 42, 80, 81, 82, Proxibus)
Ligne régionale
Navette Spéciale (NS)
Pôles d'échanges
Vélostation
Consigne à vélo
Parc relais
citiz (autopartage)
Dépositaire SIBRA
Office de tourisme
Hôtel de Ville, mairie
Lycée, collège, enseignement supérieur
Hôpital, clinique
Centre commercial
Équipement culturel
Équipement sportif
Autre équipement
Zone d'activité, zone industrielle
Lignes saisonnières : merci de vous référer au site www.sibra.fr
80 Fillière Thorens-Glières – Annecy
81 Fillière Avernioz – Annecy
82 Fillière Thorens-Glières – Annecy
vers Pringy Ferrières 18
Pringy Grande Ferme 18
Clinique d'Argonay 9
Grand Épagny 7
Epagny Metz-Tessy 10 11
La Salle Pringy 2 6 9 11 18
Pringy 2 rythmo
HÔPITAL 2 6 10 11 18
Macully 12
Lycée de Poisy 1 rythmo
Poisy Collège 1 rythmo 12
Poisy Moiry 12
Vers Lovagny 12
MEYTHET LE RABELAIS 1 6 7 11 12
Piscine-Patinoire 5 8 14 17
Novel 3 rythmo
Ponchy 4 5
Campus 1 4 17
VIGNIÈRES 1 5 7 14 17 60
Parc des Glaisins 1 rythmo
Glaisins 5
Bulloz-Fruitière 17
Argonay
Epagny Metz-Tessy
Poisy
Aéroport Annecy Haute-Savoie Mont-Blanc

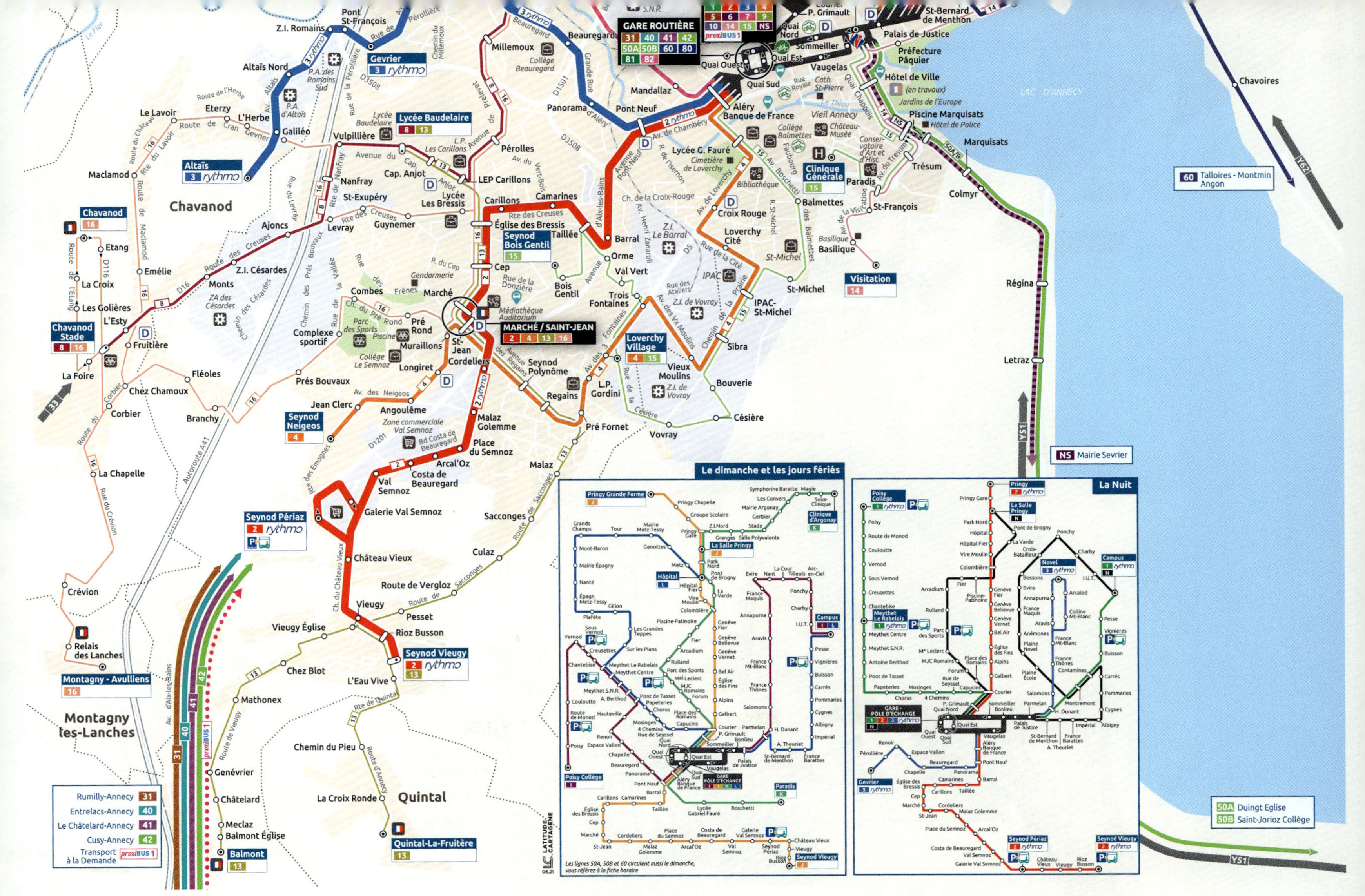
GARE ROUTIÈRE
31 40 41 42
50A 50B 60 80
81 82
MARCHÉ / SAINT-JEAN
2 4 13 16
Chavanod
Montagny les-Lanches
Quintal
LAC D'ANNECY
60 Talloires - Montmin Angon
NS Mairie Sevrier
50A Duingt Eglise
50B Saint-Jorioz Collège
Gevrier 3 rythmo
Altaïs 3 rythmo
Lycée Baudelaire 8 13
Chavanod 16
Chavanod Stade 8 16
Montagny - Avulliens 16
Balmont 13
Quintal-La-Fruitière 13
Seynod Vieugy 2 rythmo 13
Seynod Périaz 2 rythmo
Seynod Neigeos 4
Seynod Bois Gentil 15
Loverchy Village 4 15
Clinique Générale 15
Visitation 14
Rumilly-Annecy 31
Entrelacs-Annecy 40
Le Châtelard-Annecy 41
Cusy-Annecy 42
Transport à la Demande proxiBUS 1
Le dimanche et les jours fériés
Les lignes 50A, 50B et 60 circulent aussi le dimanche, vous référez à la fiche horaire
La Nuit
GARE - PÔLE D'ÉCHANGE
LATITUDE CARTAGÈNE 06.21

JE PENSE FUTÉ

Si je pense futé, c'est pour mon bien et celui des autres. C'est pour me prendre en main, mais aussi pour tendre la main aux autres, notamment à celles et ceux qui vivent dans la précarité, dans les difficultés de tous ordres : financières, psychologiques, éducatives, familiales... Comme la ville d'Annecy, je m'engage en faveur de la cohésion sociale, pour la promotion de l'égalité homme-femme et contre toutes les violences faites aux femmes, je m'investis aux côtés des personnes en situation de handicap, j'aide les personnes vulnérables et âgées dans leur vie quotidienne, je fais un don ou je deviens bénévole auprès des associations. Et si j'ai besoin d'un coup de main, les Repair Café 74 donnent une seconde vie aux objets. L'autre partie de cette rubrique est consacrée à la formation et au travail. Annecy est une ville de congrès et de séminaires. Le *Petit Futé* a sélectionné des lieux pour recevoir toutes vos réunions dans les meilleures conditions, au cœur de la ville, mais aussi un peu plus loin pour profiter du calme du lac et des montagnes. Bienveillance et solidarité, je pense futé.

BUREAUTIQUE

ANNECY BURO CALLIPAGE

28, rue Royale
✆ 04 50 51 17 43
Ouvert du lundi au samedi 9h à 12h et 14h à 19h, 18h30 lundi et 18h samedi.

Annecy Buro est une enseigne connue par tous les professionnels qui ont besoin de fournitures de bureau, cartouches et toners, rapidement et au juste prix. Une adresse « centrale » où l'on trouve conseil et un vaste choix, encore plus vaste sur catalogue et sur le site en ligne, avec la distribution des produits de l'enseigne Calipage. Si les professionnels plébiscitent cette adresse, elle est également ouverte aux particuliers qui pourront trouver des fournitures pour leur bureau à domicile – le télétravail est à la mode –, mais encore tout ce qu'il faut pour les loisirs créatifs, l'art, le dessin... et des paillettes pour rendre la vie encore plus belle à la maison.

SÉMINAIRE - CONGRÈS

MUSÉE PACCARD

215, route de Piron
SÉVRIER
✆ 04 50 52 47 11
www.musee-paccard.com

La Maison Paccard est un écrin d'exception où la passion se partage. Donner une autre dimension, une autre « sonorité » à tous vos événements en les organisant à la Maison Paccard. L'occasion de découvrir avec vos équipes, partenaires, associés, adhérents..., l'histoire de cette entreprise fondée en 1796 et leader mondial des cloches d'églises et des carillons, tout en profitant des meilleures installations pour vos réunions. Espace Françoise Paccard de 140 places, modulable en auditorium, salle de concert ou espace de travail en ateliers. Visite du Musée et de la fonderie Paccard, pause Au Paccard Gourmand, et vente de cloches et clochettes à personnaliser avec le logo de votre entreprise.

CRÉATION D'ENTREPRISE

CCI DE LA HAUTE-SAVOIE

5, rue du 27e-B.-C.-A. ✆ 04 50 33 72 00
www.haute-savoie.cci.fr
Ouvert du lundi au vendredi de 8h à 12h et de 13h30 à 17h, 16h le vendredi.

La Chambre de Commerce et d'Industrie, c'est le passage incontournable pour tous les entrepreneurs qui veulent bien démarrer leur activité. Un véritable carrefour des informations touchant au monde de l'entreprise : création, reprise ou cession, nouvelles technologies, international, intelligence économique, commerce et tourisme, formalités, formation continue, réglementation, aides diverses... Les entrepreneurs trouvent toutes les réponses et les moyens d'agir à leur niveau. Le site web est très complet et permet une première approche de qualité. Possibilité de se rendre sur place après avoir pris rendez-vous avec un conseiller pour une meilleure efficacité.

CRÉATION D'ENTREPRISE

INITIATIVE GRAND ANNECY

178, route de Cran-Gevrier - **CHAVANOD**
✆ 04 50 01 40 00
www.initiative-grand-annecy.fr
Ouvert du lundi au vendredi de 8h30 à 17h30.

Réussir à monter son entreprise dans le Grand Annecy, ça peut se faire avec Initiative. Depuis plus de 20 ans, Initiative Grand Annecy (appellation récente en raison du changement territorial avec Grand Annecy, Sources du lac d'Annecy, Rumilly Terre de Savoie et Vallée de Thônes), réseau de chefs d'entreprise, aide et finance les entreprises. C'est une offre totalement gratuite pour les porteurs de projets souhaitant créer ou reprendre une entreprise. Un soutien bienvenu donnant de sérieuses garanties aux projets : prêt d'honneur à taux zéro, garantie FGIF, accompagnement post-création. Un organisme qui fait réussir celles et ceux qui ont l'esprit d'initiative.

EMPLOI - FORMATION

CHAMBRE DE MÉTIERS ET DE L'ARTISANAT

28, avenue de France ✆ 04 50 23 92 22
www.cma-74.fr
Ouvert du lundi au jeudi de 8h30 à 12h et de 13h à 16h30 ; le vendredi de 8h30 à 12h et de 13h à 16h.

L'artisanat est le premier employeur en France et en Haute-Savoie. D'ailleurs, saviez-vous que l'artisanat haut-savoyard représentait près de 20 000 entreprises, 35 000 salariés et plus de 2 000 apprentis ? Des artisans que l'on retrouve dans toutes les communes du département avec une augmentation des services de proximité. Si vous voulez vous lancer, la Chambre des Métiers et de l'Artisanat vous donnera toutes les clés de la réussite. Parmi les missions de la CMA, le développement de l'apprentissage avec des secteurs manquant parfois de main-d'œuvre.

SERVICES AUX ENTREPRISES

NEXT ONE

949, rue Denis-Papin
LA MOTTE-SERVOLEX
✆ 04 79 60 09 34
www.next-one.fr

Next One est le leader français de l'affichage indoor au sein des lieux de vie et de sorties, le spécialiste de la publicité dans les toilettes. Une idée ingénieuse pour mémoriser encore mieux les messages promotionnels des entreprises. On retrouve leurs panneaux dans les bars, brasseries, discothèques, salles de fitness... Des panneaux publicitaires percutants qui marquent nos séjours aux toilettes et lavabos ! On aime cette communication impertinente et efficace qui touche directement les 15 à 35 ans. Des panneaux que l'on trouve en Savoie et Haute-Savoie, mais également dans 160 agglomérations françaises avec au total 40 000 faces pour communiquer. Une belle idée futée...

ENTRAIDE
CROIX-ROUGE FRANÇAISE

1, quai des Clarisses
✆ 04 50 45 15 97
www.croix-rouge.fr

L'œuvre du Suisse Henry Dunant, commencée en 1859 lors de la bataille de Solférino pour secourir les soldats des deux camps, continue son chemin d'aide et de paix. La Croix-Rouge de Haute-Savoie, parmi la centaine de délégations départementales de cette association, agit dans le domaine des urgences, de la solidarité, de la santé et dispense des formations de secourisme à tous ceux qui souhaitent connaître les gestes qui sauvent. Parmi ses autres missions, de l'écoute, de l'aide alimentaire, de l'aide aux réfugiés ou encore le SAMU social. Vous pouvez devenir bénévole, donner des vêtements ou des jouets. Des petits gestes solidaires qui contribuent à l'existence de la Croix-Rouge.

ENTRAIDE
SECOURS CATHOLIQUE

2bis, rue du Général Ferrié
✆ 04 50 45 29 67

Le Secours Catholique, qui a pour mission première de faire rayonner cette belle notion qu'est la charité, vient en aide à toutes les personnes en difficulté, personnes âgées, en grande pauvreté, quelles que soient leur confession et leur origine. Il y a des missions à l'étranger aussi. Vous pouvez devenir bénévole à Annecy, ou comme des centaines d'autres personnes en Haute-Savoie, dans l'animation de groupes d'enfants ou de personnes âgées par exemple. Il existe plein de manières d'être bénévole et d'aider son prochain en l'accompagnant, en l'accueillant ou en développant de nouveaux projets. Pour être utile à votre tour, juste et fraternel, devenez bénévole ou faites un don.

ENTRAIDE
ESAT LE PARMELAN

8, rue Louis-Bréguet
✆ 04 50 69 84 05
www.reseau-gesat.com

ESAT, cela signifie Établissement et Service d'Aide par le Travail. L'ESAT Le Parmelan, ouvert il y a près de 50 ans, s'occupe d'intégrer dans le monde du travail des adultes en situation de handicap. Ce sont près de 200 personnes qui sont prises en charge par une cinquantaine d'encadrants pour réaliser des travaux plus ou moins complexes dans de nombreux domaines. Avec comme client de référence des entreprises comme Mobalpa, Tefal ou la ville de Seynod (Espaces verts), cette association est bien implantée dans son milieu. Et si les adultes sont là pour faire un travail à leur mesure, ils sont aussi là pour se réaliser pleinement en pratiquant également des activités de loisirs.

ENTRAIDE
SECOURS POPULAIRE

505, route des Vernes
✆ 04 50 57 97 47
www.secourspopulaire.fr/74

Un réseau solidaire à Annecy, en France et dans le monde. Le Secours Populaire et ses comités locaux œuvrent pour donner l'accès aux droits les plus élémentaires aux plus pauvres : droit à l'éducation, avec notamment du soutien scolaire, droit à la santé, accès à la nourriture et aux vêtements. L'organisation est aussi connue pour les journées de vacances qu'elle organise l'été pour les enfants et leurs familles qui ne peuvent pas partir, ainsi que pour les pères Noël Verts pour distribuer des cadeaux aux enfants des familles démunies. Pour les aider, vous pouvez devenir bénévole, faire un don ou participer aux Braderies de la Solidarité organisées près de chez vous.

ENTRAIDE
LES RESTOS DU CŒUR HAUTE-SAVOIE

324, rue des Vernes
✆ 04 50 64 91 18
https://ad74.restosducoeur.org

Futé soutient les Restos et pourtant *Futé* voudrait qu'ils disparaissent. Leur création et leur disparition, c'était le rêve de Coluche et d'une bande d'enfoirés. Fini les Restos du Cœur, fini les personnes à la rue ou dans le besoin, fini les personnes qui ont faim ! En attendant que la pauvreté et la précarité diminuent, soyez solidaire et aidez les Restos en faisant des dons, en devenant bénévole et en aidant les activités de l'association : distribution alimentaire, activités de rue, ateliers, accompagnement scolaire, aide aux mamans avec les Restos bébé...

DÉPANNAGE - RÉPARATION
REPAIR CAFE 74

9, rue de l'Arc en Ciel ✆ 06 74 40 36 66
http://repaircafe74.free.fr
Ouvert de 8h30 à 12h le dernier samedi matin de chaque mois sauf en juillet, août et décembre.

Dans un monde où les produits de consommation paraissent moins chers à remplacer qu'une réparation incertaine, enfin c'est ce que l'on vous fait croire, merci aux Repair Cafés 74 de nous permettre de redonner vie à nos objets tombés en panne. Pour un monde plus « durable, les Repair Cafés sont des lieux de grande convivialité où l'on apporte des ordinateurs, des téléphones portables, des appareils électriques, des jouets, des meubles, des vêtements troués et décousus, etc., entre les mains de bénévoles passionnés, de véritables experts dans leur matière, pour un sauvetage autour d'un bon café. Sourires et conseils en prime. Plusieurs Repair Cafés à retrouver sur le site Internet.

ESCAPADES

S'échapper du quotidien à moins d'une heure de la ville. Même si Annecy compte parmi les plus belles cités de France, toute cette période nous a poussés aux escapades sur un territoire qui va des rives du lac aux Aravis, et au-delà dans toutes les directions. Côté ouest, le Semnoz, la montagne douce et le pays de l'Albanais avec Rumilly. Plus au sud, les sources du lac d'Annecy et le Parc naturel des Bauges qui nous relie à la Savoie voisine. D'autres grands sommets nous appellent : les Aravis. Il faut passer par Thônes, capitale du reblochon, pour découvrir un pays riche de ses produits gourmands. Autre capitale gourmande : Manigod. Le village dans les alpages est devenu célèbre grâce aux escapades d'un chef chapeauté à la cueillette de fleurs sauvages. Poudreuse et alpages dans les deux stations-villages des Aravis : La Clusaz d'un côté, le Grand-Bornand de l'autre. Deux destinations à moins de 45 minutes d'Annecy (si les « monchus » ne sont pas sur la route...) pour pratiquer tous les sports *outdoor* hiver comme été. Dans toutes les directions, évadez-vous en suivant le *Petit Futé*.

Quand on dit « lac d'Annecy » se profilent dans notre esprit une série d'images de cartes postales. Des images qui se confirment à chaque fois que l'on peut admirer le lac et son environnement naturel somptueux, des neiges de la Tournette aux eaux bleues façon lagon. Un véritable écrin abritant la « grande ville », mais aussi des « petits ports » de caractère qui sont devenus des villes balnéaires aisées où l'on trouve parmi les meilleurs restaurants et les plus beaux hôtels de la région. Le lac d'Annecy, c'est un véritable art de vivre entre luxe et fantaisie, balades à vélo électrique et sports à sensations. Sur ses deux rives, le lac offre des lieux de visite inédits comme le musée Paccard, fonderie de cloches, ou le château de Menthon-Saint-Bernard avec ses jardins. Des escapades de rêve.

AUBERGE DU LAC

2, route du Port - **VEYRIER-DU-LAC**
✆ 04 50 60 10 15
www.restaurant-aubergedulac.com
Ouvert tous les jours midi et soir de fin mars aux vacances de la Toussaint. Menus de 29 € (midi) à 49 €. Carte.

A l'Auberge du Lac, les gourmands pourraient simplement admirer la vue qu'ils seraient déjà aux anges. Avec sa terrasse posée au bord du lac, avec ponton privé pour amarrer son bateau - et le célèbre ponton de Sevrier en ligne de mire -, cette Auberge profite d'un environnement exceptionnel. Et pour profiter pleinement de ce petit coin de paradis, tout le reste est à la hauteur des lieux ! Accueil adorable et cuisine de saison réalisée à partir de produits du terroir de qualité comme ces poissons de lac - filets de perche, omble chevalier, petites fritures - ou ces légumes régionaux. Fromages affinés par Alain Michel, desserts maison. Adresse de rêve ouverte toute la journée en saison.

LE BISTROT DU PORT

236, route du Port - **SÉVRIER**
✆ 04 50 52 45 00
www.lebistrotduport-annecy.com
Ouvert du lundi au samedi le midi et le soir et le dimanche midi. Formule du midi : 24,50 € (plat et dessert).

La meilleure façon, en toute saison, de profiter des beautés du lac en savourant une excellente cuisine à la hauteur du paysage. Au port de Sevrier, une belle maison ouverte sur le lac avec deux terrasses splendides, une grande véranda, pour profiter de la vue exceptionnelle. Salle chaleureuse autour d'un « bar cheminée » impressionnant. Bonheur complété par un accueil adorable et un service efficace. Cuisine savoureusement authentique, réalisée à partir de bons produits. Enfin une terrasse « les pieds dans l'eau » où l'on peut déguster une friture ou des filets de perche sans être pris pour un touriste. Meilleur rapport vue-qualité-prix-service des bords du lac.

LE CONFIDENTIEL

24, route des Moulins - **MENTHON-SAINT-BERNARD**
✆ 04 50 02 82 59
http://restaurant-leconfidentiel.fr
Ouvert du mardi au samedi midi et soir. Menus : 35 € et 46 € (3 plats). Terrasse.

Une belle adresse à la cuisine sincère et gourmande située au cœur du village de Menthon depuis un peu plus de dix ans. Sébastien Vrignaud, passé au Clos des Sens, et son épouse Fanchon, sommelière, ont choisi une certaine confidentialité. Un petit restaurant avec une salle élégante et intime qui laisse la place à l'expression d'une cuisine délicate et subtile déclinée selon une formule culinaire simple et efficace : 2 entrées, 2 plats, 3 desserts qui s'additionnent pour former le mot BON. Carte fréquemment renouvelée mariant tradition et créativité, mettant en avant des produits frais issus de producteurs sélectionnés par des passionnés. Belle carte des vins et service attentionné.

HÔTEL COTTAGE BISE

390, route du Port
TALLOIRES-MONTMIN
✆ 04 50 60 71 10
www.cottagebise.com
Ouvert de fin avril à fin septembre. Menu 69 €.

Dans le cadre enchanteur de la baie de Talloires, sur les terrasses ombragées du Cottage Bise, avec les barques de plaisance et les clapotis du lac en fond sonore, chaque repas est une rêverie gourmande à partager avec les personnes que l'on aime. Dans ce décor merveilleux, le chef Olivier Suire nous propose un habile mariage entre tradition, les fameuses recettes de la maison Bise, et une créativité toute personnelle. Parmi les plats qui nous ont marqués la saison dernière, un omble chevalier cuit à basse température et un brochet frit en mousseline, beurre de miso et butternut. La maison centenaire de Christine et Jean-Claude Bise nous régale à chaque nouvelle saison.

BEC

590, route d'Annecy - **DUINGT**
✆ 04 50 19 63 13
www.restaurantbec.com

Ouvert du mardi au samedi le midi et le soir. Menu du jour 25 €. Menus carte 39 € et 51 €.

La maison de Brice Collon, Maître Cuisinier de France est une maison comme on les aime ! Une maison chaleureuse, proche du lac, où l'on se sent comme chez soi mais... en beaucoup mieux ! Depuis 4 ans, BEC nous régale d'une cuisine d'instinct, inspiré par les meilleurs produits de saison, parfois locaux comme ce cochon du mont Charvin, parfois d'ailleurs comme ce homard. Le chef, qui a ramené de ses voyages des saveurs venues d'ailleurs, ose des mariages qui subliment les produits jusqu'aux desserts avec, cet hiver, une pomme de Savoie façon Tatin servie avec une crème glacée à la cardamome. Autres plaisirs à partager à l'afterwork avec des planches apéritives et de bons verres. On adore !

O'POISSON ROUGE

20, promenade des Seines
SÉVRIER
✆ 04 50 52 40 48
www.opoissonrouge74.com
Haute saison : tous les jours midi et soir.

Ce qui n'a pas changé, et qui ne doit pas changer, c'est le décor des bords du lac. Ponton, pieds dans l'eau, montagnes à l'horizon, autant de mots qui nous donnent l'impression d'être à l'autre bout du monde. Mais c'est bien à Sévrier qu'il faut profiter de la beauté d'un environnement exceptionnel. Ce qui a changé cet hiver, ce sont les gérants du Poisson Rouge. Une nouvelle équipe qui donne un second souffle au Poisson Rouge en proposant une cuisine maison réalisée à partir de produits frais sélectionnés avec soin. De quoi chiller sur la terrasse dès les beaux jours, mais aussi se régaler de viandes grillées au feu de bois en hiver. Détente et gourmandise.

GASTRONOMIQUE

L'ABBAYE DE TALLOIRES

2, Chemin des Moines - **TALLOIRES-MONTMIN**
✆ 04 50 60 77 33 - www.abbaye-talloires.com
Ouvert du mercredi au dimanche soir (tous les soirs en haute saison), samedi et dimanche midi. Menus de 79 à 149 €.

Extraordinaire Abbaye de Talloires dont l'histoire millénaire se réinvente sans cesse. Dans un cadre féerique, l'Abbaye est gardienne d'une certaine tradition, celle de recevoir avec un service d'excellente qualité, tout en évoluant vers une modernité maîtrisée grâce à une équipe de passionnés. Bourguignon d'origine, le chef Frédéric Claudel donne un nouveau souffle à la table gastronomique de l'Abbaye, travaillant les meilleurs produits de saison de nos terroirs : omble chevalier au beurre d'algue, mais encore des risos délicieux. Charly, sommelier d'exception à la tête d'une des plus belles caves de France, marie mets et vins à la perfection. Purs instants gourmands à partager.

HÔTEL

L'AUBERGE DU PÈRE BISE*****

303, route du Port
TALLOIRES-MONTMIN
✆ 04 50 60 72 01
www.perebise.com
Relais & Châteaux. Chambres à partir de 285 €. Petit déjeuner 40 €. Restaurant gastronomique.

Une rencontre parfaite, un coup de foudre assuré. D'un côté, un hôtel de charme et de tradition fondé en 1903 sur les bords du lac d'Annecy, au Roc de Chère, par le père Bise. De l'autre, le chef Jean Sulpice et son épouse Magali qui ont repris avec brio cette illustre maison. Mariage idéal entre un site d'exception, une bâtisse pleine d'histoires et la modernité d'une rénovation apportant confort et bien-être. Ambiance chaleureuse et raffinée, chambres spacieuses et matières nobles, plage privée, grand parc arboré, vaste terrasse. Instants uniques à l'Auberge du Père Bise.

HÔTEL

CLOS MARCEL****

410, allée de la Plage - **DUINGT** ✆ 04 50 68 67 47
www.closmarcel.fr
14 chambres. Chambre double de 184 € à 299 €, suite de 269 € à 329 €. Restauration. Bain nordique, sauna, plage.

Bonheur et bien-être les pieds dans l'eau. Toute la magie du Clos Marcel qui accueille ses visiteurs dans un cadre idyllique au bord du lac. Cadre fantastique, accueil et prestations qui nous plongent naturellement dans un état de détente absolu. Un lieu qui se transmet de mère en fille en prenant une belle dimension de charme et de confort, de design contemporain avec des équipements durables et le respect de la nature environnante. Lieu chaleureux, à taille humaine (14 chambres seulement), cocon cosy ouvert sur un environnement splendide, on s'y sent aussi bien dedans que dehors. Restaurant Comptoir du Lac dans le même esprit avec une cuisine à base de produits frais et locaux.

HÔTEL

L'ABBAYE DE TALLOIRES****

2, Chemin des Moines
TALLOIRES-MONTMIN
✆ 04 50 60 77 33
www.abbaye-talloires.com
37 chambres et suites. Chambre double de 146 € à 643 €, suite de 302 € à 881 €. Petit déjeuner 25 €. Restauration. Spa.

Succombez au charme d'un séjour à l'Abbaye de Talloires. Le tout premier hôtel-restaurant installé au bord du lac d'Annecy, dans un écrin majestueux, perpétue la tradition du bien recevoir dans ces murs datés de 1681. Dans ce paradis, le passé se marie parfaitement avec le présent. Enchantement de découvrir le cloître, l'ancienne galerie donnant accès aux portes des anciennes cellules des moines bénédictins transformées en chambres luxueuses, véritables cocons de bien-être. Repos et détente au spa. Gourmandise aux tables du chef Frédéric Claudel. Grandiose !

HÔTEL

LE PALACE DE MENTHON*****

665, route des Bains
MENTHON-SAINT-BERNARD
✆ 04 50 64 83 00
www.palacedementhon.com
Ouvert toute l'année. Haute saison : chambre double de 240 à 408 €. Petit déjeuner : 25 €. Restauration. Spa. Ponton.

Cinq étoiles pour un palace qui en a la majesté naturelle et le charme de l'architecture. Sa situation exceptionnelle, dominant les rives du lac, et ses lignes confèrent à cette construction une élégance qui répond à l'image des palaces. C'est avant tout un hôtel de grand confort aux équipements soignés et aux prestations de grand standing. Vue exceptionnelle depuis la terrasse panoramique où l'on prend un verre avant de rejoindre le restaurant bistronomique. Magie de l'été avec accès privatif au lac avec ponton et solarium, parc paysager, splendide piscine couverte, spa...

HÔTEL

VILLA CAROLINE

624, route d'Annecy - **DUINGT** ✆ 09 73 79 58 58
www.villacaroline.net

Tarifs selon prestations. Cure détox à partir de 430 €/nuit/pers. Hammam, sauna.

Un lieu de séjour plus qu'un hôtel (d'ailleurs, la Villa Caroline ne souhaite pas être classée dans cette catégorie). Un lieu magique, ouvert sur le lac d'Annecy, voulu par ses créateurs comme une oasis de bien-être. Séjourner à la Villa Caroline, c'est se ressourcer, se couper d'un monde agité qui perturbe nos pensées et notre organisme. Relaxation complète face aux montagnes pour prendre soin de sa santé en toute sérénité avec de nombreuses formules tournées autour d'une alimentation plus saine et de l'activité physique, comme la natation dans les eaux du lac, le yoga, mais aussi des massages. Cure détox sur mesure et jeûne de confort pour retrouver le bon équilibre.

APPARTEMENT

CÔTE OUEST****

765, route d'Albertville - **SÉVRIER** ✆ 06 18 54 88 13
www.concept-coteouest.com

7 appartements. Tarifs dégressifs en fonction de la durée. Studios à partir de 125 €/nuit. Wifi gratuit. Parking.

La Côte Ouest, c'est celle du lac d'Annecy. Environnement de rêve pour cet « appart hôtel » de grand standing à proximité d'Annecy centre, s'ouvrant directement sur le lac et les montagnes. Tout le charme d'une nature préservée, notamment grâce à ce bâtiment respectueux de l'environnement (démarche bio garantie à 100 %, bâtiment passif en chanvre, Ecolabel...) et tout le confort de 7 appartements charmants où chacun peut vivre à son rythme. Tout a été pensé pour le bien-être avec des services sur mesure. Les personnes handicapées bénéficient également de services adaptés. En été, réservations uniquement à la semaine. Futé : les prix baissent quand la durée de votre séjour augmente.

CAMPING

CAMPING LE CLOS DON JEAN

435, route du Clos-Don-Jean - **MENTHON-SAINT-BERNARD**
✆ 04 50 60 18 66 - www.campingclosdonjean.com

Ouvert du 10 juin au 9 septembre. Emplacements de 19,50 € à 24 €. Mobil-homes de 410 € à 560 €/semaine. Cottages.

Un camping d'exception au pied du château de Menthon-Saint-Bernard. Les vues sont superbes et l'accueil convivial est perpétué par la même famille depuis plus de 40 ans. Dans un écrin de verdure, c'est à grand poumon que l'on plonge dans ce site entre lac et montagnes. Au calme, avec des emplacements spacieux et à l'ombre de magnifiques tilleuls et platanes, pour le confort de tous, pas d'ambiance festive mais celle de la nature. Pour rejoindre les stations ou profiter de la magie d'Annecy située à 10 km, on loue un vélo et on utilise la piste cyclable, ou l'on descend jusqu'au lac pour embarquer sur le bateau omnibus qui dessert les jolies villes et les villages autour du lac.

CAMPING

LE PANORAMIC CAMPING****

22, chemin des Bernets - **SÉVRIER** ✆ 04 50 52 43 09
www.camping-le-panoramic.com

Ouvert de mi-avril à fin septembre. Studio, chalets, mobil-homes, appartements 2 à 8 pers. À partir de 350 €/semaine.

La vue imprenable sur le lac et les montagnes, la nature préservée aux portes du Parc naturel régional des Bauges, des prestations de qualité toujours améliorées - avec un nouvel espace solarium autour de la piscine cette année -, une restauration de qualité toute la journée (en été) avec des produits du terroir comme ces charcuteries du mont Charvin à Doussard, sans oublier un accueil adorable, une équipe fantastique autour de Sébastien et les animations pour adultes et enfants par AnimaFêtes... Vous ne rêvez pas, vous avez bien réservé votre prochain séjour au Panoramic Camping ! Un paradis avec vue panoramique, une adresse de confiance pour un séjour inoubliable !

HÔTEL

BEAU SITE TALLOIRES***

118, rue André-Theuriet - **TALLOIRES-MONTMIN**
✆ 04 50 27 00 65 - www.beausite-talloires.com

Fermé de novembre à mars. Chambre double à partir de 125 €. Parking. Restauration. Spa.

Beau Site Talloires, un nom simple qui en dit beaucoup mais ne dévoile pas tout. Tout le charme d'une bâtisse début XXe siècle à la rénovation intérieure contemporaine, surplombant un parc avec sa plage privée en pente douce jusqu'au lac. Les atouts de cet hôtel, animé par la passion et le professionnalisme de Corinne et François Debuquoy, sont indéniables : situation privilégiée avec vue sur le lac, bâtiment central de caractère, décoration de bon goût, confort moderne, restauration de qualité, sans oublier le B.Spa pour une détente absolue. La carte du chef Benoît Leyendecker joue avec les saisons et les produits du terroir. Un des fleurons de l'hôtellerie des bords du lac.

CAMPING

LE SOLITAIRE DU LAC***

615, route de Sales - **SAINT-JORIOZ** ✆ 04 50 68 59 30
www.campinglesolitaire.com

Ouvert du 7 avril au 8 octobre. Forfait 2 pers. de 19 à 30 €. Locatifs. Chalets de 490 € à 1 113 €/semaine.

Le joyau qu'est le lac d'Annecy a son Solitaire depuis 50 ans cette année. Au cœur d'un environnement exceptionnel, véritable écrin de nature préservé de 3 hectares avec accès direct au lac, le Solitaire du Lac offre toutes les garanties d'un séjour idéal en famille ou entre amis, ainsi que pour les personnes handicapées qui apprécieront ce terrain plat et accessible. Baignades, balade à vélo sur la piste cyclables autour du lac, activités nautiques, sensations fortes des sports outdoor, visites d'Annecy et des environs... Campeurs sous la tente ou vacanciers à la recherche du confort d'un chalet avec salon de jardin, barbecue et parasol... Un Solitaire qui ravit tout le monde.

MEUBLÉ

VISION LUXE

7, chemin du Crêt des Vignes - **VEYRIER-DU-LAC**
✆ 06 26 49 77 51 - www.visionluxe.com
Location loft 2 pers à partir de 360 €/nuit, studio à partir 135 €/nuit, villa 10 pers à partir 785 €/nuit.

Le lac d'Annecy a parfois des airs de Riviera. Alors, pourquoi ne pas louer une de ces villas d'exception qui bordent le lac ? Vision Luxe vous propose de louer 2 villas exceptionnelles et 3 appartements de luxe idéalement situés pour donner à vos vacances tout le somptueux qu'elles méritent. Les villas s'ouvrent sur le lac, offrant un ponton privé, des terrasses magnifiques avec vue imprenable, un parc aménagé et des prestations haut de gamme (service de conciergerie). Le loft d'Annecy est un appartement étonnant situé sous les toits d'une belle maison au bord du canal du Thiou pour un espace simplement magique. Une vision tentante si vous en avez les moyens.

ARTS

GALERIE D'ART SYLVIE PLATINI

1 bis, rue de la Tournette - **VEYRIER-DU-LAC**
✆ 04 50 60 16 08
www.galerie-platini.com
Ouvert du mardi au samedi de 11h à 12h30 et de 14h à 19h.

Contrairement à une idée reçue, l'art contemporain est accessible à tout le monde. La galerie d'art Sylvie Platini, de réputation internationale, nous le montre depuis plus de 20 ans en exposant les plus grands artistes du moment. Dans les deux salles de la galerie, séparées par l'entrée de l'immeuble, une sélection de tableaux et sculptures. Sylvie Platini poursuit sa volonté de présenter de nouveaux artistes, démontrant par son énergie que l'art contemporain se porte bien. Renouvelées tout au long de l'année, les expositions se découvrent en franchissant la porte.

BAR - CAFÉ

LE BON WAGON

107, rue des Prés Bernard - **DUINGT** ✆ 04 50 19 50 57
www.lebonwagon.fr
Été : ouvert tous les jours de 9h à 19h. Sinon, du mardi au dimanche de 10h à 18h.

Café-cycliste, une catégorie que nous n'avions pas prévu dans notre guide et qui va, du coup, alimenter notre rubrique Insolite. Dans l'ancienne gare de Duingt (parking tout à côté), le long de la piste cyclable qui fait le tour du lac, impossible de manquer Le Bon Wagon. Un lieu multi-facettes avec dénominateur commun, le vélo. Terrasse et salle pour le ravito avec un café - cafés de spécialité, bières artisanales, boissons fraîches -, une boutique - avec une sélection de vélos et d'accessoires à vous rendre dingue pour la route, le chemin ou le VTT -, un service de location de vélos - pour rouler dans la région - et de nombreux services - mécanique, recharge... - pour repartir tranquille.

CHÂTEAU

CHÂTEAU DE MENTHON-SAINT-BERNARD

Route du Château - **MENTHON-SAINT-BERNARD**
✆ 04 81 74 39 72 - www.chateau-de-menthon.com
Fermé du 11/11 au 30/03, sauf décembre. Été, ouvert tous les jours de 10h à 19h. Adulte 11 €. Enfant 6 €. Animations.

Bâti sur son éperon rocheux, le château de Menthon-Saint-Bernard offre une vue imprenable sur le lac. Ce château de la fin du XIIe siècle est un joyau de l'architecture savoyarde. Derrière les hauts murs, on déambule sous la galerie à colombages. Quant aux 105 pièces de vie, elles ont très peu changé. Ce château de contes de fées – Walt Disney s'en serait inspiré pour *La Belle au bois dormant* – se découvre en visite guidée. Une visite guidée qui, en été, devient une animation costumée et nocturne. Le jardin de plantes médicinales et de permaculture se visite également.

MUSÉE

MUSÉE PACCARD

215, route de Piron - **SÉVRIER** ✆ 04 50 52 47 11
www.musee-paccard.com
Ouvert du lundi au samedi de 10h à 12h30 et de 13h30 à 18h, dimanche après-midi, sauf 25/12 et 01/01. Adulte 8,50 €.

La passion ne cesse de grandir au musée Paccard, une maison d'exception née en 1796, dont le nom résonne dans les clochers du monde entier et qui n'en finit pas de nous étonner. La maison Paccard, qui détient quelques records avec des cloches aux gabarits hors normes, a fait construire un véritable clocher de plain-pied – charpente réalisée par les Compagnons du Tour de France – à visiter pour mieux comprendre le métier de campaniste. Petits et grands pourront même sonner les cloches ! Autre découverte magique avec Ars Sonora® avec les concerts chant et carillon. Visites guidées du musée et de la fonderie, coulée des cloches, visites pédagogiques, séminaires... Pause au Paccard Gourmand.

SÉMINAIRE - CONGRÈS

MUSÉE PACCARD

215, route de Piron
SÉVRIER
✆ 04 50 52 47 11
www.musee-paccard.com

La Maison Paccard est un écrin d'exception où la passion se partage. Donner une autre dimension, une autre « sonorité » à tous vos événements en les organisant à la Maison Paccard. L'occasion de découvrir avec vos équipes, partenaires, associés, adhérents..., l'histoire de cette entreprise fondée en 1796 et leader mondial des cloches d'églises et des carillons, tout en profitant des meilleures installations pour vos réunions. Espace Françoise Paccard de 140 places, modulable en auditorium, salle de concert ou espace de travail en ateliers. Visite du Musée et de la fonderie Paccard, pause Au Paccard Gourmand, et vente de cloches et clochettes à personnaliser avec le logo de votre entreprise.

Le plateau des Glières, à cheval entre le Val de Borne et Fillière (attention, 2 accès, mais celui par Fillière est à conseiller en toute saison), évoque immanquablement les heures sombres de la Deuxième Guerre mondiale et les événements tragiques de 1944 qui s'y sont déroulés. Le Monument National à la Résistance des Glières offre un site à la fois poignant, mais aussi empreint de liberté. Car les Glières, c'est un milieu naturel absolument merveilleux. Au pays de l'éco-pastoralisme, la nature est préservée. Des sentiers de randonnée vous permettent de sillonner le plateau à la découverte d'une faune et d'une flore parmi les plus riches des Alpes. L'autre bonheur, c'est le Domaine nordique des Glières : ski de fond, randonnées en raquettes, chiens de traîneau... Du grand espace, de l'air pur et vivifiant pour respirer près d'Annecy.

MONUMENTS & ÉDIFICES

MONUMENT NATIONAL A LA RESISTANCE DE GILIOLI

✆ 04 50 33 21 31
experience.hautesavoie.fr

Ouvert de mars à septembre. Été : ouvert tous les jours de 10h à 12h30 et de 14h à 18h. Sinon, horaires variables.

C'est l'un des sites incontournables de la Haute-Savoie, des Alpes et de la France en général ! Un lieu de mémoire très émouvants au cœur d'une nature qui a repris ses droits. Sa masse blanche se découpe sur la forêt de sapins. Même en hiver quand le plateau est recouvert de neige, le Monument s'impose au regard sans dénaturer le site. Impossible de ne pas être saisi par la puissance évocatrice de ce Monument National qui nous rappelle l'histoire héroïque et tragique des Résistants du plateau des Glières. Près de 30 ans après les événements de mars 1944, ce monument est inauguré le 2 septembre 1973 avec un discours d'André Malraux resté célèbre (« Le grand oiseau blanc de Gilioli a planté ses serres ici, avec son aile d'espoir, son aile amputée de combat, et entre elles son soleil levant »). Ce Monument National à la Résistance du plateau des Glières est l'œuvre de l'artiste Emile Gilioli (1911-1977). Un monument grandiose qui, malgré ses 385 tonnes de béton, semble prêt à prendre son envol. La forme de cette œuvre abstraite, mais clairement compréhensible de façon symbolique, est conçue comme un signal reprenant le V de la victoire. Un V dont l'une des branches s'élance vers le ciel en signe d'espérance pour l'humanité. De l'autre, avec son aile brisée, le monument nous indique que la liberté est fragile et que la défendre peut amener à souffrir. Autre élément de ce monument, l'imposant disque solaire (pesant à lui seul 65 tonnes, il est une prouesse technique comme en « suspension » au-dessus d'une branche du V) apparaît entre les montagnes comme une renaissance. A l'intérieur de ce monument, qui est également un lieu de recueillement, on peut lire la devise du maquis : « Vivre libre ou mourir ». Le monument est labellisé Patrimoine du XXe siècle depuis 2003 et il est classé monument historique depuis mal 2020.

CUISINE RÉGIONALE

RESTAURANT GAUTARD

Plateau des Glières - **FILLIÈRE** ✆ 04 50 24 40 71
https://restaurantgautard.fr

Ouvert du jeudi au dimanche à midi uniquement. Menu 25 €. Terrasse. Parking gratuit pour les clients.

Notre paradis, c'est ici. Sur le plateau des Glières, une ancienne ferme d'alpage entre paradis blanc l'hiver et paradis vert le reste du temps. Dans cet environnement exceptionnel, quel bonheur de retrouver pour le déjeuner (mais quel déjeuner !) Nathalie, gardienne des meilleures traditions et recettes gourmandes de nos montagnes. Prendre son temps, profiter de l'instant (sans smartphone) pour savourer d'authentiques plats du terroir : gibiers et viandes en sauce, gratin de pommes de terre aux cèpes, pot-au-feu, raclette individuelle sur réchaud, desserts maison. Du pur bonheur à partager dans une ambiance chaleureuse et conviviale. Réservation plus que conseillée.

HÔTEL

CHÂTEAU DE THORENS****

326, chemin du Château - **FILLIÈRE** ✆ 04 50 22 42 02
www.chateauthorens.fr

6 chambres. Chambre double à partir de 170 € ; suite à partir de 280 €. Petit déjeuner : 24 €.

Un séjour 4 étoiles dans un lieu vraiment exceptionnel, un château féodal du XIe siècle flanqué d'un donjon du XIIIe siècle. Le visiteur d'un soir, d'un week-end ou d'un plus long séjour pénètre par le pont-levis l'enceinte fortifiée pour plonger dans un autre temps tout en profitant de prestations haut de gamme. Les lieux sont impressionnants et il faut prendre le temps de les découvrir. Notamment une collection d'œuvres d'art, des documents et objets ayant appartenu à saint François de Sales. Chambres, appartements et suite offrent un décor merveilleux pour des nuits inoubliables. La plus belle porte d'accès vers le plateau des Glières et toutes les activités outdoor.

Rien de plus simple que de « monter » à la journée à La Clusaz quand on habite Annecy. Qu'il fasse trop chaud près du lac en été ou dès que les premiers flocons tombent, La Clusaz a toujours su jouer sur les deux tableaux été/hiver pour attirer les amoureux de la montagne. Entre alpages et élevages pour produire de délicieux fromages, patrimoine bâti et sites naturelles, ski alpin et nordique, VTT et parapente, La Clusaz multiplie les bonnes raisons de réserver sa journée ou plusieurs nuitées pour découvrir toutes ses beautés. Des chalets centenaires, des fleurs à profusion, des traditions comme la fête du reblochon et de l'artisanat... et la possibilité de pratiquer de très nombreuses activités *outdoor* dans les meilleures conditions, dont le ski Freeride avec son ambassadeur Candide Thovex.

FROMAGERIE - CRÈMERIE

CRÈMERIE DES ARAVIS

6, place du Petit Casino ✆ 04 50 02 60 93
www.alainmichel-fromager.com
En saison, ouvert tous les jours de 8h à 12h30 et de 15h à 19h. Horaires variables selon la saison.

Envie de vous régaler des meilleurs produits de nos montagnes, à commencer par les fromages ? Direction La Crèmerie des Aravis, une crèmerie signée Alain Michel, 4e génération de fromager affineur, passionné des bons produits des Savoies. Une passion de 50 ans qu'Alain Michel nous fait partager depuis 10 ans à La Clusaz en sélectionnant les meilleures spécialités locales, dont les incontournables : reblochon fermier Le Michel, Fondue Michel prête à l'emploi, le persillé des Aravis, les chèvres frais de Thônes ou le bleu de Termignon en Savoie. Boutique de terroir et conseils de dégustation pour se régaler sans compter. Emballage sous vide pour emporter ces merveilles à partager.

LA CORDÉE

140, route des Grandes-Alpes
✆ 04 50 02 46 18
Toute l'année, toute la journée, sauf en juin et en octobre. Fermé le mercredi. Menus : 29 à 39 €. Plat du jour : 15 €.

Avec leurs masques à moustaches, quelques belles citations sur les murs, Jean-Luc et Seb partagent d'abord de la bonne humeur, de la joie de vivre et une grande gentillesse au service. En terrasse, vue sur le village et sur les pistes. En salle, des boiseries façon chalet d'alpage. C'est beau et c'est surtout très bon. Produits du terroir garantis de qualité avec des plats maison qui donnent du vrai plaisir : reblochon fermier des Clavel pour les spécialités des Aravis ou fromage suisse pour la fondue, foie gras de canard maison, saumon fumé maison, feuilleté chaud aux ris de veau, tartares, salades repas, pizzas, jusqu'aux desserts, tout est fait avec beaucoup d'amour. Notre coup de cœur.

HÔTEL

LA FERME

1078, route des Aravis ✆ 04 50 02 50 50
www.lesfermiers.com
12 chambres. Chambre double de 195 € à 210 €. Petit déjeuner 17 €. Parking inclus. Jeux pour enfants. Restaurant.

La nature de nos montagnes, la chaleur d'un chalet en bois et la bienveillance des fermiers, tout ça et beaucoup plus c'est à La Ferme. Un lieu magique où Noël se fête toute l'année grâce à la gentillesse d'Anouck et Stephen qui nous reçoivent dans un lieu exceptionnel ouvert à tous. Les enfants adorent, les grands aussi. Au milieu des pistes de ski en hiver, au milieu des alpages fleuris en été, toutes les saisons sont belles. Chambres douillettes, la plupart avec balcon, lits avec oreillers et couettes en duvet, salle de bains privative. Sauna panoramique s'ouvrant sur la vallée, bien-être absolu. Restaurant servant une cuisine de produits locaux. Coup de cœur assuré.

SAVOIE

LA FERME

1078, route des Aravis ✆ 04 50 02 50 50
www.lesfermiers.com
Ouvert tous les jours midi et soir (sauf 15 premiers jours oct et du 15 au 30 mai). Carte.

Chez ces fermiers au milieu des alpages, c'est naturellement que le chef Franck Birette cuisine des produits frais et locaux. Dans un décor de carte postale, hiver comme été, tous les gourmands vont se régaler à La Ferme, chez Anouck et Stephen. Ambiance chaleureuse, accueils et services bienveillants pour mettre tout le monde, adultes et enfants, dans les meilleures conditions. Plaisir de savourer une cuisine 100% maison qui change au rythme des saisons, comme ce paleron de bœuf cuit 6h aux arômes inédits. Spécialités de nos montagnes avec un reblochon fondu sous la braise ou une raclette végétarienne. Du bonheur à partager et à prolonger en réservant une chambre. Une Ferme comme on aime.

Le Grand-Bornand est un village harmonieux construit de pierre et de bois, ceinturé d'une forêt, avec en toile de fond les Aravis. Agréable station/village, elle abrite d'authentiques chalets pluricentenaires regroupés auprès du clocher à bulbe de l'église ou disséminés sur les pentes environnantes. L'important troupeau d'Abondance – les fameuses Pie Rouge – nourri dans les alpages, en fait le « berceau du reblochon ». Entre tradition et modernité, ce village s'épanouit au cœur d'une des vallées les plus ensoleillées des Aravis, se singularisant par une activité touristique aussi riche en hiver qu'en été. Le Grand Bornand, c'est le paradis des familles et des enfants. Multiples activités en toutes saisons, du ski à l'équitation, en passant par l'escalade de glace et le parapente.

OFFICE DE TOURISME

OFFICE DE TOURISME LE GRAND-BORNAND

Chef Lieu ✆ 04 50 02 78 00
www.legrandbornand.com

Ouvert tous les jours en saison, 9h-12h et 14h30-17h30. Fermeture dimanche hors saison été et hiver.

Situé au centre du village, l'office de tourisme du Grand-Bornand est tout aussi sympathique que le village traditionnel à l'ambiance familiale qui se transforme en une belle et complète station d'hiver et d'été. L'équipe de l'office de tourisme mettra tout en œuvre pour que vous trouviez la bonne information. De l'achat de billets des manifestations – nombreuses en saison – à la réponse qualitative aux attentes des hôtes et des familles avec enfants, hôtes privilégiés de la station : tout est mis en œuvre pour que votre séjour ici se passe pour le mieux !

HÔTEL

LES ÉCUREUILS***

431, route de la Vallée du Bouchet ✆ 04 50 02 20 11
www.hotel-les-ecureuils.com

17 chambres. Demi-pension de 90 à 180 € par nuit par personne, base semaine. Spa et piscine inclus.

Depuis plus de 20 ans, les Écureuils nous proposent le meilleur de la montagne. A 100 m des télécabines, au cœur du Grand Bornand, ces Écureuils nous accueillent dans un magnifique chalet – dont la façade vient juste d'être refaite – où pierres et bois se mêlent. Tenue par des passionnés, Nadège et Fabrice, cette belle maison propose au pied des pistes des chambres rénovées et personnalisées, véritables cocons. Après une journée de sports outdoor, piscine chauffée et sauna pour la détente. Cuisine soignée du chef Fabrice à savourer en terrasse ensoleillée dès que le temps le permet. Un charme fou, des prestations et services de qualité, un grand séjour au Grand-Bornand.

GASTRONOMIQUE

LE CAIRN

41, route de Thônes - **SAINT-JEAN-DE-SIXT** ✆ 04 50 10 82 45
www.lecairn-stjean.fr

Ouvert du mardi au jeudi le soir ; le vendredi et le samedi midi et soir. Menus de 56 € à 68 €. Terrasse.

En montagne, un cairn - monticule de pierres - est à la fois un repère sur le chemin et l'empreinte de notre passage. Des repères, Charline Camazzola et Adrien Pollet en ont de solides, dans la région et dans le monde entier. Ces jeunes passionnés de cuisine, de produits locaux et de belles rencontres vont marquer de leur empreinte la gastronomie. Dans des assiettes dressées avec talent et imagination, une cuisine créative sublime les produits des fermes locales. Des chefs-d'œuvre de gourmandise au rythme du marché de saison avec de beaux accords mets et vins. Soirées dégustation le vendredi soir. Le *Petit Futé* vous en aura parlé avant tout le monde... Excellente découverte.

CONFINS DES SENS

341, Le Villavit
✆ 04 50 69 94 25
www.restaurant-grand-bornand.com

Ouvert du jeudi au lundi midi et soir, sauf dimanche soir. Menu midi : 32 €. Menus de 55 € à 75 €.

Quel joli nom, quel joli site, quelle bonne idée de partager un repas aux Confins des Sens ! A deux pas du village, la terrasse offre une vue dégagée sur une nature prodigieuse. Si le temps ne permet pas de profiter de l'extérieur, la salle offre un écrin chaleureux avec ses pierres apparentes, ses sièges confortables, sans oublier l'accueil et le service parfaits en toute saison. Cuisine gourmande réalisée par des passionnés - Jean-Sébastien et Anthony - qui nous livrent une « Balade gourmande » dans les Aravis menant vers d'autres saveurs surprenantes. Beau travail autour du foie gras et des poissons. La sélection de vins de terroir accompagne cette jolie promenade gastronomique.

THÔNES COEUR DES VALLÉES

Au cœur du massif des Aravis, Thônes Cœur des Vallées est sans conteste le pays du reblochon. Impossible de ne pas faire une pause gourmande au célèbre Farto pour goûter à la production locale, mais Thônes ne se résume pas au fromage ! Les activités autour de la forêt, omniprésente, et du travail du bois occupent une place importante à découvrir à l'Écomusée du bois et de la forêt. Thônes, une ville charmante aux pieds des hautes montagnes offre un carrefour privilégié entre lac d'Annecy et stations des Aravis, gardienne d'un patrimoine haut-savoyard à préserver au même titre que la nature environnante. Une nature offrant un vaste terrain de jeux et de sports aussi bien l'été que l'hiver, à la découverte des fermes d'alpage et... de leur production de fromage ! Une destination gourmande.

LIEU DE MÉMOIRE

MUSÉE DE LA RÉSISTANCE ET DE LA DÉPORTATION

Route de Thônes - **THÔNES** ✆ 04 50 33 49 50
www.hautesavoiexperience.fr

Fermé de mi-novembre à début mars. Haute saison, tous les jours 10h-12h30 et 14h-18h. Adulte : 3 €. Enfant +8 ans : 2 €.

Comment ne pas être saisi d'émotion à la visite de ce sanctuaire dédié à la Résistance. Le site naturel de Morette est devenu le cimetière des résistants savoyards de la Seconde Guerre mondiale. La Nécropole nationale des Glières a été bâtie à l'issue des événements tragiques et héroïques qui se sont déroulés au plateau des Glières en mars 1944. A quelques pas, les chalets d'alpages de la Mémoire du Maquis abritent le musée départemental de la Résistance. Pour les familles, un jeu de piste est proposé. Une visite à caractère pédagogique, ô combien édifiante !

MUSÉE

ÉCOMUSÉE DU BOIS ET DE LA FORÊT

Scierie des Étouvières - **THÔNES** ✆ 04 50 32 18 10 - Prendre la route de Montremont sur 4 km jusqu'au hameau, le torrent du Malnant borde la scierie.
www.ecomuseedubois.fr

Fermé de novembre à mars. Ouvertures, se renseigner. Adulte : 6 €. Enfant (6-18 ans) : 4 €. Ateliers. Visite guidée.

Les forêts sont une part importante du patrimoine naturel de Thônes. Et l'artisanat et l'exploitation du bois ont été un élément majeur du développement économique de la vallée. L'écomusée du Bois et de la Forêt, installé dans la dernière scierie de la vallée, retrace l'histoire des paysages et de son exploitation à travers des expositions, mais aussi des animations qui donnent envie d'explorer ce milieu. Visite de la scierie, mais aussi balade découverte, démonstration de débardage et ateliers d'initiation à la menuiserie. Visite indispensable pour toute la famille.

FROMAGERIE - CRÈMERIE

LE FARTO

40, route d'Annecy - **THÔNES** ✆ 04 50 88 12 50
www.reblochon-thones.com

Ouvert du lundi au samedi 8h-19h, dimanche de 9h30 à 12h30 et de 14h30 à 19h. Visite guidée le samedi sur réservation.

En matière de fromages de nos alpages, à commencer par le reblochon fermier, le meilleur choix c'est d'aller au Farto. Simple d'accès sur la route des Aravis (vaste parking), la boutique se situe dans les locaux de la coopérative, sur un site unique taillé dans la roche de la montagne. A l'issue de la visite, libre ou guidée, à votre tour de choisir votre fromage fermier sur les conseils de personnes souriantes et passionnées. Affineur de reblochon fermier, chevrotin, tomme de Savoie fermière, abondance et beaufort, AOP et IGP, d'une grande qualité que l'on partage déjà dans la voiture ou que l'on fait soigneusement emballer pour le ramener chez soi. Le Farto, c'est futé.

HÔTEL

LA FERME DES VÔNEZINS

Route de Glapigny - **THÔNES** ✆ 04 50 68 18 29
www.lafermedesvonezins.com

Ouvert toute l'année. Chambre double à partir de 295 €. Petit déjeuner inclus. Mazot. Restauration.

Au cœur des Alpages des Aravis, à 1 300 m d'altitude, une maison du bonheur, perdue dans ce merveilleux bout du monde. Au détour d'un chemin, on découvre la ferme d'alpage à l'aplomb de la montagne de Vaunessin. La terrasse offre une vue superbe sur la vallée de Thônes. À l'intérieur, la décoration, composée d'objets chinés en Suisse et dans les Savoie, renforce le côté charme « authentique » et cosy de cet hébergement d'altitude. La chambre – ainsi que le chalet de location – aux tonalités douces est bien équipée (TV et hi-fi de grande qualité) et les matériaux choisis avec soin. L'espace « table d'hôtes » est tout aussi ravissant et la cuisine dans le même esprit d'authenticité.

À peine un millier d'habitants répartis dans le village et les hameaux d'alpage et pourtant un nom connu en France et dans une bonne partie du monde grâce au talent et au travail d'un chef tutoyant les étoiles et ramassant fleurs et champignons dans les bois sauvages de son village. Juste ce qu'il faut à l'écart des grandes stations, Manigod offre un territoire de montagne qui sent bon le terroir et les bons produits. Ici, bien se nourrir semble une évidence. Forte de ses hôtels, restaurants, Manigod profite d'un domaine skiable relié à celui de La Clusaz voisine via les équipements du col de la Croix-Fry. C'est ici que l'on pratique le paret, luge en bois originaire du village. Randonnée, trail, parcours ludique, bien-être et détente, Manigod est une destination Escapades surprenante.

NEW GASTRONOMIQUE

LE HAMEAU DE MON PERE

368, impasse des Maisons des Bois ✆ 04 50 60 00 00
www.lehameaudemonpere.com
Ouvert du mercredi au dimanche midi. Menu unique à 130 €.

Ce n'est pas une nouveauté, mais une histoire de transition. Une histoire à partager entre le père, l'incontournable Marc Veyrat jamais bien loin pour apporter toute son expérience et son savoir-faire, et sa fille Elise. Dans ce superbe hameau familial sur les hauteurs de Manigod. Un lieu hyper chaleureux, un véritable cocon de bois blond où l'élégance se mêle au côté rustique de nos montagnes, pour savourer une cuisine d'exception et de saison (à un tarif beaucoup plus abordable...). Au menu de cette merveilleuse « cuisine savoyarde novatrice », réalisée à partir de produits locaux, un omble chevalier aux arômes de sève de sapin. Séjour de rêve dans les 7 suites. A (re) découvrir.

HÔTEL

CHALETS-HOTEL DE LA CROIX-FRY****

Route du Col ✆ 04 50 44 90 16
www.hotelchaletcroixfry.com
Chambres et suites de 240 à 680 €. Restauration ouverte à tous en haute saison. Menus à partir de 75 €. Spa.

Un chalet savoyard qui a conservé les charmes de ses lointaines origines pour les marier au confort luxueux recherché de nos jours. Ancienne ferme familiale bâtie en 1939, La Croix-Fry est un chalet d'alpage de carte postale, berceau de la famille Veyrat. Le charme de la vie à la montagne dans un décor raffiné d'objets authentiques. Apaisé par les boiseries blondes, entouré de toutes les petites attentions, le séjour est merveilleux. À La Table de Marie-Ange, Eric Guelpa concocte une cuisine typique du terroir des Aravis. Le bonheur n'est pas bien loin !

HÔTEL RESTAURANT LES ROSIÈRES

Col de la Croix-Fry
✆ 04 50 44 90 27
www.hotel-manigod-croix-fry.fr
Ouvert tous les jours midi (sauf mer), vendredi et samedi soir. Haute saison 7/7 midi et soir. Menu midi 22 €. Terrasse.

Un chalet savoyard, une belle maison ouverte en 1960 par les grands-parents de Damien qui a décidé de donner un nouveau souffle à cette adresse familiale. Il faut profiter de la belle terrasse ensoleillée et d'une salle chaleureuse aux larges baies vitrées pour admirer le paysage et savourer la cuisine d'un jeune chef formé aux meilleures tables. Produits frais pour la plupart issus de producteurs locaux à la base d'une cuisine maison qui n'oublient pas les spécialités savoyardes. D'excellentes raisons pour partager un repas, et pourquoi pas tout un séjour, aux Rosières.

HÔTEL RESTAURANT LES SAPINS

6762, route du Col de la Croix-Fry
✆ 04 50 44 90 29
www.les-sapins.fr
Ouvert en saison tous les jours le midi et le soir. Formule midi 26 €. Menu Les Sapins 36 €. Hôtel 4-étoiles.

Si l'histoire des Sapins débute en 1963, c'est en 2011 que la famille Pessey-Veyrat reconstruit entièrement la maison, obtenant un classement 4 étoiles pour un hôtel « Wellness ». Depuis la grande terrasse suspendue au-dessus des pistes ou à travers les baies vitrées de la salle aux murs de bois brossé, les gourmands savourent la cuisine de saison et les spécialités savoyardes revisitées par le chef Emmanuel Pessey, en attendant la 4e génération bientôt aux fourneaux. Vendredi soir, animation à l'accordéon par Christophe Pessey. La tradition au goût du jour.

Sans doute la partie la moins connue de nos escapades. Pourtant, c'est un lieu de passage très fréquenté entre Annecy au nord et Albertville au sud, passage ouvrant également vers les stations de ski du Val d'Arly ou des Aravis qui ne sont pas bien loin par la rive droite du lac. Regroupant les villes de Faverges-Seythenex, Doussard, Val de Chaise ou Lathuile, les Sources du Lac offrent de nombreux sites naturels pour se balader – au col de Tamié par exemple ou dans le Parc naturel du Massif des Bauges –, visiter – avec la seule grotte du département ouverte au public avec le géosite de Seythenex – ou pratiquer des sports outdoor comme le VTT ou le parapente. Une autre façon de voir et de vivre le lac, plus détendue que sur d'autres rives trop fréquentées en saison. Des Sources inspirantes.

SITE NATUREL

GROTTE ET CASCADE DE SEYTHENEX

576, route des Grottes - **FAVERGES-SEYTHENEX**
✆ 04 50 44 55 97 - www.grotte-cascade-seythenex.com
Du 01/05 au 30/09. HS tous les jours 9h30-17h30. Reste de l'année se renseigner. Grotte 9 €. Double tyrolienne 15 €.

Emotions et sensations à partager dans un site 100% naturel. La grotte et la cascade de Seythenex, c'est un site unique en Haute-Savoie. Seule grotte ouverte au public dans le département, classée Géosite, c'est un lieu magique et spectaculaire mis en valeur par Christophe. Pénétrez dans les entrailles de la Terre, découvrez les eaux du Saint-Ruph chutant de 45 m, formant des marmites de géant. Un spectacle prodigieux dont les visiteurs profiteront lors d'un survol suspendu à l'une des deux tyroliennes ! Équipe fantastique. Un enchantement pour toute la famille.

GOLF

LE GOLF DES ALPES

304, route Thovey - **GIEZ**
✆ 04 50 32 51 40
www.legolfdesalpes.com
Ouvert toute l'année. Restauration. Boutique.

Si le nom a changé pour mieux situer ce golf exceptionnel dans les Alpes, entre lac d'Annecy et Mont-Blanc, le décor reste toujours aussi majestueux. Deux parcours : Le Belvédère, 18 trous par 72 de 5 820 m, est vallonné dans la partie haute avec une vue splendide. Ensuite concentrez-vous bien, vous allez retrouver la partie basse et technique du parcours, au milieu des chênes, hêtres et autres peupliers. La rivière l'Eau Morte vous attend, en particulier au trou n° 17. C'est ici qu'a lieu le moment de vérité pour la fin du parcours. Les Castors, 9 trous par 33 de 2 215 m, complète cet équipement. Le club-house est installé dans une ancienne taillanderie dont la construction remonte à 1804.

ITALIEN ET PIZZERIA

L'ATELIER PIZZA

212, rue de la République - **FAVERGES-SEYTHENEX**
✆ 04 20 98 01 22 - www.latelierpizzafaverges.fr
Ouvert du lundi au samedi midi et soir, dimanche soir. Formule midi semaine 15 €. Sur place et à emporter.

En famille ou en amoureux, en balade autour du lac ou lors d'un séjour aux Sources du Lac, découvrez une véritable ambassade gourmande de l'Italie à Faverges. Changement de propriétaire avec Damien Novel, natif de Faverges, et sa compagne Maivys. Passionné par l'Italie, le chef Damien nous emmène de l'autre côté des Alpes avec des pizzas et plats traditionnels - délicieuse escalope de veau *all'amore* - préparés à partir de produits italiens. Excellentes pizzas réalisées avec de la farine italienne, de l'huile d'olive extra vierge, du sel, de la bonne eau de Faverges et du temps - pâte travaillée 48h. Irrésistibles desserts maison. Ambiance chaleureuse, cocktails et vins... italiens bien sûr !

AUBERGE DU BOUCANIER

120, allée de la Nublière - **DOUSSARD**
✆ 09 86 29 59 31
www.aubergeduboucanier.wixsite.com
Ouvert tous les jours de 11h à 1h en haute saison. Carte 40 € environ. Formule midi. Terrasse. Animations.

Ancré à proximité du lac, l'établissement au décor de pirate n'a rien d'une bicoque. Une grande terrasse aménagée de tables et canapés pour les soirées estivales. A l'intérieur, grand espace où le bois est omniprésent. Les guitares électriques suspendues au mur offrent un indice sur la passion du patron Bruno Reitz : le rock ! Ici, on vient pour le bon rapport qualité-prix, des plats variés comme des burgers, même pour les veggies, des tartares ou une entrecôte de black Angus..., l'ambiance sympathique et les animations fréquentes avec des scènes ouvertes. Bons vins, bonnes bières, ambiance festive. Idéal pour faire une pause lors d'un tour du lac à vélo entre plage et réserve naturelle.

VALÉRIE PÉTROD

Annécienne de naissance et passionnée par la photographie, Valérie Pétrod a rejoint le Club Photo d'Annecy il y a une quinzaine d'années. Entourée d'autres passionnés, elle a découvert l'importance d'immortaliser une scène parce qu'elle procure une sensation agréable et une belle émotion. A travers son regard, sa sensibilité toute personnelle, elle fige des scènes du quotidien -une lumière, un sujet, une situation- pour leur apporter de la magie.

› Facebook : les.restos.en.photos et les.zicos.en.photos

› Instagram : val_Heureuse

PAGE PRÉCÉDENTE

- ***En haut à gauche :*** Reflets sur le Thiou.
- ***En haut à droite :*** Le lac des cygnes.
- ***Au centre à droite :*** Lumières du soir.
- ***En bas à gauche :*** Coucher du soleil.
- ***En bas à droite :*** Miroir sur le Thiou.

SUR CETTE PAGE

- ***En haut à gauche :*** L'ombre et la lumière.
- ***En haut à droite :*** Shooter le minuscule.
- ***Au centre à droite :*** Parallélisme.
- ***En bas à gauche :*** Marin pêcheur en pause.
- ***En bas à droite :*** Sur un banc.

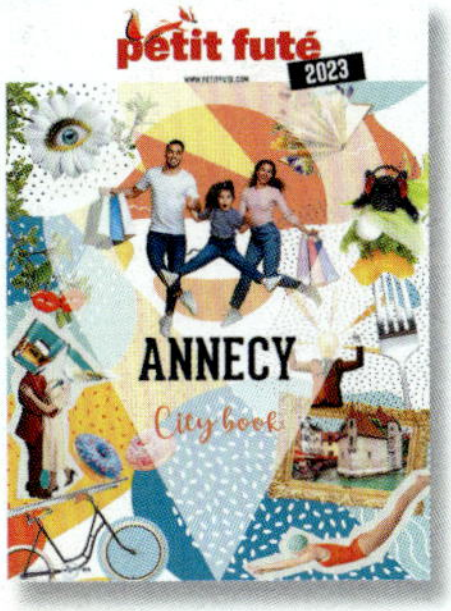

INDEX